ALFRED DE VIGNY

POËTE PHILOSOPHE

THÈSE

PRÉSENTÉE A LA FACULTÉ DES LETTRES DE PARIS

PAR

DORISON

MAÎTRE DE CONFÉRENCES A LA FACULTÉ DES LETTRES DE CAEN

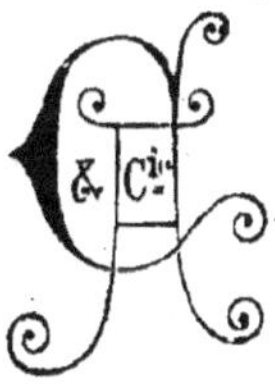

Armand COLIN & Cie, Éditeurs

PARIS. — 5, RUE DE MÉZIÈRES

ALFRED DE VIGNY

POËTE PHILOSOPHE

COULOMMIERS

Imprimerie PAUL BRODARD.

ALFRED DE VIGNY

POËTE PHILOSOPHE

THÈSE

PRÉSENTÉE A LA FACULTÉ DES LETTRES DE PARIS

PAR

DORISON

MAÎTRE DE CONFÉRENCES A LA FACULTÉ DES LETTRES DE CAEN

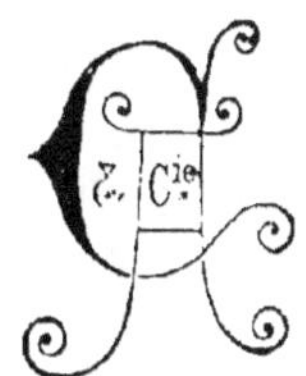

PARIS

ARMAND COLIN ET Cie, ÉDITEURS

5, RUE DE MÉZIÈRES

—

1892

Tous droits réservés

IN

PATRIS

MEMORIAM

ALFRED DE VIGNY

POÈTE PHILOSOPHE

> Il faut, en France, beaucoup de fermeté et une grande étendue d'esprit pour se passer des charges et des emplois, et consentir à demeurer chez soi à ne rien faire. Personne, presque, n'a assez de mérite pour jouer ce rôle avec dignité, ni assez de fonds, pour remplir le vide du temps, sans ce que le vulgaire appelle des *affaires*.
>
> Il ne manque cependant à l'oisiveté du sage qu'un meilleur nom, et que méditer, parler, lire et être tranquille, s'appelât travailler.
>
> La Bruyère.
(Épigraphe d'un chapitre
de *Cinq-Mars*.)

La vraie gloire d'Alfred de Vigny est dans ses vers.

Considéré comme initiateur, sa valeur n'est plus contestée. M. Blaze de Bury écrivait, il y a dix ans : « Le recueil des *Poëmes antiques et modernes* reste le livre générateur de la poésie du siècle. » M. A. France. Saint-René Taillandier, M. Édouard Fournier, ont mis ce fait en lumière. Loin de marcher à la suite des novateurs romantiques, c'est lui qui les a devancés.

Depuis près de trente ans qu'il est mort, l'attention des lettrés est lentement revenue à lui. Jusqu'à 1863, sa pensée restait mal connue. La publication posthume des *Destinées*, celle du *Journal d'un poëte*, ont semblé même déconcerter plusieurs de ses amis. « On ne le savait pas si malheureux », écrit M. Montégut. En réalité, *Stello* d'une part dès 1832, et aussi la *Mort du Loup* avec le *Mont des Oliviers*, en 1843, annonçaient le calme désespoir des *Destinées*.

C'est de ce recueil qu'on entreprend ici l'étude.

Ces quelques vers contiennent, en effet, une sorte de problème. Il y a, dans les *Destinées*, deux états d'esprit très opposés en apparence : le *Silence* sur Dieu, et la religion de l'*Esprit pur*. Cette difficulté a pu nuire à la lecture des Poëmes philosophiques. Mais le problème était posé depuis longtemps dans le dialogue du Docteur-Noir et de Stello. Je dirai plus : la *Maison du berger*, la *Sauvage*, la *Flûte*, la *Bouteille à la mer*, toutes pièces publiées du vivant de Vigny, contenaient déjà comme le correctif de sa philosophie désenchantée.

En publiant le *Journal d'un poëte*, M. Louis Ratisbonne a certainement rendu service à la mémoire d'Alfred de Vigny. Sainte-Beuve ne venait-il pas d'écrire avec prévoyance, précisément à propos des *Destinées* : « Je parle au point de vue de l'art : il est un autre point de vue encore. Quand on vient de lire ce dernier volume de M. de Vigny, on comprend le cas que les nouvelles écoles philosophiques ou religieuses font et feront de lui. Il a compris quelques-uns des grands problèmes de notre âge et se les est posés dans leur étendue. J'ai épuisé, ajoute-t-il, ce qu'il y a d'essentiel dans ma manière propre de le considérer [1]. »

---

[1]. Cf. *Nouveaux Lundis*, t. VI, p. 449.

Et comment aborder ce nouvel examen sans en tenir toutes les pièces? Un Journal commencé avant 1830 et poursuivi jusqu'au dernier jour par cet écrivain si réfléchi qui s'appelait lui-même un étudiant perpétuel, — une pareille suite, dis-je, de pensées et de recherches appelait au moins un premier tri. Ce travail une fois mené à terme, — et il l'a été avec un tact et une discrétion qui ont valu les plus grands éloges à M. Louis Ratisbonne, — il devenait possible de suivre de plus près l'histoire intime des *Destinées*.

Avec une généreuse confiance dont je lui exprime ici ma gratitude, M. Ratisbonne m'a donné les moyens de pousser plus loin l'enquête. Il s'agissait d'éclairer le recueil à l'aide des documents inédits, postérieurement à l'année 1848. Le dernier poëme publié par Alfred de Vigny, la *Bouteille à la mer*, remonte à 1853; trois autres qui sont posthumes, le *Prologue*, l'*Esprit pur*, et surtout la strophe finale du *Mont des Oliviers* précisément intitulée *le Silence*, appartiennent également à la période comprise entre 1848 et 1863. La comparaison de ces pièces avec le Journal durant cette époque devait permettre d'apprécier l'état d'esprit dernier du poëte. Quelle que fût la solution du problème posé, elle ne manquait pas d'intérêt. Ce n'est pas dans *Stello* seulement, ni dans les *Destinées*, qu'il se produit une sorte de lutte entre le *raisonnement* et le *sentiment*. Se contredire, écrivait Littré, voilà la plaie de notre âge.

Si notre auteur échappe à la contradiction, le Journal doit en rendre témoignage.

Or on y lit la réflexion suivante. antérieure, il est vrai, par sa date à la composition même des *Desti-nées*, mais rien ne la dément dans la suite : « *Cinq-Mars, Stello, Servitude et Grandeur militaires* (on l'a bien observé) sont, en effet, les chants d'une sorte de poëme épique sur la désillusion, mais ce ne sera que des choses sociales et fausses que je ferai perdre et que je foulerai aux pieds les illusions; j'élèverai sur ces débris, sur cette poussière, la sainte beauté de l'enthousiasme, de l'amour, de l'honneur, de la bonté, la miséricordieuse et universelle indulgence qui remet toutes les fautes et d'autant plus étendue que l'intelligence est plus grande [1]. »

Avec sa part de chimère, cette pensée contemporaine de *Chatterton* répondait d'abord aux critiques qui ne voient en Vigny que sécheresse, amertume, orgueil blessé, misanthropie. Elle indique en même temps le désir et les symptômes de la conciliation cherchée.

---

1. *Journal d'un poëte*, p. 77 (édition Calmann Lévy). Cette réflexion ne peut être antérieure à 1835.

Doit-on lire de plus près les *Destinées*? Y cherchera-t-on la conciliation elle-même entre le stoïcisme presque impie et l'adoration quasi extatique du Mystère?

La crise morale est demeurée ouverte, et nos propres contemporains s'y débattent. Mais le blasphème des *Destinées* marque au moins une date dans l'anxiété du vieux monde. Un peu de lumière paraît s'y glisser. L'auteur a la vision d'une politique enfin positive. Quelque attitude, déplaisante en lui, doit-elle prévaloir contre la candeur de sa pensée mystique?

PREMIÈRE PARTIE

ÉDUCATION PESSIMISTE D'ALFRED DE VIGNY PAR LES LIVRES ET PAR LA VIE

LIVRE I

ÉDUCATION PAR LES LIVRES

La tristesse de Vigny, dans une préface de 1822. — Le *mal du siècle* sous la Restauration. — L'éducation pessimiste de Vigny par Mme de Staël, Chateaubriand et lord Byron.

La première impression qu'on reçoive des *Destinées* est celle d'une mélancolie fataliste. On a fort insisté là-dessus. Quelques erreurs se sont glissées même dans l'appréciation de cette tristesse hautaine. Il faut donc en rechercher les origines, et d'abord dans l'éducation d'Alfred de Vigny.

I

LA TRISTESSE DE VIGNY DANS UNE PRÉFACE DE 1822.

Né en 1797, il ne pouvait guère échapper à cette maladie de l'époque qu'on a nommée le *mal du siècle*.

D'autres poëtes de son temps ont paru dans la suite sains de ce mal : ils avaient pourtant, comme Vigny, payé tribut à la contagion. Seulement ils ont pu se guérir. Les événements et peut-être sa complexion propre ont arrêté chez Vigny la convalescence.

Le *Mercure du* xixe *siècle* affectait même d'en faire la remarque en 1828, deux ans après s'être converti au romantisme [1] :

« Entre les jeunes poëtes de l'école moderne, placé par son talent au premier rang et sur la ligne des Lamartine et des Victor Hugo, M. de Vigny, moins heureux que ses amis, n'a pu encore triompher de la rigueur d'une critique railleuse et jusqu'ici c'est comme romancier presque uniquement qu'il s'est acquis de la célébrité. Son premier recueil n'a laissé de traces que dans la mémoire d'un petit nombre d'hommes fidèles à la pure et haute poésie; le reste n'a pas lu ou s'est moqué. Pourtant ce talent jeune et fort a grandi et s'est mûri dans l'ombre; et comme s'il se sentait étranger sur cette terre de tribulations

---

1. Les termes de cette profession de foi méritent d'être rapportés. Le critique Léon Thiessé, en 1826, se déclarait converti par trois brochures de Stendhal, cinq articles du *Globe* et deux conversations avec le Paysan de la Vallée aux Loups : « Dieu nous garde de tous ces prétendus chefs de l'école pétrifiée; mais vive nos amis les ennemis! Vive les Anglais et les Allemands! Vive la nature brute et sauvage qui revit si bien dans les vers de MM. de Vigny, Jules Lefèvre, Victor Hugo! Voilà des vers qui n'ont rien de commun avec la prose! Voilà des pensées neuves, originales! Voilà du talent, du génie! » (1826, t. XIII, p. 103.)

et d'exil, il a cherché plus haut refuge et inspiration :
il a enfanté *Éloa* et *Moïse*. »

Sans développer à présent ce que cette opinion laissait dans l'ombre, le ton nous y avertit qu'à cette
époque même et, en général, sous la Restauration, une
certaine tristesse était à la mode. On aurait tort de
prendre pour quelque dépit d'amour-propre froissé
celle qu'on remarque dans les préfaces d'*Héléna* et des
Poëmes, en 1822.

« Dans quelques instants de loisirs j'ai fait des vers
inutiles; on les lira peut-être, mais on n'en retirera
aucune leçon pour nos temps. Tous plaignent des
infortunes qui tiennent aux peines du cœur et peu
d'entre mes ouvrages se rattacheront à des intérêts
politiques. »

Et ce passage qui paraît plus décisif :

« On éprouve un grand charme à remonter par la
pensée jusqu'aux temps antiques : c'est peut-être le
même qui entraîne un vieillard à se rappeler ses premières années d'abord, puis le cours entier de sa vie.
La Poésie, dans les âges de simplicité, fut tout
entière vouée aux beautés des formes physiques de la
nature et de l'homme; chaque pas qu'il fit ensuite
avec les sociétés, vers nos temps de civilisation et de
douleurs, a semblé la mêler à nos arts ainsi qu'aux
souffrances de nos âmes; à présent enfin, sérieuse
comme notre Religion et la Destinée, elle leur em-

prunte ses plus grandes beautés. Sans jamais se décourager, elle a suivi l'homme dans son grand voyage, comme une belle et douce campagne.

J'ai tenté dans notre langue quelques-unes de ses couleurs, en suivant aussi sa marche vers nos jours. »

Voilà comment, dès le début de sa carrière poétique, Alfred de Vigny consentait à paraître devant ses lecteurs. Et cette première impression remet en mémoire les phases diverses du *mal du siècle* jusqu'à notre temps.

II

LE « MAL DU SIÈCLE » SOUS LA RESTAURATION.

Les *Destinées* nous reportent, à vrai dire, fort loin vers le commencement de cette crise. Ce qu'on nomme aujourd'hui *pessimisme*, c'est-à-dire une conception de l'esprit relative au mal absolu de vivre, n'a qu'un faible rapport avec la contagion dont souffrait la génération née avec le siècle. Il nous faut saisir ici les effets d'un mal antérieur à la vogue inouïe des Schopenhauer et des de Hartmann. On ne rêvait pas encore, si loin qu'on pût pousser la naï-

veté, à quelque suicide universel. Si la tristesse des
Destinées apparaît à l'avance dès le temps de la Restauration, elle ne présente le mal que sous la forme
d'un état de l'âme et du cœur. La tête, si l'on peut
ainsi parler, n'est pas prise, ou engagée dans les
réseaux d'un système. On ne s'y demande pas si la
vie vaut la peine qu'on vive. Remarquons-le : le mot
même de *destinée* se trouve joint chez notre auteur à
celui de *religion*. Un certain sentiment de fatalité,
antérieur de beaucoup à la persuasion si commune
aujourd'hui du déterminisme de la nature, s'offre seulement à la pensée. Il revêt même l'apparence d'un
signe providentiel.

Qu'est-ce à dire? Sous la Restauration notre maladie
morale était la conséquence des époques précédentes
de la République et de l'Empire, mais le mal de 1830,
au contraire, en a différé profondément.

La maladie occidentale, comme écrit un philosophe
moderne, consiste dans une révolte de la raison individuelle contre l'ensemble des antécédents humains,
et sa principale gravité vient de son extension à la
région affective : elle surexcite l'orgueil et la vanité,
tandis qu'elle comprime la vénération.

Ce jugement met en relief le caractère essentiel de
la crise morale. L'ensemble des événements dévelop-
pait donc la présomption de l'individu, avec son cor-

tège de sentiments tristes. L'ennui, joint au doute, en est demeuré le nom collectif. Une sorte de foi illimitée dans les lumières de l'évidence individuelle a imprimé sa marque sur les travaux de l'esprit aux approches de 1830. Qui peut dire qu'elle disparaisse après Juillet? Mais la révolution apporte dès ce temps des menaces bien connues [1], et la déception, la défiance, l'irrésolution se sont glissées au cœur de cette présomption qui se croyait infaillible. Une alternative de confiance emportée et de sécheresse doctorale a composé ainsi l'état de bien des généreux. Comparé à la préface du *More de Venise*, *Stello* montre à plein ce caractère, et c'est aussi celui-là que porte le recueil des *Destinées* [2].

Mais il n'est pas malaisé d'y reconnaître la trace d'un état d'âme antérieur.

Ces « vagues passions » dont nous entretient le poëte, voilà qui sonne autrement à l'oreille. Ce n'est plus seulement la tristesse à la mode de Juillet. Si les

---

1. *Stello*, chap. xx : « Il n'y a pas d'année qui ait fait autant de théories sur ces hommes que n'en fait cette année 1832 en un seul de ses jours, parce qu'il n'y a pas d'époque où plus grand nombre de gens ait nourri plus d'espérances et amassé plus de probabilités de leur ressembler et de les imiter » (p. 94).

2.   Et pourquoi nul sentier entre deux larges voies,
     Entre l'ennui du calme et des paisibles joies
     Et la rage sans fin des vagues passions,
     Entre la léthargie et les convulsions?

(Mont des Oliviers.)

Poëmes philosophiques conduisent le lecteur jusqu'à une date relativement avancée du second Empire, la mélancolie du recueil, l'attitude de révolte muette à la manière de Prométhée, nous ramènent à Byron, à René, à des sentiments contemporains de la Restauration ou du premier Empire. L'intérêt même des *Destinées* consiste, au moins pour une bonne part, dans cette déviation qu'y subit après 1848 le mal pessimiste. Il y est resté quelque chose de la tristesse initiale du siècle, amendée par la Restauration.

Cette dernière époque demeure donc, en réalité, la plus précieuse à consulter pour l'histoire de notre poëte. Il est singulier que des œuvres comme *Éloa* et *Moïse* aient pu donner le change à des historiens attentifs du *mal du siècle*. Faute d'en observer le rapport avec les *Destinées*, on néglige le nom d'Alfred de Vigny parmi ceux qui caractérisent ce mal de 1815 à 1830. On considère alors les *Destinées* comme une œuvre quasi bâtarde, marquant une sorte de transition entre l'état des esprits après 1830 et celui qui succède à la révolution de 1848. On signale la réaction qui mettait chez nous un terme aux faux désespoirs, et le *mal de Chatterton* semble tenu pour la caractéristique principale des *Poëmes philosophiques*[1]. C'est

1. Voir Paul Charpentier, *une Maladie morale, le Mal du siècle* (Paris, Didier, 1880), p. 382 et 410.

négliger les effets lointains de ce qu'on peut appeler l'éducation de Vigny par les livres. Je dirai plus : c'est méconnaître une des déclarations les plus importantes des *Destinées* [1].

Le critique Desmarais nous fait au contraire toucher du doigt le juste sens de la tristesse poétique des préfaces de 1822. Après la Révolution, dit-il, toute la nation était dans les larmes. C'est à cet état de la sensibilité nationale que s'adressaient les romantiques. Ils entretenaient la nation de ses douleurs, pour la consoler [2]. De quoi l'on peut rapprocher une autre opinion du temps : « Cette affectation même de mélancolie dont se pare aujourd'hui la secte littéraire des Romantiques prouverait qu'il existe au fond des âmes une véritable douleur [3]. »

En réalité, si la Restauration aspirait à fonder un ordre nouveau dans la liberté véritable, ses espé-

---

1. Oubliez Chatterton, Gilbert et Malfilâtre.
(*La Bouteille à la mer.*)

2. « Tout fut dispersé par la tempête (révolutionnaire). Mais bientôt un besoin immense de consolation et de repos se fit sentir. La littérature, si classique, si belle et si calme du siècle de Louis XIV restait étrangère à la sensibilité nationale en souffrance. La littérature du xviii° siècle, si peu soucieuse des grandes destinées de l'homme, ne pouvait plus être offerte que comme un jouet de dérision à une nation dans les larmes. L'état de la sensibilité nationale appelait donc une nouvelle littérature qui, sans être étrangère aux deux littératures précédentes, n'accepterait pas entièrement leur héritage. » (*Essai sur les classiques et les romantiques*, par Cyprien Desmarais. Paris. Udron, Vernarel et Tenon, 1824, p. 23.)

3. *Mercure du XIX° siècle*, 1823, t. XI, p. 180, article de Dumesnil.

rances étaient secrètement traversées par le mal même de la Révolution et de l'Empire. Le doute, l'indifférence en matière de religion, n'avaient pas achevé leur œuvre [1]. Les causes de mélancolie qui avaient travaillé les deux époques précédentes se retrouvaient dans leurs effets indirects. M. Paul Charpentier [2] remarque que l'influence de Jean-Jacques-Rousseau s'était affaiblie en s'éloignant; Werther aussi perdait de sa vogue; mais les jeunes gens d'alors, nés la plupart dans le sang ou les larmes, tenaient encore de leurs parents plus d'un souvenir de ruine ou de deuil. Les livres même qu'ils ne lisaient plus avaient déposé leur venin dans ceux qu'ils lisaient encore. Chateaubriand n'est-il pas plein de Rousseau comme d'Ossian? Mme de Staël leur rendait Goethe et Rousseau. Goethe et Byron, n'est-ce pas du Rousseau encore? Tout ce que leurs pères avaient appris dans l'exil, le pli contracté dans l'oisiveté forcée de l'émigration, l'inquiétude et les agitations de l'âme avaient altéré chez eux la paix naturelle aux cœurs des enfants. Ils ne se donneront pas, comme leurs pères sous Bonaparte, des airs de trouble-fêtes. Avant 1824.

1. Outre l'article célèbre de Jouffroy, voir dans le *Globe* 26 février 1825) un article non signé : « De la déclamation en matière de religion. »

2. *Op. cit.*, IIIe partie, chap. ix. Caractère et causes du mal du siècle de 1815 à 1830.

ils n'ont que faire d'entrer dans l'opposition. La
dynastie régnante est bien née, comme eux. Elle leur
apporte, en apparence, la sécurité, l'apaisement des
orages. La société se reconstitue. Mais la littérature
s'est ressentie profondément de tant de secousses
violentes et d'étranges innovations. La Révolution
avait jeté la société dans des voies inconnues. La
Muse française elle-même savait mal s'en défendre [1].
Il faut comprendre ce que portait en soi de tristesse
latente un état social dont on a dit justement plus
tard : « Ce qui était n'est plus; ce qui sera n'est pas
encore. » En vérité, comme *Éloa*, la société d'alors
est en partie révolutionnaire. Elle a deux faces ou
deux titres. Elle aussi peut s'appeler *Satan*.

III

L'ÉDUCATION PESSIMISTE D'ALFRED DE VIGNY
PAR Mme DE STAEL, CHATEAUBRIAND ET LORD BYRON.

Parmi tant de docteurs de la mélancolie, trois
sans doute ont dû diriger l'éducation d'Alfred de

1. Cf. le *Prospectus* (1823) de cette Revue : « La révolution française ayant jeté la société dans des voies inconnues et des combi-
naisons sans exemple, la littérature, qui est l'expression de cette
société, s'est ressentie profondément de ces violentes secousses et
de ces étranges innovations. »

Vigny. Ce sont Mme de Staël, Chateaubriand et lord Byron.

On ne peut croire qu'il ait eu connaissance du livre *de l'Allemagne* avant la date de la première édition de Paris, en 1818. Il est à penser néanmoins qu'il en a fait lecture et dès ce temps ; mais on n'en reconnaît la trace précise qu'à l'époque de la *Maison du berger* [1]. Toutefois il existe un singulier rapport entre la féconde mélancolie du livre *de l'Allemagne* et les préfaces de Vigny en 1822. Sur la foi de Lessing peut-être, Mme de Staël attendait un prochain élargissement de la religion [2]. Mieux que Chateaubriand, elle paraît avoir senti la mélancolie propre à ce vague espoir. L'énigme de la destinée humaine, écrivait-elle, n'est de rien pour la plupart des hommes ; le poëte l'a toujours présente à l'imagination [3]. Elle enseignait que c'est la contemplation seule

1. La seconde strophe du n° II de ce poëme ressemble de près à cette pensée de Mme de Staël, t. II (Stuttgard, Hoffmann, 1830), chap. xvii, *De la philosophie* : « On a voulu jeter, depuis quelque temps, une grande défaveur sur le mot de philosophie..... L'homme a maudit le soleil, l'amour et la vie ; il a souffert, il s'est senti consumé par ces flambeaux de la nature : mais voudrait-il pour cela les éteindre ? » -- Cf. t. III, chap. xx : « Pourquoi donc la puissance d'aimer, la poésie, la philosophie, ne seraient-elles pas les colonnes du temple de la foi ? »

2. Voir t. III, chap. xx, *Considérations générales sur la religion en Allemagne*.

3. T. I, chap. xxix, *De la poésie*. Cf. t. III, chap. xxi, à propos de Herder : « La tendance naturelle des esprits en Allemagne est de considérer la poésie comme une sorte de don prophétique,

qui forme le génie [1]. Elle dédaignait les sentiments exaltés d'un Werther et tout cet appareil de la sensibilité qui veut être vue [2]; mais elle avait connu « cette réflexion inquiète qui nous dévore souvent comme le vautour de Prométhée [3] ». Elle communiquait aux poètes l'idée que, sans la mélancolie, ils ne peuvent prétendre à la gloire; que l'homme ne fait rien de grand sans le sentiment de sa destinée incomplète. La philosophie lui paraissait s'accorder en toute chose avec la mélancolie, et s'associer d'elle-même aux images sombres [4]. Comme les mystiques, elle faisait de la religion un amour [5]. Elle disait que c'est d'infini et d'éternel que l'âme des modernes est remplie. Elle s'élevait de toute sa force contre la frivolité de l'esprit et du cœur. Elle défendait l'enthousiasme des jeunes gens contre le persiflage du condillacisme. Elle leur apportait cette vérité que la religion

précurseur des dons divins; ainsi ce n'était point une profanation de réunir à la croyance religieuse l'enthousiasme qu'elle inspire. »

1. T. III, chap. xxix, *De l'influence de l'enthousiasme sur les lumières*. Voir aussi, à propos de *Torquato Tasso*, un passage sur la susceptibilité souffrante des hommes de lettres (t. II, ch. vi).

2. T. III, chap. xvi.

3. T. I, chap. xxix.

4. M. Brunetière (*Revue des Deux Mondes*, 1er décembre 1894) est d'avis que Vigny pourrait bien avoir trouvé dans *Corinne* (1807) la première idée de son *Moïse*. — « N'avez-vous jamais été au fond de tout, c'est-à-dire jusqu'à la peine? » écrit aussi Mme de Staël.

5. T. III, chap. xxiv.

n'est rien si elle n'est pas tout, si l'existence n'en est
pas remplie, si l'on n'entretient pas sans cesse dans
l'âme la foi à l'invisible [1]. Elle leur donnait une idée
d'universalité dans la manière de sentir et de conce-
voir la religion. A voir son œuvre, en un mot, et
quel profit elle comptait tirer pour eux de l'esprit
allemand, on se rappelle une réflexion de Gervinus
touchant les « poésies séraphiques » d'Alfred de
Vigny : « On a vu, dit-il, ce fait presque incroyable
que la muse française rappelait alors la muse de
Klopstock. » Et il ne trouve pas de meilleur témoignage de l'état d'exaltation du sentiment poétique et
religieux en France que les *Poëmes : « Alfred de
Vigny étonna considérablement ses compatriotes par
le choix de sujets d'un spiritualisme exalté, et par
des expressions d'une nature particulière telle qu'on
ne pouvait les chercher et les supporter que dans
cette Allemagne qui, aux yeux des Français, est l'Inde
de l'Occident [2].

1. T. III, chap. xx.

2. C'est en avril 1824 qu'on trouve une note ainsi conçue dans la
Muse française, annonçant *Éloa* : « M. le comte Alfred de Vigny
est un des écrivains originaux qui caractérisent le plus la physio-
nomie de notre époque. »

De Féletz écrivait dans un article sur l'auteur de *Corinne* : « J'ose
croire qu'on peut être bon, humain, compatissant, généreux, sensible même et, s'il le faut, amoureux et passionné, sans avoir ces
dispositions habituelles de mélancolie rêveuse qu'elle donne à tous

Quant à Chateaubriand, qui n'a subi son influence?
La *Muse française* retentit de ses louanges. Mme de
Staël fortifiait en Vigny ce qu'elle aimait à appeler la
religion de l'enthousiasme : Chateaubriand donnait
une forme catholique à la renaissance de l'imagination. Mais, dans *René*, la mélancolie est surtout désenchantement. René a pu offrir de bonne heure à Vigny
le type de l'enfant du siècle qui, né gentilhomme, ne
trouve pas sa place dans la société nouvelle, et s'en
exile. Quand les circonstances ramèneront sous les
yeux de notre poëte l'avènement tumultueux de la
démocratie, il s'isolera lui aussi dans le monde et,
non plus que Chateaubriand, ne se défendra du
dédain.

Mais j'ai hâte d'arriver à ce maître élégant de
désespoir, à l'esprit par excellence divisé contre lui-
même, à Byron, plein d'extase et de révolte tout
ensemble. Qui n'a-t-il pas inspiré, fût-ce un jour, une
heure, parmi nos plus grands même [1]? Vigny, en
1820, n'a pas caché l'admiration qu'il lui gardait. Il
critique, à la vérité, son auteur, et même il l'accuse [2].

---

ses héros, et dont elle prive impitoyablement tous les personnages
qu'elle sacrifie. »

1. Voir entre autres l'article de M. Montégut sur Musset, *Nos
morts contemporains*, p. 271 sq. Lamartine est allé à Byron plus
tard que Vigny.

2. Dans *Don Juan* et dans *Beppo*, « assemblage ignoble de plaisan-

Mais il est faible contre lui, et se laisse ravir à sa
tristesse. Il ajoute foi à ses demi-mots. Il croit à ses
blessures profondes. La défaveur jetée par Byron sur
la vie présente, ses doutes même sur la vie future, le
séduisent comme une tentation. Il voit paraître en sa
personne l'esprit du siècle dernier, mais paré de
poésie. Par un charme qu'il ne s'explique pas, Vigny
sent travailler cet esprit en lui-même, affligeant son
âme, mais ne la desséchant plus. Byron froissait en
notre poëte son respect de la religion, celui même de
l'humanité « dans la vieillesse et dans la mort ». Mais
cette supériorité des passions sur un monde hypocrite, cette lutte d'un grand homme contre son temps,
cette alternative de la gaîté la plus folle et de la
mélancolie la plus sombre, désarmaient ce critique
de vingt-trois ans et disposaient dans son cœur l'orgueilleuse amorce du désespoir. Comme Byron, il
cache déjà sous un masque froid son vrai caractère.
S'il n'a que faire d'un mystérieux remords, il veut
croire à son tour à sa propre misère. Il triomphe, en
un mot, de deviner Byron tel qu'il est dans la solitude, en face de lui-même, « jetant sa vraie nature
dans des œuvres d'imposante étude, assez fort contre
son siècle pour ne se déguiser plus avec lui, et braver

teries sans goût et sans légèreté. » (*Conservateur littéraire*, 1820,
p. 212.)

enfin — ce sont là ses termes — l'hypocrisie cérémo-
nieuse et glacée de l'égoïsme. »

Ainsi l'âme de Byron a pesé, dit-il, sur la sienne.
A propos d'un volume de vers tout byronien, il louait
fort, en 1824, cette idée qu'il faut cacher nos blessures [1] : la foule s'offense du génie, rit du malheur;
on doit éviter de lui offrir en spectacle « *un aigle
d'Hélicon vaincu par la douleur* ». Ces derniers mots,
écrivait-il, nous semblent renfermer une très belle
idée. « En effet, qui devrait être exempt des malheurs
de la vie commune, si ce n'est « l'homme possesseur
du génie »? N'a-t-il pas assez de l'éternelle pensée qui
le travaille? Que devient-il quand les événements
extérieurs viennent y mêler leur amertume? » Ce
qu'il devient, les *Destinées* nous l'apprennent dans
leur demi-silence [2]. L'idéal qu'on y entrevoit ne dif-
fère pas beaucoup de celui qu'il caresse après 1820.
N'est-ce pas celui d'une âme « belle, forte et blessée? »

Telle se laisse voir peut-être l'influence des livres
sur sa vie.

1. Voir *Muse française*, t. II, p. 174.
2. Cf. le début de la *Maison du berger*.

LIVRE II

ÉDUCATION DE VIGNY PAR LA VIE

CHAPITRE I

VOCATION MILITAIRE CONTRARIÉE

L'existence d'Alfred de Vigny n'est pas remplie d'événements bruyants.

Il était né à Loches en 1797. Il passa ses premières années tantôt à Paris, tantôt en Beauce, dans un château de sa famille, le Tronchet, près d'Étampes. A ce propos, on doit relever dans les fragments de ses Mémoires[1] un trait précieux : son goût, comme il le dit, tant soit peu féodal pour la guerre et les idées guerrières. Il allait passer les examens de l'École polytechnique lorsque les Bourbons rentrèrent en

1. *Journal d'un poète*, 1847. — Cf. toutefois Paléologue, *Alfred de Vigny* (Hachette, 1891), p. 7 à 10.

France. A dix-sept ans, il entre dans la première Compagnie rouge de la Maison du roi, avec le grade de lieutenant de cavalerie. En 1816, à dix-neuf ans, lors de la suppression de ces compagnies, il passe officier de la garde royale et il y sert jusqu'à 1823. Au moment de la guerre d'Espagne, il quitte la garde pour la ligne. Le 5e corps d'armée dont il faisait partie entre en Espagne, mais Cadix est pris en même temps : son régiment revient dans les Pyrénées [1]. Alors ennuyé, dit-il [2], du plat service de la paix, il donne sa démission en 1827 et se marie.

On doit insister sur ces prédilections militaires d'Alfred de Vigny. C'est l'origine première de ses déceptions.

I

ESPÉRANCES DE GLOIRE MILITAIRE. — DÉCEPTIONS.

M. Biré a publié de lui une lettre charmante à Victor Hugo, à propos d'*Éloa*; c'était précisément au temps de la guerre d'Espagne. En voici quelques lignes :

1. Documents inédits.
2. *Journal* (1831), p. 56.

« Mon cher ami, si les boulets ne respectent pas le poëte, je vous prie de faire imprimer *Satan* à part et tel qu'il est, sans correction. J'emporte un album et je ferai *Roland* au milieu de ses décorations naturelles. Je m'en réjouis. Adieu, mon bon ami, je vous embrasse de tout mon cœur [1]. »

L'espérance d'une autre guerre perce encore dans une lettre adressée à de Saint-Valry et citée par M. Camille Doucet.

« Aujourd'hui, le lendemain du jour de ma naissance, vient de m'arriver ce nom de capitaine auquel semblent seulement commencer les grandes choses de la guerre et ce grade qui, le premier, donne un peu de liberté et quelque puissance. Avec lui m'arrive la nouvelle que j'irai en Espagne quand le régiment sera complet. Ainsi je mérite vraiment toutes vos félicitations, puisque je me vois certain de faire cette guerre de Du Guesclin, et d'appliquer aux actions les pensées que j'aurais pu porter dans des méditations solitaires et inutiles. »

Horace de Lagardie, dans la *Revue nationale* (10 octobre 1863), est celui de ses amis qui fait le mieux connaître ces prédilections de l'auteur de *Servitude et Grandeur militaires*. Il ne faut se fier qu'à demi à la

---

1. *Victor Hugo avant 1830*, par Edmond Biré, p. 323-4 (Paris. Jules Gervais, 1883). Cf. *Figaro*, mai 1885, les lettres respectueuses que Victor Hugo adressait alors à de Vigny.

confession inscrite par Vigny dans ce dernier ouvrage :
« Ce ne fut que tard, dit-il, que je m'aperçus que mes
services n'étaient qu'une longue méprise, et que j'avais
porté dans une vie tout active une nature toute contemplative. » On trouve sans doute chez lui ce contraste, né d'une trop grande délicatesse physique.
Après treize ans, — nous rencontrons ce détail dans
une lettre à Brizeux, reproduite par le regretté Saint-
René Taillandier, — le commandement lui causait des
crachements de sang douloureux, et aucun lecteur
familier avec le *Journal d'un poëte* ne peut oublier la
scène des étapes de Paris à Amiens [1]. Assurément la
fée de la poésie le livrait souvent à une distraction
surprenante pour un soldat. Et sa Bible, confiée à la
giberne d'un de ses hommes, tranchait singulièrement
sur la vie de garnison. M. de Lagardie affirme pourtant que la méprise en question dura longtemps : elle
a duré peut-être toute la vie, sous la forme d'un désappointement que le poëte ne s'avouait pas à lui-même.
Plus d'un de ses amis se rappelait comment, nommé
chef de bataillon de la garde nationale en 1830, il
cherchait à tromper ses instincts naturels en prenant
au sérieux ce commandement bourgeois.

Nous retrouvons ce trait, assez distinct, à plusieurs

---

1. *Journal*, 1832, p. 60 (édition Michel Lévy, 1867).

époques de sa vie. Il est apparent dans l'éloge qu'il fait de l'honneur, ce dernier reste des vertus féodales.

On ne conçoit pas comment des critiques du plus grand mérite ont négligé ce fait initial chez de Vigny : une ardente vocation contrariée. C'était sans doute avant tout l'avidité de la gloire : elle tenta même en lui plus d'une voie, mais d'abord elle convoita de se satisfaire par la carrière naturelle aux gentilshommes, celle des armes. La tristesse a commencé là pour Vigny. Il a pu être malheureux à l'école, au collège, par trop de fierté [1]. Plus tard, a-t-il cessé, selon le mot de Sainte-Beuve, d'être aimable? On l'imagine plutôt, comme Chatterton, sur la défensive avec tout le monde. Une extrême sensibilité [2] refoulée de bonne heure par la vie est la cause première de cette froideur qu'on lui a parfois reprochée. D'autres morsures ont fait le reste. Mais l'origine de sa tristesse, elle est à l'armée, à la guerre d'Espagne, au temps de sa longue lieutenance.

---

1. Voir *Journal*, p. 233. — Cf. *Servitude*, p. 15.

2. Voir le *Journal* (1832), p. 59 : « La sévérité froide et un peu sombre de mon caractère n'était pas native. Elle m'a été donnée par la vie. — Une sensibilité extrême, refoulée dès l'enfance par les maîtres, et à l'armée par les officiers supérieurs, demeura enfermée dans le coin le plus secret du cœur.

Le monde ne vit plus, pour jamais, que les idées.

Le *Docteur-Noir* seul parut en moi. *Stello* se cacha. »

II

SES IDÉES D'ENFANCE, TOUTES MILITAIRES.
CE QU'ÉTAIT A SES YEUX LA NOBLESSE.

Il faut donc analyser plus avant, s'il se peut, ces instincts militaires chez notre poëte. La tâche est fort aisée, car il a pris soin lui-même de s'en expliquer.

Qui ne se rappelle ce passage de ses Souvenirs de *servitude militaire*? « J'aimai toujours à écouter, et quand j'étais tout enfant, je pris de bonne heure ce goût sur les genoux blessés de mon vieux père. Il me nourrit d'abord de l'histoire de ses campagnes, et, sur ses genoux, je trouvai la guerre assise à côté de moi; il me montra la guerre dans ses blessures, la guerre dans les parchemins et le blason de ses pères, la guerre dans leurs grands portraits cuirassés, suspendus, en Beauce, dans un vieux château. Je vis dans la Noblesse une grande famille de soldats héréditaires, et je ne pensai plus qu'à m'élever à la taille d'un soldat. »

Alfred de Vigny a fait l'éloge de la Noblesse dans *Cinq-Mars* d'abord, et dans *Wanda* particulièrement.

A ce dernier titre, la moindre de ses confidences importe pour notre recherche [1].

On peut reconnaître, à plus d'un signe, que la Noblesse était surtout pour lui cette grande famille militaire dont il a parlé et non quelque parure orgueilleuse. En voici la preuve, bien avant l'*Esprit pur*, telle qu'on la trouve dans un fragment de ses Mémoires :

« Quelquefois, vers minuit, mon père, lorsque ses amis s'étaient retirés, me permettait de l'écouter faire quelques lectures. Il lisait admirablement bien.... Les mémoires du chevalier de Grammont, et surtout ceux du duc de Saint-Simon qui étaient déjà connus, mais non aussi complets qu'ils furent depuis publiés par le général marquis de Saint-Simon, étaient, parmi les livres choisis par mon père, ceux dont il feuilletait les pages et tirait des fragments. Je crois que les généalogies et toutes les petitesses de cour, d'étiquette, de présence, de tabourets de duchesse, de bourgeois, de princes, dont Saint-Simon surcharge ses Mémoires ne contribuèrent pas peu à me donner dès l'adolescence un dégoût profond des généalogies. Je ne peux en écouter une page sans distraction, et la mienne surtout m'ennuyait à l'excès, hors quand mon père

---

1. M. Lenient a rappelé un mot d'Alexandre Dumas sur Alfred de Vigny et qui le peint à merveille : « gentilhomme jusqu'au bout des ongles, très capable de vous rendre service et très incapable de vous jouer un mauvais tour. » On peut juger que, dans le reste, Dumas met trop d'espièglerie. Cf. *Revue politique et littéraire*, 25 août 1883.

y mêlait des anecdotes qui me peignaient mes oncles et mon grand-père, et Louis XV et le grand Frédéric, et toutes les figures qu'il avait vues; mais dès que l'on reculait dans le passé seulement ʻjusqu'à Louis XIV, je ne voyais que des textes et des blasons et je n'écoutais plus. Mon aimable père qui ne m'en parlait guère que pour la forme et l'acquit de sa conscience et ne me nommait nos ancêtres que pour qu'il ne fût pas dit qu'il ne m'en avait pas parlé, n'insistait que fort peu, d'autant plus qu'il m'avait fait lire Racine dès l'âge de sept ans et que j'y avais accroché comme au vol deux vers qui me servaient de bouclier contre les généalogies ; et lorsqu'il commençait, je savais lui plaire en l'interrompant par ces vers :

> Dis-lui de ses ancêtres
> Plutôt ce qu'*ils ont fait*, que ce qu'*ils ont été*.
> (*Andromaque*.)

Aussi n'y cherchait-il guère que les grands traits. — Un soir, je m'en souviens, je demandai pour la première fois de ma vie ce que c'était que *noblesse* et *mésalliance*. Mon père croisant l'une sur l'autre ses jambes et ses bas de soie, prit une prise de tabac dont il jeta les trois quarts sur son jabot et sa culotte de soie noire, et me dit : « Cela n'a guère plus de valeur à présent que cette poussière, mon ami ; ce sont de *pompeuses bagatelles* qu'il faut oublier comme de mauvaises pensées. Se chargera qui voudra plus tard de te les expliquer, mon enfant, tu as mieux que cela à apprendre. »

Ma mère se leva de la bergère dans laquelle elle

était plongée et attentive à regarder les dessins et
les traits admirables de Flaxman épars sur la table.
« Je vais bien lui expliquer ces mystères-là, moi »,
dit-elle avec son air charmant et le sourire fin de ses
grands yeux noirs; et me conduisant près du piano où
elle s'assit, elle me chanta en s'accompagnant la
chanson de M. de Coulanges qu'elle semblait avoir
apprise directement de Mme de Sévigné :

> D'Adam nous sommes tous enfants,
>   La preuve en est connue,
> Et que tous nos premiers parents
>   Ont mené la charrue,
>   Mais las de cultiver enfin
>   Sa terre labourée
>   L'un a dételé le matin,
>   L'autre l'après-dînée.

Puis elle éclata de rire en revenant à sa place.
« Voilà, mon cher enfant, tout le récit des généalogies,
me dit-elle, tu n'as plus besoin de t'en occuper
davantage. » Et elle m'embrassa sur le front pour me
congédier.

Un tel récit fait comprendre cette réflexion d'un
autre gentilhomme : dans une position de supériorité incontestée, quel charmant grand seigneur eût
été Alfred de Vigny !

La gloire militaire, voilà donc ce que signifiait
pour lui la noblesse; de vieux barons, parfumés et
blessés, revenant jaser à l'Œil-de-bœuf avant de voir

leur champ; des batailles sur terre et sur mer, de grands noms, des tours crénelées, la croix de Saint-Louis qu'on baise; le nom qui ne meurt pas ; l'ivresse d'être homme d'honneur et de savoir que noblesse oblige. Dès qu'il avait su lire [1], il s'était représenté ses pères d'avant Charles IX, remerciés par les Valois; l'un d'eux, gouverneur de Brest, à qui Charles II, roi d'Angleterre, avait témoigné sa reconnaissance; il avait de l'amitié pour ces rois et personnellement il se sentait leur obligé. Il y avait bien son trisaïeul, son bisaïeul et son aïeul qui paraissaient moins dans l'histoire : encore avaient-ils été capitaines. Mais un de ses oncles avait été page de Louis XIV, et l'enfant savait mauvais gré au monarque de n'avoir pas poussé celui-là avec soin puisqu'il avait un régiment et que parmi ses parents il pouvait compter des Castelnau et des Rochechouart. Et ce père de sa mère, ce vieil et vénérable chef d'escadre, grave, savant et spirituel, l'énergie de l'homme de mer avec le ton de l'homme de cour, captif dans les prisons de Loches après avoir écumé les mers de la Chine et du Pérou, ce capitaine de dix vaisseaux, du temps de la grande marine de Louis XVI, un vieillard respecté tant de fois par les

1. *Journal*, 1847, p. 225.

boulets et qu'une lettre de son fils tuait en un jour
dans sa prison! Voici comment : le jeune homme
était lieutenant de vaisseau, et, blessé au siège
d'Auray en débarquant avec M. de Sombreuil, il
demandait à son père sa bénédiction, devant être
fusillé le lendemain. Son adieu, écrit Alfred de
Vigny, tua son père un jour après que la balle l'eut
tué.

Mme Sophie Gay a dit de la mère d'Alfred de
Vigny qu'elle était vaine de son titre [1]. Une pareille
appréciation ne cadre guère avec les récits d'Alfred
de Vigny. Assurément cette femme haute de cœur
exerçait sur son fils une grande influence [2]. Un peu
plus tard même, elle se montrait un juge sévère pour
le talent naissant du futur académicien; et celui-ci,
revoyant les notes ajoutées par elle aux marges de
ses plus anciens manuscrits, disait un jour en lui-
même : « Vous aviez bien raison, ma mère, cela est
fort mauvais. » L'enfance du poëte, contrairement à ce
qu'on lit de plusieurs pessimistes, a été choyée et, si
j'ose dire, couvée : ce seul détail doit induire en
défiance les critiques qui jugent l'auteur de *Stello*
plus noir qu'un Léopardi. Mais quant à le détourner

1. Voir Sainte-Beuve, *Nouveaux Lundis*, t. VI, p. 416.
2. Cf. *Journal*, p. 233.

des armes, sa mère même le tenta et n'y put
réussir [1].

III

BONAPARTE ET FRÉDÉRIC II.

Or à cette idée fixe de l'enfant l'air du temps répondait par les échos d'une gloire inouïe.

Il faut lire dans *Servitude militaire* le récit de sa
première déception, voir, comme il se peint lui-même,
ce lycéen distrait vers la fin de l'Empire, cette génération née avec le siècle, « nourrie de bulletins par
l'empereur », la guerre debout dans le lycée, — je suis
ses expressions, — entendre ce tambour qui étouffait à
ses oreilles la voix des maîtres et la voix mystérieuse
des livres. Les logarithmes et les tropes n'étaient à
leurs yeux « que des degrés pour monter à l'étoile de
la Légion d'honneur, la plus belle étoile des cieux
pour des enfants ». Les canons et les cloches des *Te
Deum* étourdissaient les têtes. « Lorsqu'un de nos
frères, sorti depuis quelques mois du collège, reparais-

---

1. Il paraît qu'on essaya de le jeter tout adolescent dans le grand
monde pour le distraire de ce penchant. (Voir *Servitude et Grandeur militaires*, p. 15.) Cf. *Journal*, p. 237 et 238.

sait en uniforme de hussard et le bras en écharpe, nous rougissions de nos livres et nous les jetions à la tête des maîtres. Les maîtres mêmes ne cessaient de nous lire les bulletins de la Grande Armée, et nos cris de vive l'Empereur ! interrompaient Tacite et Platon. Nos précepteurs ressemblaient à des hérauts d'armes, nos salles d'études à des casernes, nos récréations à des manœuvres, et nos examens à des revues. »

Plus d'un dut scruter alors l'avenir en son âme d'enfant, et, comme celui qui disait : « Je veux être Chateaubriand ou rien », rêver de Bonaparte [1]. Chez Vigny, la rencontre du premier grand homme qu'on aime semble d'abord nous écarter de l'empereur. Ce fils d'émigré tenait de son père mainte anecdote guerrière : or elles se rattachent presque toutes au temps de Louis XV et de Frédéric II. Je n'affirmerais pas, a écrit mon auteur, que je n'aie pas vécu de leur temps, familier comme je le fus avec eux par tant de récits de la guerre de Sept Ans. Le père d'Alfred de Vigny avait pour Frédéric II l'admiration éclairée d'un philosophe qui avait vu de près ce roi, lui-même

---

1. Il y a peut-être un souvenir personnel et comme un aveu déguisé dans ces vers de la *Flûte* :

D'abord, à son départ, orgueil démesuré,
Gigantesque écriteau sur un front assuré.
Promené dans Paris d'une façon hautaine,
Bonaparte et Byron, poëte et capitaine, etc.

philosophe. Il avait été reçu plus d'une fois sous sa tente et s'était entretenu de Voltaire avec lui. Il se connaissait en hommes. Il avait vécu dans une étroite amitié avec les Chevert et les d'Assas. Il était même au camp près de ce dernier la nuit de sa mort. Ce portrait d'un illustre ennemi, fait d'après nature, causa d'abord à Vigny de l'humeur contre Bonaparte [1]. Il le voyait prendre chapeau, tabatière et geste pareils à ceux du grand Frédéric; il lui parut d'abord plagiaire. Frédéric II au contraire lui inspirait une admiration sans mélange, à tel point qu'il y a retrouvé dans la suite le premier symptôme de son inutile amour des armes [2].

IV

AVEU DE SA DÉCEPTION. TRISTESSE RELATIVE.

Il ne reste plus qu'à saisir l'un après l'autre quelques témoignages d'une des plus complètes déceptions qui puissent traverser une vie d'enthousiaste [3].

1. Cf. *Journal*, p. 233, 235 et p. 55.
2. D'après *Servitude*, p. 10, 15. — Cf. *Journal*, p. 231.
3. M. de Lagardie : « Sa renommée littéraire ne le dédommagea jamais qu'imparfaitement de la gloire militaire que sa destinée lui refusait. Ceux qui ne l'ont connu que superficiellement retrouveront

Mais pour éviter l'erreur vraiment excessive où sont tombés là-dessus plusieurs critiques, on doit examiner le *Journal d'un poëte*, à la date de 1824 : à cette époque, Vigny passait capitaine, tardivement et à l'ancienneté [1].

Cette année 1824 comptait parmi ses plus brillantes. A quatre reprises, son nom était mis en relief dans la *Muse française* [2] : c'était, pour tout dire, l'année d'*Éloa*. Mais l'expédition d'Espagne s'était terminée dès le milieu de 1823 par la prise du Trocadéro : le *Journal d'un poëte* s'ouvre donc à point pour laisser connaître les sentiments qui nous intéressent. Or

difficilement dans leurs souvenirs le soldat sous l'homme du monde élégant et froid, aux formes un peu grêles et au langage mesuré, qu'ils ont entrevu ; mais Alfred de Vigny n'était pas un soldat comme nous l'entendons aujourd'hui : la camaraderie grossière, l'épanchement banal, la fraternité du café et du billard lui étaient antipathiques. — Il avait appris à aimer la guerre à travers le prisme de l'ancien régime. » (*Revue nationale*, 10 oct. 1863.)

1. Il est aisé de reconnaître que plusieurs réflexions attribuées ici par Vigny à l'année 1824 appartiennent en réalité à 1829 ou même à 1832, par exemple les vers écrits sur le *More de Venise* donné à Mme Dorval, ou le fragment sur sa maladie, laquelle ressemblait au choléra ; il en est de même pour les morceaux relatifs à la deuxième *Consultation* du Docteur-Noir. En 1824, il pensait à *Éloa*, tout au plus à *Cinq-Mars*, lequel paraîtra en 1826. Ce sont là probablement des indications pour préparer à lui-même ou à d'autres une étude biographique. Et, par exemple, les idées sur le désespoir calme seraient attribuées par Vigny à l'année 1824 comme à l'époque de leur premier développement ou même de leur forme première.

2. Voir particulièrement au N° 4 de la *Muse française*, seconde année (1824), l'article de Victor Hugo à propos duquel M. Biré peut être consulté (*Victor Hugo avant 1830*, p. 317 ; Paris, Gervais, 1883).

quel en est le premier mot? Il s'y agit de combats encore, mais de « combat intellectuel [1] »; la carrière des lettres semble offrir à ses yeux des perspectives favorables. Ce début du *Journal* n'appartient pas au désespoir.

« *Faire ses événements* » et « *être fort* », telle est en effet la première impression que nous donne le Journal de 1824. Certaines idées qui suivent n'en forment pas moins, il est vrai, le fond des *Destinées*, mais elles ne se rattachent peut-être qu'artificiellement à cette époque. Considérées d'ailleurs en elles-mêmes, elles n'offrent pas l'ironie que plusieurs critiques ont commis la faute d'y voir : « Elles sont consolantes par leur désespoir même », dit l'auteur, et cette remarque ne souffre pas de démenti. Après *Stello* ou la première des *Consultations* du Docteur-Noir, Vigny comptait en écrire une autre [2], celle-là sur le suicide. L'idée était à la mode après 1830. Il se propose d'y émettre toute sa philosophie de la vie. Il écrit donc :

1. Cette expression « combat intellectuel » se trouve aussi dans l'avant-propos du *More de Venise*, édition de 1839, p. 259 de l'édition Calmann Lévy, Théâtre.

2. *Stello* a commencé à être publié dans la *Revue des Deux Mondes*, 1831, vol. 4. — Intitulé : *Les Consultations du Docteur-Noir*, petit fragment d'un gros livre.

Première Consultation.

—

STELLO
OU LES DIABLES BLEUS (BLUE DEVILS).

« Il est bon et salutaire de n'avoir aucune espérance. *L'espérance est la plus grande de nos folies.*

Cela bien compris, tout ce qui arrive d'heureux surprend.

Dans cette prison nommée la vie, d'où nous partons les uns après les autres pour aller à la mort, il ne faut compter sur aucune promenade, ni aucune fleur. Dès lors, le moindre bouquet, la plus petite feuille réjouit la vue et le cœur; on en sait gré à la puissance qui a permis qu'elle se rencontrât sous vos pas.

Il est vrai que vous ne savez pas pourquoi vous êtes prisonnier et de quoi puni; mais vous savez à n'en pas douter quelle sera votre peine : souffrance en prison, mort après.

Ne pensez pas au juge, ni au procès que vous ignorerez toujours, mais seulement à remercier le geôlier inconnu qui vous permet souvent des joies dignes du ciel.

Tel est l'aperçu de l'ordonnance qui terminera la deuxième *Consultation* du Docteur-Noir. »

Quelle ironie trouver dans tout ce passage, et pourquoi ne pas suivre à la lettre le sentiment d'un auteur disant :

« Que Dieu est bon, quel geôlier adorable, qui sème tant de fleurs dans le préau de notre prison! Il y en a (le croirait-on?) à qui la prison devient si chère, qu'ils craignent d'en être délivrés! Quelle est donc cette miséricorde admirable et consolante qui nous rend la punition si douce? Car nulle nation n'a douté que nous ne fussions punis on ne sait de quoi [1]. »

Ces fleurs du préau, à l'époque de la *Muse française*, Vigny les connaissait, et il n'est que de lire Sainte-Beuve pour s'en former quelque idée [2]. Un écho donc de pensées chrétiennes à la manière de Ballanche, quelque souvenir d'épicurien à la manière d'Horace désespérant de l'heure qui vient, pour s'en rendre la venue plus agréable, ces réflexions prendront avec le temps un aspect plus sombre : elles n'ont rien de cette douleur figée ou froide dont on a voulu doter avant le temps l'auteur d'*Éloa*.

C'est dans *Servitude* que se lit l'expression, d'ailleurs résignée, de son désappointement. En outre, écrivant à Brizeux en 1831, Vigny marque l'époque de sa première déception, et fixe lui-même les degrés de sa tristesse :

« J'allais me jeter dans l'artillerie avant l'âge de la conscription. Vint 1814; me voilà mousquetaire à seize ans. *Ce n'est que cela!* me dis-je, après avoir mis mes épaulettes. *Ce n'est que cela!* — J'ai dit ce mot-là depuis de toute chose et je l'ai dit trop tôt. De là ma tristesse née avec moi, il vrai, *mais pas si profonde*

1. *Journal*, p. 32.
2. *Nouveaux Lundis*, t. **VI**, p. 417 et note.

qu'à présent, et au fond assez douce et pleine de commisération pour mes frères de douleur, pour tous les prisonniers de la terre, pour tous les hommes... Vous avez raison de vous représenter ma vie militaire comme vous faites. L'indignation que me causa toujours la suffisance dans les hommes si nuls qui sont revêtus d'une dignité ou d'une autorité me donna dès le premier jour une sorte de froideur révoltée avec les grades supérieurs et une extrême affabilité avec les inférieurs et les égaux. Cette froideur parut à tous les ministères possibles une opposition permanente, et ma distraction naturelle et l'état de somnambulisme où me jette en tout temps la poésie passèrent quelquefois pour du dédain de ce qui m'entourait. Cette bonne distraction était pourtant, comme elle l'est encore, ma plus chère ressource contre l'ennui, contre les fatigues mortelles dont on accablait mon pauvre corps si délicatement conformé et qui aurait succombé à de plus longs services. — Avec une indifférence cruelle, le gouvernement à la tête duquel se succédaient mes amis et jusqu'à mes parents ne me donna qu'un grade pendant treize ans [1]. »

Il écrivait cette lettre quatre ans après avoir donné sa démission de capitaine. Deux ans plus tard, il commence dans la *Revue des Deux Mondes* la publication de *Servitude et Grandeur militaires*, achevée en

---

[1]. Lettre citée par Saint-René Taillandier.
Cf. Sainte-Beuve, *Nouveaux Lundis*, t. VI, Appendice, p. 465-6, l'anecdote du sinologue G. Pauthier, simple soldat dans le régiment du capitaine de Vigny.

1835 : il y avoue encore son faible. Ne comptant pour la gloire des armes ni sur le présent ni sur l'avenir, il la cherche, dit-il, dans les souvenirs de ses compagnons. Il prend plaisir encore à caresser son rêve. Que l'occasion se présente : qui sait s'il lui résistera?

CHAPITRE II

DÉMARCHES VAINES POUR ENTRER DANS LA DIPLOMATIE ET DANS LA POLITIQUE.

La lettre à Brizeux est précieuse. Elle interdit de ranger Vigny pour ainsi dire dès son enfance au nombre des idéalistes sans illusion [1]. Les déceptions de sa vie militaire ont renouvelé les chagrins de sa vie de collège. Cette teinte de sauvagerie [2] qu'il constatait en lui-même allait s'assombrir chaque jour davantage. On ne peut aussi tenir trop de compte des obstacles qu'apportait à son ambition l'absence d'une grande fortune ou même d'une certaine aisance. Il était né, comme il dit [3], dans la classe de ceux qui *ont* : il lui a fallu vivre pour ainsi dire dans celle des hommes qui *gagnent*, et le sentiment de cette destinée qui n'aurait pas dû être la sienne le révoltait toujours

1. Voir même *Journal* (1847), p. 227.
2. *Journal* (1847), p. 236.
3. *Journal* (1847), p. 236. — Cf. *Journal* (1831), p. 55 et 56; (1840) p. 154 et (1838) p. 131 et 132.

intérieurement. Pourtant ce n'est qu'à partir de
1832 que se trahit dans *Stello* le désespoir calme des
Destinées. La mélancolie, de sentiment qu'elle était,
devient idée fixe. L'air du temps aidant, le plus
tendre des hommes et le mieux fait pour le rêve en
va devenir, selon ses forces, le plus désabusé [1].

A quoi faut-il attribuer cette crise?

I

D'UNE DOUBLE BLESSURE DONT TÉMOIGNERAIT « STELLO ».

Dans *Stello*, Vigny se laissait voir imprudemment
bien souffrant, bien faible contre « la vie extérieure
avec ses fatigues et ses chagrins, avec tous les coups
qu'elle donne à l'âme et au corps [2] ». Je sais qu'un critique d'alors donnait de ces *diables bleus* une définition plus favorable : « c'est une sorte de maladie, écrivait-il, qui vous prend à la tête, aux nerfs, au cœur

1. *Journal* (1830), au temps de la *Curée* de Barbier : « Il est dit
que jamais je ne verrai une assemblée d'hommes quelconque sans
me sentir battre le cœur d'une sourde colère contre eux à la vue
de l'assurance de leur médiocrité, de la suffisance et de la puérilité
de leurs décisions, de l'aveuglement complet de leur conduite.
— Oh! fuir! fuir les hommes et se retirer parmi quelques élus,
élus entre mille milliers de mille! » (P. 54.)
2. *Stello*, p. 2 (éd. Calmann Lévy).

surtout, quand on a voulu demander pour les autres
ou pour soi un but trop élevé à la vie » [1]. Mais le
roman contenait l'aveu d'une amertume secrète.
L'auteur semble deviner contre lui quelque sourde
calomnie, quelque manœuvre malveillante [2]. Il avait
toujours vécu, non point isolé, mais un peu solitaire,
loin des intrigues, et l'on pouvait lire tout ensemble
dans *Stello* que la solitude est sainte et qu'elle est
empoisonnée [3]. L'ironie même y paraissait une souffrance plutôt qu'une arme. Son « désespoir sans
transports » risquait beaucoup d'être une pâture
savoureuse aux haines amicales dont il parle dans
un chapitre de *Stello* [4]. Bref, dans cette œuvre ardente
et subtile, riche de pensée et savante de composition,
l'idée générale ne montrait toute sa portée qu'après
un examen attentif, la blessure morale se voyait au
contraire au premier coup d'œil.

Car il y avait eu blessure.

Sainte-Beuve s'est contredit en lui attribuant vers
1826 un rare bonheur : le même critique constatait tout haut en 1835 une première et forte blessure
pour le poëte, « blessure fièrement cachée, mais pro-

---

1. *Le Temps*, 20 novembre 1832, article signé P. B. (Busoni?).
2. *Stello*, p. 2.
3. P. 243 et p. 2.
4. Chap. XXXIX, p. 239.

fondément ressentie [1], à savoir, dès 1822, le peu de succès des *Poëmes*, et, en 1826, le peu de bruit que firent les *Poëmes antiques et modernes*. Dans cet article de 1835, un an après *Chatterton*, Sainte-Beuve tenait fort [2] à signaler ce qu'il appelait le premier et le second refoulement de Vigny, à déclarer que le poëte avait *menti* dans ses vers, à se moquer de « ce que son sourire ne permettait plus à son front », « son vaste front moite et douloureux ». A cette date, c'est une chose certaine, Vigny est définitivement isolé : trahi par Dorval, attaqué par Planche qu'il avait fait entrer, je crois, à la *Revue des Deux Mondes*, brouillé avec Victor Hugo et Dumas.

II

DE LA PREMIÈRE BLESSURE.

En ce qui concerne la première blessure, Alfred de Vigny a lu cet article de 1835, et écrit : « Sainte-

1. Cf. *Nouveaux Lundis*, t. VI, p. 415, et *Portraits contemporains*, t. II, p. 66. — Cf. Paléologue, *op. cit.*, p. 67, note, et aussi p. 55 sq.

2. Il faut maintenir contre la déclaration de Sainte-Beuve (*Nouveaux Lundis*, t. VI, Appendice, p. 464 et 465) l'idée d'une haine amicale à laquelle Vigny même s'est peut-être trompé. Sainte-Beuve prétend que dans cet article de 1835, il « tenait avant toute chose »

Beuve m'aime et m'estime, mais me connaît à peine...
Sur les détails de ma vie, il s'est trompé en beaucoup de points. Jamais je ne comptai sur la popularité d'*Éloa* et je voulais l'imprimer à vingt exemplaires. En faisant *Cinq-Mars*, je dis à mes amis : *C'est un ouvrage à public. Celui-là fera lire les autres.* Je ne me trompais pas. — Il ne faut disséquer que les morts [1]. »

L'histoire de la *Muse française* appuierait au besoin ce témoignage. Selon l'expression du *prospectus*, les lecteurs de 1823 ne croyaient plus aux poëtes, ni les poëtes aux lecteurs. Je relève dans un article de Victor Hugo (numéro de juillet) les lignes suivantes : « Maintenant la popularité n'est plus distribuée par la populace ; elle vient de la seule source qui puisse lui imprimer un caractère d'immortalité ainsi que d'universalité, du suffrage de ce petit nombre d'esprits délicats, d'âmes exaltées et de têtes sérieuses qui représentent moralement les peuples civilisés. » Au reste Sainte-Beuve même semble être revenu de sa première opinion en 1864. Il n'a eu, dit-il, l'honneur de connaître M. de Vigny qu'en 1828 : « Peu

à « ne point froisser » une nature « délicate et chatouilleuse » telle que celle de Vigny.

1. *Journal*, p. 75 et 76. Ce fragment, de même que celui de la page 74, quoique classé dans le Journal de 1833, appartient évidemment à 1835.

connu du grand et du gros public (en 1826), ignoré même entièrement de la foule (ce qui est un charme), apprécié seulement d'une noble et chère élite, il occupait dans la jeune école de poésie, entre Lamartine déjà régnant, et Victor Hugo, qu'on voyait grandir, une position élevée, originale, à laquelle son épaulette, qu'il ne quitta que l'année suivante, ajoutait une distinction de plus [1]. »

Et l'on ne peut tirer parti là contre de la joie et de l'orgueil qui s'étalaient avec candeur en 1829 dans l'avant-propos d'une troisième édition des *Poëmes antiques et modernes* : « Ces poëmes viennent d'être réimprimés, et voilà qu'on les imprime encore peu de jours après. Lorsqu'ils parurent il y a neuf ans, ils furent presque inaperçus du public. — C'est bien peu de chose qu'un livre comme celui-ci; mais s'il plaît aujourd'hui, c'est qu'alors il étonna [2]. »

1. *Nouveaux Lundis*, t. VI, p. 415 et 418. Cf. *Chateaubriand et son groupe littéraire*, t. II, p. 312 : « On ne songeait pas encore comme cela peut-être eut lieu plus tard à accaparer la gloire, à affecter l'empire; il n'y avait pas de complot ni de conspiration à cet effet. »

2. De Vigny, si réservé jusque-là, au point de ne pas même inscrire son nom sur ses *Poëmes* de 1822, — ainsi en avait usé Lamartine deux ans auparavant, — paraît alors vouloir enfler la voix et hausser le ton pour parler au public des *Orientales*. On est en juillet 1829. De janvier à février, les *Orientales* avaient atteint à la quatorzième édition. — L'avant-propos beaucoup plus modéré qu'on lit aujourd'hui en tête des vers d'Alfred de Vigny, date à peu près sans changement de mai 1829 (2° édition) : « Nous réunissons ici, pour la première fois, des poëmes qui furent composés

III

DE LA SECONDE BLESSURE.

Quant à la seconde blessure, au second refoulement dont Sainte-Beuve avertissait le public, c'est
une affirmation difficilement contestable : encore
doit-on se défier ici de tout entraînement, circonscrire
la blessure au point juste. Il faut connaître d'autre
part une démarche qui a échappé à Sainte-Beuve,
mais qu'Auguste Barbier rapporte.

Sainte-Beuve écrit dans les *Nouveaux Lundis* (t. VI,
p. 419), en 1864 :

« Le théâtre, avec ses concurrences inévitables,
fut ce qui apporta la première division sensible entre
les illustres amitiés de 1829. M. de Vigny eut de ce

et publiés de temps à autre, çà et là, à travers la vie errante et
militaire de l'auteur. Plusieurs nouveaux poëmes en remplacent
d'autres, qui ont été jugés sévèrement par lui-même et retranchés
de l'élite de ses œuvres. Le seul mérite qu'on n'ait jamais disputé
à ces compositions, c'est d'avoir devancé en France toutes celles de
ce genre, dans lesquelles presque toujours une pensée philosophique est mise en scène sous forme épique ou dramatique. — Ces
poëmes portent chacun leur date. Cette date peut être à la fois un
titre pour tous et une excuse pour plusieurs; car dans cette route
d'innovations, l'auteur se mit en marche bien jeune, mais le premier. »

côté de grandes ambitions; il ne les réalisa qu'en
partie. Il offrit Shakespeare sur notre scène plus fidè-
lement qu'on ne l'avait osé faire jusqu'alors; son
Othello, représenté le 24 octobre 1829, précéda de
peu *Hernani*. C'était, dans sa pensée, un simple prélude pour des œuvres originales; mais de plus hardis,
de plus puissants, le devancèrent et livrèrent les premiers le grand combat. L'idée de rivalité (je n'ose
dire d'envie) se glissa dès lors dans son esprit et n'en
sortit plus. Sa *Maréchale d'Ancre* ne fut elle-même
qu'une tentative (25 juin 1831). En général, au théâtre,
M. de Vigny tâtonna jusqu'à ce qu'il eût obtenu son
succès enfin, un succès des plus vifs et des plus sai-
sissants, par son *Chatterton*, représenté le 12 février
1835. »

En octobre 1835 Sainte-Beuve, à propos de *Servitude
et Grandeur militaires* dont les trois nouvelles avaient
paru successivement dans la *Revue des Deux Mondes*
en 1833, 1834, 1835, écrivait sur le même sujet :

« Le mouvement poétique, qui redoubla de concert
et de retentissement à partir de 1828, vint pourtant
classer M. de Vigny à son rang dans les jeunes admi-
rations; une auréole mystique et secrète l'entoura
peu à peu au seuil de sa solitude. Après les épanchements lyriques et les confidences qui avaient resserré
l'union des poëtes, après les feux des *Orientales* entre-
mêlés du trépas de *Madame de Soubise* et des jeux de
la *Frégate la Sérieuse*, les plus forts songèrent au
théâtre, à cette arène où la poésie peut arriver au

public face à face, en le prenant par ses sensations, en le domptant. M. de Vigny crut toutefois qu'un détour était encore nécessaire, et il s'adressa à l'*Othello* de Shakespeare pour une première initiation du public, tandis que M. Hugo abordait à nu la question par *Hernani*. *Sans nous constituer juge ici entre les idées dramatiques des deux amis devenus rivaux*, notons que c'est à dater de ce jour que M. de Vigny, de nouveau refoulé, dessina de plus en plus distinctement sa position [1]. »

Et aussitôt, malgré le succès de *Chatterton*, Sainte-Beuve commence à parler du poëte des époques encombrées, méconnu, étouffé, ulcéré, que les gouvernements haïssent ou dédaignent et que la foule ne couronne pas.

On verra plus loin pour quelle raison Alfred de Vigny ne pouvait pas renoncer au théâtre après *Chatterton* : si le théâtre devenait aux mains des romantiques une tribune, Alfred de Vigny pouvait bien juger que l'art de la scène est le plus étroit qui existe; que déjà trop borné pour les développements philosophiques à cause de l'impatience d'une assemblée et du temps qu'elle ne veut pas dépasser, il est encore resserré par des entraves de tout genre [2]; il était dès lors, j'es-

1. *Portraits contemporains*, t. II, p. 67.
2. *Lettre à lord* *** sur la soirée du 24 octobre 1829 et sur un système dramatique (p. 265 de l'édition Calmann Lévy) : « Les

saierai de le démontrer, trop engagé dans ses idées sur la mission des poëtes, pour renoncer au drame ou au roman. Il se sentait plus de force de réflexion que ses rivaux. Ses papiers le montrent, au moins jusqu'à la date de 1839, occupé de drames philosophiques. Quant au roman, s'il ne se présente plus chez Vigny d'œuvre de ce genre après l'incontestable succès de *Servitude et Grandeur militaires*, ce n'est pas qu'il eût aimé non plus à dater de cette hégire : d'autres raisons, on le verra, sont venues encore ici à la traverse. On ne l'a pas assez remarqué [1] : Victor Hugo, qui dut s'arrêter après *les Burgraves*, s'en est tenu dans le roman pendant plus de trente années à *Notre-Dame de Paris* qui date de 1831. L'auteur de *Cinq-Mars* et de *Chatterton*, au contraire, se réservait depuis 1831 pour le roman comme pour le théâtre. De Vigny a délaissé sept ans la poésie pure, préférant se taire plutôt que de fausser son talent après *Paris* (1831). C'est en 1838 qu'il compose la première pièce des

plus pesantes sont celles de la censure théâtrale qui empêche toujours d'approfondir les deux caractères sur lesquels repose toute la civilisation moderne, *le prêtre* et *le roi* : on ne peut que les ébaucher, chose indigne de tout homme sérieux qui se sent le besoin de voir jusqu'au fond de tout ce qu'il regarde. Je ne compte pas les innombrables et obscures résistances qu'il faut vaincre pour arriver à un résultat passager. »

1. Voir toutefois Sainte-Beuve, *Portraits contemporains*, t. Ier, p. 446.

Destinées. Il ne désespérait donc pas de sa gloire [1].

Mais les novateurs étaient en désaccord.

Une paix, faite d'oubli, s'est étendue depuis lors sur les querelles que soulevait le drame romantique [2]. Sainte-Beuve constatait déjà (en décembre 1829), dans la préface des *Consolations*, des germes de division parmi les novateurs, des principes de refroidissement, nés surtout, écrit-il ailleurs, des ambitions dramatiques [3]. S'il s'est glissé dans l'esprit de Vigny une idée de rivalité, elle ne se donne pas carrière encore dans les premiers mois de 1830 [4]. Mais on ne peut

1. Cf. Biré, *Victor Hugo avant 1830*, p. 317.

2. « Le drame semble, en cinquante ans, avoir autant vieilli que la tragédie classique en deux siècles et demi. » (M. Maurice Souriau, *De la convention dans la tragédie classique et dans le drame romantique*, Conclusion. Hachette, 1885.)

3. Voir *Portraits contemporains*, t. II, p. 88.

4. Voir dans les *Portraits contemporains*, t. II, p. 88, la belle lettre de Vigny à Sainte-Beuve en mars 1830. M. Ed. Fournier a dit : « Ce qui manquait à M. de Vigny, c'était le bruit, c'était le tapage de la camaraderie auxiliaire, qui attire et fixe l'attention sur une œuvre ; c'était l'art aussi de faire croire à la fortune d'un livre par la multiplicité des éditions factices. » (*Souvenirs poétiques de l'école romantique*, notice sur Vigny, p. 517 ; — Paris, Laplace et Sanchez, 1880.) Vigny paraît avoir eu ces auxiliaires en 1829 pour *Othello*. L'esprit de corps entre les novateurs se montre encore dans la lettre de Vigny à Sainte-Beuve, du 29 décembre 1829 (voir Sainte-Beuve, *Portraits contemporains*, t. II, p. 87) ; à relever toutefois : « Adieu, mon bon ami, plût à Dieu que je pusse vous voir aussi souvent qu'on le croit. » Sainte-Beuve ne ménageait plus guère Alfred de Vigny en juillet 1831 ; à propos des fades mollesses de la société de la *Muse française* : « De Vigny, avec son beau et chaste génie, ne garda de la subtile mysticité d'abord que ce qui *lui sied comme un faible* et comme une grâce. Cependant Hugo... dépassait et

négliger ce fait que, dans la lettre cavalière à lord ***,
à propos du succès de son *More de Venise*, le poëte
s'est dépeint comme semblable à la flèche hardie dont
la marche prompte devance l'esprit général de sa
nation : dans *Stello*, tout au contraire, le même poëte
est en proie aux *diables bleus*; or *Stello* a commencé

devait bientôt briser le cadre étroit, *l'étouffant huis clos où les
autres jouaient à l'aise.* » (Article sur Victor Hugo, *Portraits contemporains*, t. I, p. 411 et 412.) De même en juillet 1832 (*ibid.*, p. 442),
sur le Gringoire de *Notre-Dame de Paris*, lequel « est *quelque chose
comme le raisonnement opposé au sentiment*, ainsi que le *Docteur-
Noir* de M. Alfred de Vigny; mais il a moins de tenue et de rigorisme
que notre important docteur avec sa canne à pomme d'or ». En 1833,
dans l'article sur Musset (*Portraits contemporains*, II, p. 181), Sainte-
Beuve dit qu'il n'existe plus de centre poétique et que la dispersion
est complète. — L'article de 1835 suit d'un an l'offense faite par
Victor Hugo à Vigny dans *Littérature et philosophie mêlées* (voir Biré,
loc. cit.). — L'article de G. Planche favorable à Vigny dans la *Revue
des Deux Mondes* est du 1er août 1832; brouillé avec Victor Hugo,
Planche insistait sur ce que présente d'original et d'indépendant
la carrière poétique de Vigny; puis, heurtant de front Sainte-
Beuve et les goûts du Cénacle de 1828 et de son chef, il louait
Vigny d'avoir cherché la nouveauté du rythme dans la nouveauté
des sentiments et des pensées, sans s'inquiéter de savoir si tel
mètre appartient à Baïf, tel autre à Coquillart. — En 1835, après
Chatterton et *Servitude et Grandeur militaires*, la situation de Vigny
est très haute, son nom plus en vogue peut-être qu'après *Cinq-
Mars*; et quand il est retourné à la poésie pure en 1838, après avoir
pendant trois ans tourné autour d'un roman philosophique dont je
parlerai plus loin, la réputation poétique de Victor Hugo était
entamée par Sainte-Beuve même, depuis 1835, à propos des *Chants
du crépuscule*, et par D. Nisard, qui écrivait en 1836 et 1837 ses
fameux articles contre Hugo et Lamartine. — Noter d'après Sainte-
Beuve (*Portraits contemporains*, I, p. 469) que l'article sévère de
Sainte-Beuve dans le *Globe* contre *Cinq-Mars* est sur le tapis dès
la première entrevue de Sainte-Beuve et de Hugo, et c'est Mme Hugo
qui, à brûle-pourpoint, demande à Sainte-Beuve de qui est l'article. Ceci se passait en 1827.

à paraître dans la *Revue des Deux Mondes* à la fin
de 1831. Dans l'intervalle il s'était produit au théâtre
un double événement : le succès prolongé d'*Hernani*,
de février à juin 1830, le demi-succès seulement de
la *Maréchale d'Ancre* en juin 1831. N'est-ce pas là
qu'il faut voir, après Sainte-Beuve, l'origine des *diables bleus* de Stello? On se représenterait donc *Stello*
et *Chatterton* comme les types du poète méconnu dont
Vigny revendiquerait les douleurs et vengerait l'angoisse. *Hernani* aurait opéré le refoulement et le
succès modéré de la *Maréchale d'Ancre* aurait con-
firmé chez Vigny une pensée de représailles. Telle est,
pensée et termes, l'opinion du célèbre critique.

IV

TÉMOIGNAGE D'AUGUSTE BARBIER SUR UN FAIT QUI A ÉCHAPPÉ
A SAINTE-BEUVE.

Le témoignage d'Auguste Barbier interdit de s'en
tenir à cette simplification d'analyse. Sainte-Beuve
n'était pas à ce point intime avec Vigny qu'il eût
reçu confidence de toutes ses démarches. Les lettres
de Vigny qu'il a publiées dans les *Portraits contemporains* (t. II), à la suite de son article sur notre auteur,

si sincères qu'elles soient, — peu fréquentes d'ailleurs
à ce qu'il semble entre 1830 et 1835, — demeurent sur
tout flatteuses à l'égard d'un homme de talent, poëte
alors plus encore que critique, et, comme il l'écrivait
en juillet 1831, homme de poésie discrète et d'intimité [1]. La position n'était pas la même entre Vigny,
âgé de sept ans de plus que Sainte-Beuve, auteur
d'*Éloa*, de *Cinq-Mars*, d'*Othello* et qui l'allait être
bientôt de *Servitude et Grandeur militaires* et le critique
qui se représentait encore à la fin de l'année 1829,
après le coup d'éclat d'*Othello*, à genoux, pèlerin sans
message, devant le poëte d'*Éloa* remontant au ciel.
Tu longè sequere, avait dit la *Muse française* à la
critique, *et vestigia semper adora* : les temps ne semblaient donc pas si changés [2].

1. *Portraits contemporains*, t. I, p. 414. Cf. Éd. Fournier, notice
sévère sur Sainte-Beuve dans les *Souvenirs poétiques de l'Ecole romantique*. et Lamartine, commentaire sur l'Épitre à Sainte-Beuve dans
les *Harmonies poétiques et religieuses* : « C'était en 1829 ; j'aimais
alors beaucoup un jeune homme pâle, blond, frêle, sensible jusqu'à
la maladie, poëte jusqu'aux larmes, ayant une grande analogie
avec Novalis en Allemagne, avec les poëtes intimes qu'on nomme
les *Lakistes* en Angleterre : il s'appelait M. Sainte-Beuve.... La froideur injuste du public découragea trop ce jeune poëte des vers. Il
ne faut céder au public qu'en mourant. M. Sainte-Beuve, en persé-
vérant, l'aurait forcé à comprendre et soumis à admirer.

2. Je trouve dans les cahiers de Vigny le double d'une lettre à
Sainte-Beuve, en juin 1836, où il lui dit que son *portrait* tracé par
Sainte-Beuve contient quelques renseignements inexacts et il l'invite à un thé pour en recauser avant que le grand peintre réunisse
ses portraits. « Tout à vous de cœur. »

Or, le trait principal de *Stello* est de nature toute particulière.

« Séparer, — ainsi commence l'ordonnance du Docteur-Noir, — séparer la vie poétique de la vie politique. »

A première vue, il n'y aurait là qu'un conseil applicable à la mission des poëtes de 1830, et dont il sera fait mention plus bas : conseil analogue à celui même que donnait Lamennais dans le journal *l'Avenir*. Mieux renseignés, nous y trouverons une demi-confession. Elle a son prix, et la fin de *Stello* la commente d'une manière assez curieuse : « Stello suivra-t-il l'ordonnance? *Je ne le sais pas.* » Et la *Lettre aux députés* y ajoute quelque saveur, en 1841 : « Je veux donc vous écrire, messieurs, ce que j'aurais aimé peut-être à vous dire [1]. » Enfin la profession de foi d'Alfred de Vigny aux électeurs de Charente en 1848, pourrait couronner ce commentaire, si nous n'avions quelque raison de croire qu'il est mort en attendant une place au Sénat.

Traite donc qui voudra de faiblesse un tel désir : il était venu à Vigny la même pensée qu'à Chateaubriand et à Lamartine : celle d'entrer dans la diplomatie, et partant dans la politique.

1. P. 254, à la suite de *Stello*, dans l'édition Calmann Lévy.

« Quelques mois avant 1830, écrit Auguste Barbier dans ses *Souvenirs personnels* [1], je tiens de M. le baron Provost, directeur aux affaires étrangères, que Mme de Vigny mère était venue le solliciter pour gratifier son fils d'un poste diplomatique. La révolution de Juillet empêcha que cette demande eût des suites. »

Cette démarche vaut qu'on s'y arrête.

Pendant son service à l'armée, la poésie servait à Vigny de distraction et de passe-temps. Le petit nombre de ses poèmes pourrait en porter témoignage. Cinq années environ avant cette démarche, il se tenait encore en garde contre l'*inutilité* de la méditation solitaire. Les travaux de l'esprit lui paraissaient encore pâlir devant la gloire des actions. Il a parlé quelque part de l'invincible désir qu'il se sentait presque enfant de produire quelque chose de grand et d'être grand par ses œuvres. C'est même, a-t-il dit, par lassitude de la méditation perpétuelle dans laquelle il épuisait ses forces, qu'il avait senti la nécessité d'entrer dans l'action [2]. La diplomatie put donc lui sembler un refuge digne de son rang. Volontiers prêt à se jeter aux extrêmes, il paraît avoir vivement désiré ce nouvel emploi de sa vie, car, après la révolution de Février, il revient à cette idée

1. P. 362, Dentu, 1883.
2. *Journal*, p. 237.

et charge Busoni de le proposer au ministre des affaires étrangères pour l'ambassade d'Angleterre [1].

La démarche de Mme de Vigny, quelques mois avant 1830, coïncide à peu près avec cette déclaration de la *Lettre à lord* ***, à propos du *More de Venise* (24 octobre 1829) : « Voilà quel fut le sens de cette entreprise très désintéressée de ma part malgré le succès; car il est possible qu'après avoir touché, essayé et bien examiné, avec un prélude de Shakespeare, cet orgue aux cent voix qu'on appelle théâtre, je ne me décide jamais à le prendre pour faire entendre mes idées. »

V

LE PUBLIC DE 1829.

La préface de *Cromwell* avait paru depuis deux ans, et pourtant, on doit se rappeler l'opinion de Ch. Magnin, dans *le Globe*, à la veille de la représentation d'*Othello* : si la cause de la réforme dramatique

---

1. Aug. Barbier, *op. cit.*, p. 362. — Cf. *Stello*, p. 32 : « Dans deux jours il voudra faire l'homme d'État et raisonnera sur le gouvernement anglais pour avoir un grand emploi; il ne l'aura pas et on fera bien. » — Cf. *ibid.*, p. 100 : « L'indépendance de caractère et le désintéressement ne peuvent jamais être compromis. »

avait été suffisamment plaidée, la réforme n'avait
vaincu que théoriquement au théâtre; elle n'y avait
produit aucun ouvrage qu'elle avouât (21 oct. 1829).
On sait combien l'attente parut longue depuis la
préface de *Cromwell* jusqu'à *Hernani*. Le *Henri III*
de Dumas, en prose, n'avait montré que la turbulence
des novateurs. Quel dommage, disait-on, que ce
drame de *Cromwell* n'en soit pas un! ce serait peut-
être le chef-d'œuvre que nous attendons tous impa-
tiemment. Les classiques commençaient à prendre en
pitié leurs adversaires. Le romantisme, écrivait-on,
n'est point un ridicule, c'est une maladie [1]. L'œuvre
de génie, le drame en vers, ne paraissait toujours
pas.

Or la composition du public s'était peu à peu modifiée depuis la *Muse française*. Selon la remarque de
Sainte-Beuve, Lamartine, de Vigny, Victor Hugo
avaient gagné sans doute aux réunions intimes de la·
Muse française d'avoir dès 1823 un public provisoire,
il est vrai, mais délicat et sensible aux beautés, qui
leur permettait de prendre patience, d'avoir foi et de
poursuivre. Ce n'était toutefois qu'un faux public,
artificiel, et par trop complaisant. L'autre public, le
vrai, le définitif, en était encore aux quolibets avec les

---

1. Voir M. Souriau, *op. cit.*, p. 93 sq et p. 80 sq.

nouveaux poëtes; mais il se dégrossissait avec le temps et l'on constatait en 1829 que son imagination finissait par se fortifier et s'étendre [1]. En réalité, ce sont les Jeune-France qui ont assuré le succès des premières grandes journées romantiques; et, quelque bon appui qu'ils aient prêté à Vigny même, le soir où fut nommé devant la rampe le *mouchoir* de Desdémone [2], on put juger s'ils étaient pour l'auteur d'*Éloa* le public rêvé.

Au reste, on trouve dans les *Souvenirs* d'Auguste Barbier la note juste à ce sujet :

« C'est en 1829, rue Notre-Dame-des-Champs, chez M. Victor Hugo, que je vis pour la première fois le comte de Vigny. Le poëte faisait lui-même une lecture de son drame d'*Hernani*. M. Paul Lacroix invité à la soirée m'emmena avec lui et m'introduisit au milieu du cénacle. Tous les chefs du romantisme avaient été fidèles au rendez-vous. Un seul tardait à paraître, c'était l'auteur d'*Éloa*. Enfin il arriva, et je vis passer à travers les rangs des Jeune-France barbus et chevelus, un gentleman d'une tenue parfaite, en habit noir, cravate noire et gilet blanc. Sa taille était élancée, sa figure pâle et régulière; des lèvres minces, un nez légèrement aquilin et des yeux gris bleus sous un beau front encadré de cheveux blonds, un air de grande distinction.

1. Ch. Magnin, *le Globe*, 21 oct. 1829, à propos des *Poëmes* d'Alfred de Vigny.
2. Voir *Lettre à lord ****, p. 275.

La lecture de la pièce commença. Le poëte lisait bien, mais son organe était désagréable. La voix composée de deux tons extrèmes, le grave et l'aigu, allait continuellement de l'un à l'autre, ce qui nuisait un peu à l'effet. Néanmoins, l'ouvrage plein de beaux vers et de sentiments chevaleresques jetés à profusion sur une fable peu naturelle, produisit un enthousiasme difficile à décrire. La lecture achevée, tout le monde alla féliciter l'auteur; et, dans le défilé, je vis le chantre d'*Éloa*, toujours la figure froide et réservée, venir serrer la main de son confrère et ami, après quoi il s'éclipsa discrètement. »

Assurément, à cette époque, le futur auteur de *Chatterton* se préparait à entrer dans la diplomatie.

VI

L'EXPLICATION DE SAINTE-BEUVE EST INSUFFISANTE.

Revenons donc maintenant à la conjecture de Sainte-Beuve. La déclaration de Vigny, relative à son peu de goût pour le théâtre, date du 1er novembre 1829. Ses démarches auprès du baron Provost ont eu lieu quelques mois avant 1830. Le succès d'*Hernani* éclate seulement, l'année suivante, à la fin de février. Est-il possible d'expliquer suffisamment la tristesse de *Stello*, par l'éclat d'*Hernani* et le demi-succès de la *Maréchale d'Ancre*, celui-ci à la fin de juin 1831, au milieu de l'année même où commence la publication — non la composition — de *Stello* dans la *Revue des Deux Mondes?*

VII

LES ÉVÉNEMENTS DE JUILLET IMPOSENT A VIGNY L'OBLI-GATION DE S'EN TENIR A LA CARRIÈRE DES LETTRES.

Il entre bien, on peut le supposer, des raisons d'ordre littéraire dans la tristesse de *Stello*. On lit dans l'avant-propos du *More de Venise*, édition de 1839 : « Dans la même année, j'avais proposé pour le même théâtre la comédie de *Shylock, le marchand de Venise*, qui suit *Othello*; mais je la conservai en portefeuille telle qu'elle est imprimée ici... Je revins à mes œuvres, dont cet essai m'avait détourné un moment, et j'abandonnai cette question de forme, quelque utile qu'elle fût dans des temps assez calmes pour goûter ces fantaisies de l'art. Je m'étais assuré que ce dévoûment n'était pas encore bien compris. » On peut croire qu'au bout de peu de temps, la traduction d'*Othello*, même en vers, et en vers d'une certaine hardiesse [1], n'occupait point dans l'imagination des Jeune-France la place d'une œuvre originale. On tenait d'une autre main l'œuvre capable de forcer la victoire.

Mais les événements de juillet ont eu leur part dans les raisons de la tristesse de *Stello*.

On ne comprend pas tel gai romancier dramaturge parlant de la « lutte obstinée qui fit, sous son genou, plier la destinée ». On est plus attentif à Vigny inscrivant dans son *Journal*, le 21 août 1830 : « En politique je n'ai plus de cœur. Je ne suis pas fâché qu'on me l'ait ôté, il gênait ma tête », — et le 23 décembre 1831 : « Naître sans fortune est le plus grand des maux. On ne s'en tire jamais dans cette société basée sur l'or. » — Et en 1832 : « Le charlatanisme est à son comble. »

On a comparé les poëtes de la Restauration, après Juillet, à des oiseaux dont l'orage a détruit l'abri et qui ne savent plus où se poser. La comparaison est particulièrement vraie d'Alfred de Vigny. Après Juillet, on ne voit guère, au moins de longtemps, sa place possible dans la politique. Il apprendra bientôt que la fortune — sur laquelle il pouvait compter en Angle-

1. Voir M. Souriau, *op. cit.*, p. 98 sq.; sur la naturalisation de Shakespeare en France, voir *ibid.*, p. 94. Le *Henri III* avait été inspiré à Dumas par l'arrivée des acteurs anglais à Paris.

terre — le trahit aussi ; et l'on se rappelle alors cette réflexion du *Journal* de 1838 à propos du Maine-Giraud : « Si tout cela ne rapporte rien, il y a un dédommagement : c'est que les impositions en sont énormes et me donnent le droit d'être député [1]. » Peut-être se sentait-il libre de cœur à l'égard des Bourbons : il avait toujours été traité par eux avec froideur. Mais il pensait que sa naissance ne lui permettait pas d'autre parti. « J'aurais l'air, écrit-il, d'un trembleur ou d'un hypocrite si je poussais la France à la république ; et pourtant elle est en démocratie depuis 1789 [2]. » Et il écartait les avances d'Armand Carrel.

La carrière diplomatique lui demeurait donc fermée. Il se trouvait, sans tempérament possible, devant ce qu'on appelle la carrière des lettres — avec les obligations plus particulières à cette époque de fièvre populaire.

Or, il faut le remarquer, *Stello*, qui reflète alors ses sentiments, n'est pas une œuvre désespérée, mais c'est sans contredit une œuvre inquiète. On verra plus loin quelle anarchie d'idées suppose le projet même d'une série de *Consultations* du Docteur-Noir : *Stello* n'était que la première Consultation. On peut même appli-

1. P. 132.
2. Documents inédits, 1832.

quer à l'ordre social ce que l'auteur d'*Othello* disait
de la crise littéraire : la liberté, donnant tout à la fois,
multipliait à l'infini les difficultés du choix et ôtait
tous les points d'appui[1]. Mais il y avait encore pour
Alfred de Vigny, dans la pensée même de la carrière
des lettres, de quoi lui faire regretter le demi-loisir
de la diplomatie.

Lamartine a critiqué les tentatives de drame populaire, inévitables en France après Juillet. La classe
lettrée, prédisait-il, abandonnera le drame : il n'aura
pas, de longtemps, une expression assez élégante et
il lui faudra sans cesse redescendre pour être compris[2]. — De Vigny n'aimait guère à présenter au
public que des idées choisies : il lui semblait difficile
qu'il fût populaire. Prenant les choses au plus juste,
on ne trouve donc qu'un sentiment tout à fait convenable à sa situation personnelle parmi les novateurs ;
Stello le rappelle, avec d'autres éléments encore, et
Sainte-Beuve le peint à la veille de 1830 dans des
vers bien connus :

> Afin de mieux remplir un message divin
> Vous avez dépouillé l'aile du Séraphin.
> Et laissant pour un temps le paradis des âmes
> Vous abordez la vie et le monde et les drames.

1. *Lettre à lord ****, *sub fine.*
2. *Destinées de la poésie*, Premières Méditations, p. 66. (Hachette, 1859.)

C'est bien : là sont des maux, mille dégoûts obscurs,
Mille embûches sans nom et des antres impurs ;
Là, des plaisirs trompeurs et mortels au génie ;
Là, le combat douteux et longue l'agonie.
Mais aussi le triomphe immense, universel,
Et tout un peuple ému qui voit s'ouvrir le Ciel,
Et le poëte saint, puisant au Jourdain même,
De poésie et d'art verse à tous le baptême,
Et partage à la foule, affamée à ses pieds,
Des pains, comme autrefois nombreux, multipliés.
Oh! ne désertez pas cette belle espérance ;
Sans vous laisser dompter, souffrez votre souffrance ;
Les pieds meurtris, noyé d'une sueur de sang,
Gagnez votre couronne, et toujours gravissant.
Surmontez les langueurs dont votre âme est saisie ;
Méritez qu'on vous dise Apôtre en poésie.

(*Les Consolations.* — A ALFRED DE VIGNY. — Novembre 1829.)

On a dit d'Alfred de Vigny qu'il ne quittait pas volontiers une idée, une fois adoptée. La vogue de Ballanche, immédiatement après 1830 et un peu auparavant, a pu contribuer à entretenir chez lui cette idée de l'initiateur à la Moïse qui sent un peu sa *Muse française.* Sainte-Beuve avait ici touché juste.

VIII

RÉSUMÉ SUR LA TRISTESSE DE « STELLO ».

On trouve ainsi dans la tristesse de *Stello* une sorte
d'attitude. Les événements de Juillet n'étaient pas
pour la faire disparaître. La situation générale, après
la déception de sa vie militaire, rejetait une seconde
fois Vigny sur lui-même, à l'époque où le théâtre, le
roman, la poésie pure, prétendaient à l'œuvre des
philosophes et au gouvernement de la foule. Disposé,
comme il l'était, aux œuvres de réflexion, elle ne le
privait pas d'espérance. Mais elle lui montrait les
difficultés de la carrière des lettres où la position
n'est jamais conquise définitivement [1], où le nom,
comme dans une loterie, est à chaque œuvre tiré au
sort pêle-mêle avec les plus indignes. Elle l'exposait
à la lassitude de l'esprit qui se contemple lui-même
et vit de sa propre essence [2]. Elle approfondissait
en lui ce sentiment de l'avenir qui garde de la médio-

1. Voir à ce sujet les réflexions du *Journal* (1838), p. 133, et
Lettre aux députés : de Mlle Sedaine et de la propriété littéraire
(1841), chap. v. Du mot : Carrière des lettres.
2. *Stello*, p. 90. Cf. *Journal* (1847), p. 237 : « Las d'une méditation
perpétuelle dans laquelle j'épuisais mes forces. »

crité[1], mais qui ne défend qu'à demi contre l'injustice du présent. Elle lui montrait cette foule « sans nom, ennemie des noms », la démocratie égalitaire, comme un bloc à sculpter avec ses outils trop fins. Elle le contraignait à faire trop tôt le tour de ses réflexions passées; à décider trop vite; à présenter sous la forme commode, il est vrai, du dialogue, quelques apparentes antinomies du raisonnement et du sentiment où nos propres contemporains se débattent, à rester finalement indécis, défiant de l'avenir, incertain de sa propre destinée, aussi perdu dans ses décisions tranchantes que dans ses doutes les plus légitimes; guidé seulement par une lumière qu'il appelait l'Amour, mais revendiquant pour les poëtes cette science des sociétés qui, plus que tout autre, exige la méthode et la spécialité d'aptitude. Bref, avec un air anticipé de défaite, il tentait d'élever sur les débris de tout pouvoir politique la moins humble, la moins acceptable des formes du pouvoir spirituel.

C'est à présent l'échec qu'il nous faut raconter.

1. Brizeux avait écrit de lui, dans le *Mercure du* xixe *siècle*, 1829, t. XXV, p. 179 : « Dans cette poétique Pléiade qui brille à l'horizon littéraire, M. Alfred de Vigny occupe une des places les plus apparentes. Peut-être sa renommée n'a-t-elle point reçu cette consécration populaire qu'il était alors (vers 1823) de bon ton de dédaigner et que ses rivaux de gloire affectent aujourd'hui; peut-être même M. de Vigny n'y atteindra-t-il jamais. Mais si nous préjugeons bien du caractère du poëte par celui de ses œuvres, là n'était pas son ambition. »

CHAPITRE III

ECHEC DE SA TENTATIVE DE MISSION SOCIALE

Assurément le Docteur-Noir n'est que l'ébauche avortée d'un esprit positif, mais il distingue justement deux caractères essentiels chez Stello, son malade, ceux-là même de la mission que s'attribuaient alors les poëtes : l'orgueil et l'ambition de l'universalité d'esprit [1]. Les poëtes de 1830 ont repris en effet à leur manière l'œuvre des Encyclopédistes. De nouveau, l'arme s'est faussée dans leurs mains : c'est la dernière leçon que Vigny reçoit de la vie, avant d'écrire les *Destinées*.

Il convient de reprendre, dès le temps de la *Muse française*, l'histoire de cette idée.

1. *Stello*, chap. xix, p. 90.

I

HISTOIRE DE L'IDÉE D'UNE MISSION SOCIALE POUR LES POÈTES.
LA MUSE FRANÇAISE. — LE MERCURE DU XIXᵉ SIÈCLE.

Ce premier recueil de notre romantisme, quel sentiment l'anime, si ce n'est celui d'une sorte de mission?
Parcourez-en le *Prospectus*. On y prétend combattre
la prosaïque indifférence d'un monde à la fois frivole
et positif. On y maudit le xviiiᵉ siècle, cette époque
« où la dérision des hommes s'est jouée follement des
choses les plus saintes ». La religion, les souvenirs
de l'ancienne France inspirent ces poëtes, les jeunes
comme les vieux. Quelques-uns même, pour mieux
combattre, se sont improvisés critiques. Soumet surtout et Victor Hugo tiennent la plume. Ils exposent
leurs idées générales.

Soumet est le plus illustre alors, et tous le respectent. Il écrivait donc en mars 1824 : « La religion,
l'enthousiasme des dévoûments sublimes, la contemplation de la nature et de la divinité sont aujourd'hui
les plus chers objets de la rêverie des Muses. »

Dans la préface des *Nouvelles Odes* (février 1824),
Victor Hugo expliquait ainsi la mission du génie :

quelques âmes sont choisies par Dieu pour recueillir sa parole qui tonne dans les événements, et la faire éclater dans leurs inspirations. « Sentinelles laissées par le Seigneur sur les tours de Jérusalem, elles ne se tairont ni jour ni nuit. Parce que la foi épure ainsi l'imagination et rend la vérité à la littérature, celle-ci devient l'expression anticipée de la société religieuse et monarchique qui sortira de tant de ruines récentes. » « Et si, ajoutait-il, les poëtes du xviie siècle s'étaient considérés, à l'exemple des poëtes primitifs, comme des prêtres chantant les grandes choses de leur religion, le triomphe des doctrines sophistiques du siècle suivant eût été beaucoup plus difficile, peut-être même impossible. C'est donc à réparer le mal fait par les sophistes que doit s'attacher le poëte. Fortifier le souffle divin, ranimer la flamme céleste, voilà son œuvre et celle de tous les esprits vraiment supérieurs. Bref, la génération présente exige du poëte plus que les générations antiques n'en ont reçu. Il ne donnait aux peuples que des lois : elle lui demande des croyances [1]. »

1. Préface des *Nouvelles Odes*, et aussi *Muse française*, août 1823, à propos de l'*Essai sur l'indifférence*. De même, en juillet 1823, à propos de *Quentin Durward* : « Ce serait une erreur presque coupable de l'homme de lettres que de se croire au-dessus de l'intérêt général et des besoins nationaux, d'exempter son esprit de toute action sur ses contemporains et d'isoler sa vie égoïste de la grande vie du corps social. »

Tel est le premier fonds d'idées sur la mission sociale des poëtes. Est-il besoin de le rappeler? Mme de Staël en faisait presque tous les frais.

On suivra peut-être avec intérêt le développement de ces idées en 1826. Dans le *Mercure du* xixe *siècle*[1], Ulric Guttinguer insistait sur les qualités de caractère qui conviennent à une telle entreprise. L'indépendance à l'égard du pouvoir en est la condition essentielle. Préserver sa liberté des perfides conseils, des louanges funestes, de la critique injuste, de l'indifférence de son siècle, des préjugés de toute espèce : — pour n'être qu'accessoires, ces conditions paraissaient au critique autant de devoirs pour le poëte. Rien encore qui sente ici l'esprit révolutionnaire. La littérature nouvelle, on l'avait assez dit, n'était que le résultat de la Révolution sans en être l'expression. Il s'agissait seulement, pour le poëte, de travailler au perfectionnement de son caractère non moins qu'à celui de son talent.

Ces pensées, même exprimées comme ici par des hommes de moindre importance, sont de nature à diminuer l'étonnement que nous causera la mission revendiquée par les poëtes en 1830. Après Juillet, elles prendront tout leur essor. Mais elles auront alors

1. T. XII, p. 55.

la destinée de l'entreprise saint-simonienne. Comme à cette dernière, la force de la religion leur a manqué.

Il s'était glissé dans ces espérances une autre cause de faiblesse. Elle se montre à découvert après 1830 : c'est à savoir l'idée toute légendaire qu'on se formait alors des poëtes antiques.

II

IDÉE CHIMÉRIQUE QUE SE FONT DU POËTE BALLANCHE ET LAMARTINE.

Cette chimère, tant préconisée par Ballanche, n'est certainement pas étrangère aux premiers efforts de Vigny et de Lamartine. Elle consistait à considérer le poëte comme un Orphée, doublé d'un Tyrtée, si besoin était. Le poëte devient alors une sorte de prêtre qui civilise directement la foule et lui enseigne selon son génie. Il brave les haines de l'anarchie comme les dédains du despotisme. Le pouvoir lui est dévolu de réconcilier peuples et rois.

L'espoir d'une profonde rénovation sociale achève

après 1830 ce qu'on avait entrevu de ce côté sous la Restauration. C'est l'erreur de Lamartine prédisant les *Destinées de la poésie*. Il se représente des génies populaires, consacrant leur talent et leur vie à populariser des vérités, de l'amour, de la raison, des sentiments exaltés de religion et d'enthousiasme. Il conçoit que pour longtemps la poésie sera « de la raison chantée ». Ni lyrique, ni épique, ni dramatique, sans machine ni mannequin, — ce sont ses termes, — « elle sera philosophique, religieuse, politique, sociale, comme les époques que le genre humain va traverser; elle sera intime surtout, personnelle, méditative et grave, écho des plus hautes conceptions de l'intelligence, des plus mystérieuses impressions de l'âme ». Dans cet adieu de Lamartine au public des *Méditations*, la poésie est opposée à la politique comme l'idée au fait. A celle-ci de substituer dans les institutions la charité évangélique à l'égoïsme : à celle-là de planer sur la société et de la juger, de montrer à l'homme la vulgarité de son œuvre, de l'appeler sans cesse en avant en lui montrant du doigt des utopies, des républiques imaginaires, des cités de Dieu, et de lui souffler au cœur le courage de les atteindre.

Là est l'erreur : et elle s'explique. A cette époque, en 1834, Lamartine semble s'être formé un idéal politique selon les idées de Fénelon [1]. Mais ce n'est pas au poëte, c'est au sociologue qu'il faut attribuer en tout temps la supériorité de l'idée à l'égard des faits. Et l'idée ne prévaut sur « la vulgarité de l'œuvre humaine » que par la méthode qu'elle exprime. Que valent les désirs sans le bien fondé de l'opinion? La poésie n'est pas une méthode.

Tel est le faible de la mission sociale des poëtes. Il ne serait pire sacerdoce, ni pires directeurs. Sans contredit, on ne peut mesurer, imaginer même, la portée de la poésie comme complément d'une grande œuvre politique. La poésie est la couronne ou la fleur de toute civilisation. Les théoriciens politiques, depuis Buchez jusqu'à A. Comte, ont mis en lumière son importance dans l'éducation. Mais nos poëtes, en 1830, ont été le jouet d'un mirage. Ils se sont arrogé le savoir du sociologue. Ils ont compté, comme Lamartine, sur une faculté nouvelle, « un sens révélé à l'humanité dans sa vieillesse », l'imprimerie. Ce que le théâtre, comme une tribune, ne pouvait enseigner qu'à un petit nombre d'assistants, la presse

---

1. « Tenter enfin de réaliser cet idéal qui n'a pas en vain travaillé toutes les têtes au-dessus du niveau de l'humanité, depuis la tête incommensurable du Christ jusqu'à celle de Fénelon. » (*Des destinées de la poésie*, p. 75. Premières Méditations, Hachette, 1869.) De même dans le *Discours de réception* (*ibid.*, p. 109), « le génie bienfaisant de Fénelon. »

devait, d'après lui, le porter aux bourgades lointaines. Lamartine adressant directement au peuple du 19 octobre 1830 ses vingt-deux strophes *contre la peine de mort*, que fait-il, sinon œuvre de sacerdoce? Il s'était refusé le drame populaire : il pensait peut-être appliquer à la direction de la foule ces dons souverains qui transformaient chez lui la poésie en éloquence. C'était faire acte d'Orphée. Et Lamennais, dans la prose de *l'Avenir*, ne tente pas une autre entreprise.

III

PENSÉES ANALOGUES CHEZ A. DE VIGNY.

Faut-il attribuer une pensée analogue à Alfred de Vigny?

On le dirait à lire l'Élévation intitulée *Paris*. On est tenté surtout de le croire, si l'on se rappelle la scène socialiste de *Chatterton*, sorte de pacte ébauché entre les ouvriers de l'usine et les « ouvriers de la pensée ». A tout le moins, il s'est senti chargé d'âmes, et ce juste sentiment de sa responsabilité nous engage à examiner de près l'idée générale des *Consultations du Docteur-Noir*. Les pages finales de *Servitude et Gran-*

deur militaires semblent d'ailleurs offrir un exemple de cette mission qu'il s'était à son tour attribuée.

Car, à dire vrai, avant la *Lettre à lord* ***, c'est-à-dire avant 1829, on ne voit pas que Vigny prenne part directement à l'énergique protestation de la poésie contre la grossièreté de la vie réelle. Les belles œuvres, après tout, sont par elles-mêmes une arme contre toute barbarie. *Éloa*, par son charme et sa grâce, ne représentait que la religion d'un artiste. La mission des poëtes, on l'a vu, comportait une tâche plus complète, et Brizeux en a délicatement expliqué l'origine [1]. L'immense succès du *Génie du Christianisme* avait signalé la renaissance de l'imagination et de la poésie. On avait dit adieu à la religion : brusquement les intelligences se réveillaient ; la poésie leur rappelait les enchantements oubliés et il se formait entre elle et la foi des obligations mutuelles.

Qu'arriva-t-il ? Au moment même où les poëtes vont apporter une révolution dans la langue, ils n'ont pensé d'abord qu'à conformer leur ton et leur attitude à un rôle solennel. Les croyances catholiques et monarchiques imprimaient à leur œuvre une sorte de consécration. Et c'est de là que naît en eux le désir de

---

1. *Mercure*, 1829, deux articles sur *Héléna* et les *Poëmes* d'Alfred de Vigny.

se trouver dans les mots anciens de *vates* et de prophètes une désignation plus éclatante. Ils parlent
d'un devoir, d'un ministère, d'une mission qu'ils
viennent remplir. Assurément Brizeux disait vrai : en
cela, comme en tout, il se trouverait bien matière à
raillerie; mais à ceux qui aiment mieux le côté sérieux
des choses, il apparaît clairement que tant d'enthousiasme avec tant d'éloquence ne peut être factice
et que si ces poëtes pouvaient être taxés de mensonge,
ce n'est jamais quand ils parlent à l'âme.

Aux approches de 1830, et surtout après Juillet, les
plus forts d'entre eux poursuivent leur œuvre, mais
en la modifiant suivant une pensée sociale. Quelle est
celle d'Alfred de Vigny, au temps de la *Lettre à
lord* ***? Avait-il sur « le prêtre et le roi » des pensées
bien différentes de ce que pouvait alors suggérer
Ballanche? Il est malaisé de l'établir. Mais quand on
se reporte à ses trois œuvres principales, *Stello, Servitude et Grandeur militaires, Chatterton*, on se trouve
comme engagé dans un commencement d'enquête
préalable, heureuse ou mal venue, sur les quelques
éléments essentiels de la crise sociale, et le poëme de
Paris n'est pas pour en démentir la gravité.

Le sac de Saint-Germain l'Auxerrois, les émeutes,
et jusqu'au grossier tumulte du théâtre en 1832
et 1833, en démontrent au contraire l'importance

dans cet état des esprits presque entièrement révolutionnaire. Or là même s'aperçoit l'échec de la mission acceptée par Alfred de Vigny : loin de contribuer, comme il le désirait, à établir l'accord de l'ordre et de la liberté par l'empire toujours croissant de l'intelligence [1], ses premiers efforts avaient plutôt pour effet de perpétuer l'anarchie.

IV

ÉTAT DES ESPRITS DEPUIS 1830 SELON NOTRE AUTEUR.

A cette date commence, en effet, une des phases les plus curieuses de sa vie, mais fort peu connue malgré l'apparence. On s'est occupé généralement de la forme paradoxale qu'il donnait au problème de *Stello*; on a critiqué, non sans justesse, les trois types de poëtes qu'il oppose respectivement aux trois sortes de pouvoir politique; on a signalé les difficultés qui s'opposent à cette protection des poëtes par

1. *Documents inédits*, date incertaine : « Tout le travail de l'humanité qui fermente est le combat de l'ordre contre la liberté. Elle marche vers leur accord. Le désir de l'être isolé est la liberté, le désir de l'être social est l'ordre par besoin de protection. L'empire toujours croissant de l'intelligence amènera la société à ce point que nul désir de liberté ne soit gêné et que l'ordre l'assure invariablement. » (Probablement antérieur à 1829.)

l'État; et lui-même, il faut le reconnaître, ne songe pas à les contester [1]. Mais plusieurs côtés de la question sont demeurés dans l'ombre [2]. Surtout on n'a guère considéré quelle situation philosophique représentent *Stello* et *Servitude* par rapport au réveil religieux de 1835 à 1840. Alfred de Vigny semble avoir proposé à Molé, en 1845, de lui donner une clef de sa pensée et de ses écrits [3] : assurément ni *Stello*, ni *Servitude*, ni *Chatterton* ne mettent en état de la trouver avec certitude, et si ces œuvres se comprennent bien par elles-mêmes, les documents légués à M. Louis Ratisbonne apportent à leur interprétation une lumière qu'il ne faut pas dédaigner.

Or, à l'époque où Vigny se sentait entré dans la période la plus philosophique de sa vie [4], comment jugeait-il lui-même de l'état des esprits? Il s'en explique dans une page bien connue de la *Canne de jonc* [5].

1. Voir p. 286 de la *Lettre aux députés* (de Mlle Sedaine et de la propriété littéraire). — (A la suite de *Stello*, édit. Calmann Lévy, 1882.)

2. Par exemple, l'extension (implicite dans *Stello*) qu'il donne à l'idée de poëte dans ce passage du *Discours de réception*, p. 326 : « La question que traite la comédie des *Deux gendres*, messieurs, est une des plus graves qui aient jamais occupé l'âme entière du poëte, du philosophe et du législateur. *Or le grand artiste doit sentir en lui quelque chose de ces trois hommes à la fois.* »

3. Voir Sainte-Beuve, *Nouveaux Lundis*, t. VI, p. 432.

4. *Journal* (1832), p. 58 : « Une troisième époque commence depuis deux ans : celle de la Révolution, ce sera la plus philosophique de ma vie, je pense. »

5. *Servitude et Grandeur militaires*, p. 346-7.

C'est, d'après lui, un naufrage universel des croyances. On ne croit plus qu'au luxe et au *bien-être*. L'égoïsme semble avoir tout submergé. Hommes politiques, artistes, philosophes, la plupart ont perdu la foi. Quelques-uns s'en parent encore; on la prend pour mot d'ordre à l'occasion, pour drapeau qui sied à l'œil : mais quelle force y trouvent-ils intérieurement, voilà ce que bien peu pourraient dire. Les philosophes? Mais il est rare que la croix soit à leur côté dans la solitude. Les artistes? Ils décorent l'église, mais ne s'y mettent point à genoux. Les politiques? Observez comme ils suivent cette loi dans leur vie. Tel est donc l'état des croyances : la foi pour ceux-ci est une source épique de poésie, pour ceux-là une généreuse cause à plaider, pour d'autres un moyen tel quel de gouvernement.

Et ce tableau n'est pas trop chargé. D'autres témoins le confirment, en aggravant la déposition.

Que faire donc? Tenter de sauver les âmes? Ceux qui plongent avec courage se sentent près d'être engloutis.

On ne se souvient pas de Dieu [1].

___

1. Cf. le dernier vers des *Amants de Montmorency*.

V

PORTÉE PHILOSOPHIQUE DE « STELLO ».

Dans cette situation générale , il est curieux d'observer la portée philosophique de *Stello*. Elle tient peut-être dans cette réflexion du *Docteur-Noir*, au chapitre intitulé « *Un mensonge social* » :

« Et de quoi s'affligerait-on si tout ordre social est mauvais et s'il doit l'être toujours? Il est évident que Dieu n'a pas voulu que cela fût autrement. Il ne tenait qu'à lui de nous indiquer, en quelques mots, une forme de gouvernement parfaite, dans le temps où il a daigné habiter parmi nous. Avouez que le genre humain a manqué là une bien bonne occasion! »

Tout le chapitre est dans ce goût. Cet important Docteur-Noir, s'il représente la raison ou le raisonnement, il n'est guère moins malade que son malade[1] :

1. Peut-être faut-il voir dans *Stello* quelque souvenir du *Torquato Tasso* de Goethe. Goethe lui-même, qui dans les deux personnages de son *Faust* avait représenté des parties de son propre caractère, dit dans *Torquato Tasso* « que les deux personnages qu'il met en contraste, le politique et le poëte, sont les deux moitiés d'un homme ». (Mme de Staël, *de l'Allemagne*. Cf. t. II, p. 130.) « Goethe, dans *Torquato Tasso*, a voulu peindre l'opposition de la poésie et des conve-

et il le faut peut-être brusquer davantage, car il empêche le sentiment de revenir à convalescence. Que lui dit-il? Et peut-on s'abstenir de le critiquer s'il examine tour à tour « les deux points uniques sur lesquels le Pouvoir puisse s'appuyer », *hérédité* et *capacité*, et qu'il joue aussitôt à l'anarchie? Pense-t-il à la propriété, c'est pour poser là-dessus quelque question d'apprenti. Est-il question de l'ordre social le plus élémentaire? Il allègue un instinct qu'il déclare effrayant et qui conseille à tout homme né de la femme de trouver un ennemi dans tout agent du pouvoir. Il n'évite pas, il est vrai, les sujets de réflexion les plus graves, mais son uniforme désespoir les écarte à l'instant qu'ils lui viennent :

« Et, en cas que ce soit la Capacité qui vous séduise, vous me trouverez, s'il vous plaît, une forte réponse à ce petit mot :

Qui cédera la place à l'autre? — Je suis aussi habile que lui. — Qui décidera entre nous? »

La réponse est simple : C'est *le hasard*, selon lui. Les actions de chacun sont pure affaire de *sentiment*

nances sociales, du poëte et de l'homme du monde; l'opposition entre la nature exaltée et cultivée par la poésie et la nature refroidie et dirigée par la politique est une idée mère de mille idées. » D'ailleurs, dès 1826, dans *Cinq-Mars*, ch. xxv, le P. Joseph semble l'ébauche du Docteur-Noir.

et *puissance de faits*, d'intérêts et de *relations*. Au reste, le même docteur professe ailleurs, avec une passion qu'on n'attendait pas de lui, la supériorité de l'analyse [1]. L'auteur de la *Lettre à lord* *** distinguait implicitement l'esprit systématique et l'esprit de système : le Docteur-Noir se défend de toute synthèse. Il n'a pas égard à la faiblesse même qu'il constate chez les hommes. Il oublie ce que les bases de toute science supposent de postulats; et dans son zèle flegmatique contre la substitution des souffrances expiatoires, il refuse au sentiment toute vie, et aux sciences même, sans y prendre garde, la synthèse relative que leur impose le souci de l'ordre général.

Cette réserve ou, pour mieux dire, cette abstention, rappelle le mot bien connu de Beyle : « Faisons tous nos efforts pour être secs. »

Un dédain si entier de tout ordre public comportait, on va le voir, une renonciation particulièrement importante.

Dans *Stello*, il y a, comme on l'a dit, deux révoltes : la révolte de la raison humaine contre les énigmes philosophiques dont elle est entourée; la révolte de la raison individuelle contre les énigmes du monde social, qui ne sont au fond que la conséquence pratique de ces

---

1. *Stello*, chap. xxxii, p. 178.

autres énigmes, placées dans une sphère supérieure, celle de l'idée [1]. Le Docteur-Noir n'attaquait pas moins de Maistre que Robespierre. La synthèse qu'il avait à cœur d'écarter était la traditionnelle non moins que la déiste. Il est aisé de sentir l'ironie à travers le sérieux du passage sur l'analyse. L'ombre dont « le ciel » a voulu envelopper la Cause... la cause pour toujours incertaine; le fond de l'abîme que ni « Dieu créateur » ni « Dieu sauveur » n'ont voulu nous faire connaître; — ces expressions forment la contre-épreuve du jugement à porter sur la religion d'*Éloa*. On ne s'étonne plus de rencontrer, dans le même chapitre, une déclaration précise et cavalière. A propos de de Maistre, de Vigny écrivait ce qui suit [2] :

« Il a fallu que le cerveau de l'un des derniers catholiques fouillât bien avant dans le crâne de l'un des premiers chrétiens pour en tirer cette fatale théorie de la *réversibilité* et du *salut par le sang*. Et cela pour replâtrer l'édifice démantelé de l'Église romaine et l'organisation démembrée du moyen âge! »

Désormais donc il est engagé dans sa mission pro-

1. Voir Alfred Nettement, *Histoire de la littérature française sous le gouvernement de Juillet*, nouv. éd., t. II, p. 97. (Lecoffre, 1876.)
2. *Stello*, chap. XXXII, p. 176.

fane. Sans se rattacher à un culte « de nouvelle invention », il travaille à son œuvre tout humaine [1]. Il trouve bientôt son prétendu refuge dans une vertu compagne de l'analyse. Il publie sa profession de foi : c'est la religion de l'honneur.

VI

PROJET D'UNE SÉRIE DE CONSULTATIONS DU DOCTEUR-NOIR.
JULIEN L'APOSTAT DANS ALFRED DE VIGNY.

Ici peut prendre place un examen de ses pensées plus intimes.

Le travail des idées modernes ne va pas sans consultation de l'antiquité : convient-il bien, au reste, d'étudier l'antiquité sans égard aux idées modernes?

Par un retour qui s'explique, l'attention d'Alfred de Vigny s'était fixée dès ce temps sur une grande figure de l'Hellénisme, sur Julien l'Apostat. Y avait-il, dans cette démarche, quelque souvenir de Chateaubriand? « Depuis Julien jusqu'à Luther, est-il dit dans le *Génie du Christianisme* [2], l'Église, dans toute

---

1. Voir *Servitude et Grandeur*, p. 349, 355.
2. 1re partie, livre 1er, chap. i.

sa force, n'eut plus besoin d'apologistes. » Et plus loin : « Tandis que l'Église triomphait encore, déjà Voltaire faisait renaître la persécution de Julien. »

De la philosophie de Voltaire, Alfred de Vigny pensait alors qu'elle n'était ni élevée, ni profonde comme doctrine religieuse : il la jugeait toutefois très belle, « non parce qu'elle révéla ce qui est, mais parce qu'elle montra ce qui n'était pas [1]. » Mais quel attrait le portait vers Julien de préférence? Faut-il admettre ici quelque dessein de polémique, et ne lui suffisait-il pas de quitter en silence cette foi de ses pères que Julien n'avait pu vaincre au temps jadis?

La raison de sa démarche est assez différente.

L'idée première des *Consultations* n'impliquait peut-être pas ce retour au célèbre empereur. Tout jeune encore, Vigny composait, il est vrai, une tragédie de Julien l'Apostat [2]. Mais si l'on consulte le *Journal d'un poëte*, la deuxième Consultation devait porter sur le suicide, cette idée favorite aux environs de 1830; ç'aurait été même un ouvrage singulier, dangereux à sa manière comme *Chatterton* [3], et son auteur prit le parti d'en brûler l'ébauche comme il

1. *Documents inédits*, vers 1830 ou 1832.
2. *Journal*, 1824, p. 29, et 1832, p. 63.
3. Voir là-dessus Nettement, *op. cit.*, t. II, p. 206, la justification d'Alfred de Vigny.

avait fait de son *Roland* et de sa *Cléopâtre*. Il y eût inséré aussi toute sa philosophie de la vie en ce temps-là, ses idées sur l'espérance, sa pitié pour les vices, voire pour les crimes, doctrine toujours à la mode [1]. La troisième Consultation promettait une étude sur les hommes politiques [2], et menaçait de mettre à nu le faible de beaucoup de lois. Il y en avait encore une quatrième, celle-ci « sur l'idée de l'amour, qui s'épuise à chercher l'éternité de la volupté et de l'émotion ». Aussi bien cet ordre même ainsi établi en 1833 n'avait-il rien de définitif. Lassailly, qui a connu Vigny à cette époque, assure que le romancier, après avoir pris en main la cause des poëtes, devait alors plaider celle du soldat, et finalement celle de la femme [3].

L'intérêt que présente l'histoire des idées de Vigny exige qu'on répande sur ces projets même un peu de lumière. On les verra prendre corps peu à peu autour de Julien l'Apostat, et le titre de *Daphné* servir de rubrique aux réflexions du romancier philosophe.

Revenons donc à la deuxième Consultation. C'est la malheureuse passion d'Alfred de Vigny pour

1. Voir *Journal d'un poëte* (1824), p. 29 sq., avec la note de M. Louis Ratisbonne. Le morceau paraît être de 1832 ou de 1831.
2. Voir *Journal* (1833), p. 72; (1832), p. 67.
3. *L'Indépendant*, 1er nov. 1835.

Mme Dorval qui en a été le principe. La lecture des épreuves de *Stello* était achevée en mai 1832 [1]; or Vigny, dès 1832, a l'idée de peindre, sous le nom d'*Abel* ou d'*Astrolabe*, l'amour d'Abailard, « amour savant, brûlant, pédantesque, théologique et dialecticien : chose belle, grande et neuve ». Il se proposait d'y sonder, selon ses termes, les vanités désolantes de la théologie. Et comme, à son avis, ce n'est pas l'amour qui nous intéresse dans Werther, Paul, Roméo, Desgrieux, mais le malheur, il se trouvait amené à flatter dans cette œuvre même la manie à la mode, celle du suicide; au reste, ce roman de passion devenait pour lui l'occasion de peindre le jeune homme selon le siècle. Il se proposait enfin « d'élever la femme, qui vit dans l'amour et la foi, au-dessus de l'homme, qui vit dans l'orgueil des travaux inutiles de l'esprit » : première idée d'*Éva*, peut-être, écho du moins, en plein saint-simonisme, de débats positifs ou utopiques.

Je me suis étendu à dessein sur ce projet de seconde Consultation : il y a dans l'ébauche d'*Abel* ou d'*Astrolabe*, dans ce choix d'une époque théologique, une première esquisse de *Daphné*.

Dès 1833, l'idée de *Julien* se dégage, d'abord

1. *Journal* (1824), p. 33.

comme partie intégrante de la consultation sur les hommes politiques, puis seule, sous forme dramatique. Un mot de la pièce en indique la portée. A propos des partisans d'Arius, un des personnages devait avancer que « la majorité des chrétiens nie la divinité de Jésus-Christ ». Une autre idée à saisir au passage : « Le Christianisme a rendu l'homme larmoyant. C'est ce que je veux faire sentir dans *Julien l'Apostat*. » Ses lectures d'alors sont dirigées dans ce sens; il étudie Libanius après Julien, et se prépare bientôt à lire quelques écrivains de l'époque byzantine. Sa sympathie pour Julien est extrême. Il admire le rôle de ce personnage, sa vie, et son caractère au point d'y trouver une secrète convenance avec le sien [1]. Il détache un passage du *Misopogon* pour en faire l'épigraphe d'un poëme : « Je chanterai pour les Muses et pour moi. »

Bref, nous touchons ici la raison de ce retour aux derniers temps de la religion polythéique. S'il s'occupe alors, et pour la première fois, de Spinoza, s'il réunit tout ce qui lui paraît capable de fortifier les

---

1. « Il a été l'homme dont le rôle, la vie, le caractère m'eussent le mieux convenu dans l'histoire. » (Mai 1833.) — Le rêve continuel chez Vigny, cette nature de rêveur « abstraite et distraite » comme ses maîtres la remarquaient chez lui dans son enfance, sont présentés avec intérêt dans le livre de M. Paléologue, *Alfred de Vigny*, collection des Grands Ecrivains français, Hachette, 1891.

âmes, c'est qu'il aspire à retrouver pour les autres et pour lui-même une philosophie étrangère aux destinées des dogmes et toute mystique [1].

VII

ÉCLECTISME ET NÉO-PLATONISME.

D'une manière générale, le fait a été remarqué : la poésie pittoresque une fois fondée et assouplie par les novateurs, on essayait d'y infuser une philosophie platonicienne, dantesque, un peu alexandrine [2]. La cause en était dans les progrès de l'éclectisme. Victor Cousin n'avait-il pas sur les rapports de la religion et de la philosophie les vues de Vigny sur le

1. A cette date 1833, on lit les réflexions suivantes : « Les illusions sont le pain des sots. » — « Le but des Consultations doit être de fortifier l'âme contre tout ce qui s'attaque à sa partie faible. » — « Aujourd'hui l'homme est faible et larmoyant. Le Christianisme l'a affaibli, le philosophisme l'a achevé. » — « Pourquoi cet hommage aux idées toutes faites? Pourquoi cet humble hommage aux choses consacrées? Pourquoi l'homme ne dirait-il pas à l'homme : je voudrais bien croire ceci de la religion, mais je ne puis le croire et j'en suis désolé? Pourquoi notre hypocrisie de livres? Pourquoi cette teinte de dissimulation dans les plus hardis d'entre nous? Pourquoi Byron est-il moins courageux que Shelley? Pourquoi le désespéré Byron fait-il hommage à la Bible et au catholicisme? Tout cela, par peur de l'Enfer. »

2. Voir Sainte-Beuve, *Portraits contemporains*, t. II, p. 180 (article de 1836 sur A. de Musset, et note).

Faible et le Fort? Si le Fort jetait à l'Océan, selon Vigny, la sonde de l'analyse, il entrevoyait cette vraie liberté dont Spinoza disait : « Il nous faut de toute nécessité chercher Dieu : la vraie liberté, c'est d'être et de demeurer enchaîné par les liens de son amour. » S'étonnera-t-on maintenant de ce que notre poëte a recherché la nourriture des philosophes? Le contraire serait à regretter : les poëtes seuls donneront la vie à ce qui végète seulement dans l'École. Vigny jugeait peut-être avec sévérité l'éclectisme [1]. En s'engageant lui-même dans la voie des mystiques, devait-il mieux rencontrer le vœu de notre âge, altéré qu'il est d'idéal, mais jaloux d'en réaliser le bien dès ici-bas?

Sa tentative lui réservait encore une déception. Elle le condamnait à l'isolement. Elle le poussait sur sa pente. Elle se rattache néanmoins à une doctrine plus importante. Le retour de Vigny à l'hellénisme de Julien, c'est d'avance le platonisme de Pierre Leroux dans son livre *de l'Humanité* comme dans *l'Encyclopédie nouvelle* [2].

---

1. *Journal* (1829), p. 41 : « L'éclectisme est une lumière sans doute, mais une lumière comme celle de la lune, qui éclaire sans échauffer. On peut distinguer les objets à sa clarté, mais toute sa force ne produirait pas la plus légère étincelle. »

2. « Julien, a écrit M. Boissier, est un caractère singulier sur lequel Gibbon a donné, il y a un siècle, le jugement essentiel... Quelque part que le christianisme ait voulu faire aux surexcita-

VIII

D'UN ROMAN PROJETÉ QUI AVAIT POUR TITRE « DAPHNÉ ». INFLUENCE INDIRECTE DE LAMENNAIS.

Le *Credo* de Stello, la *Dernière nuit*, les pages finales de *Servitude et Grandeur militaires* témoignent de cette disposition d'esprit. Elle reparaîtra dans les *Destinées*, après avoir subi toutefois un double travail.

La première élaboration appartient encore à notre recherche. Les Consultations tendent à se fondre dans une œuvre nouvelle : *Daphné*. La composition s'en déroule sur deux lignes parallèles, l'époque de Julien, notre époque, entrelacées par une action double. « Mon but dans *Daphné*, écrit alors l'auteur, est de donner confiance aux masses dans l'avenir, soumission à l'intelligence, et défiance d'elles-mêmes. » Il reste de cette œuvre des fragments considérables. Le fait se comprend. On était à l'année 1834, celle de *Chatterton* ; c'était aussi celle de *Servitude*, achevée en août 1835. Rien n'annonçait à Vigny sa retraite pré-

tions de la dévotion, il y a toujours eu des âmes à qui son dogmatisme a paru froid. » (*Revue des Deux Mondes*, 1er juillet 1880.)

cipitée. C'est encore, remarquons-le, le temps où Lamennais est condamné par Rome, et Vigny relate l'événement sous cette forme, en vue de *Daphné* : « Libanius fut au Paganisme mourant ce que Lamennais est au Christianisme expirant. » Il introduit même Lamennais, sous le nom de Lamuel, dans la fable de son roman philosophique[1]. L'homme actuel, hésitant entre l'esprit d'argent et l'esprit chrétien, devient alors le sujet principal de ses réflexions. Les projets relatifs à *Astrolabe*, particulièrement l'idée de représenter la théologie comme « un délire studieux », n'étaient pas exclus de la composition : il n'y a guère eu de siècle plus théologique que celui de Constantin et de Julien. La destruction d'une ancienne religion, la formation définitive d'une nouvelle, ce double caractère commun, semblait-il, au IVe siècle et au nôtre, devait prêter un singulier intérêt à la peinture de *Daphné*. Enfin le nom de cette petite ville, devenu celui d'une cité idéale de poëtes et de philosophes, promettait un brillant symbole au platonisme du romancier[2].

1. L'idée développée dans *Servitude et Grandeur militaires* sur la suppression des armées permanentes était précisément défendue par *l'Avenir*.

2. Voir *Les Apôtres*, d'E. Renan, p. 217 : « Daphné, lieu enchanteur à deux petites heures de la ville (d'Antioche), rappelait aux conquérants les plus riantes fictions. »

IX

LES ÉVÉNEMENTS DE 1835 ET DES ANNÉES SUIVANTES
FONT ÉCHEC A SA TENTATIVE.

On sait quels événements firent échec aux novateurs de 1830.

Depuis l'éclat de Lacordaire à Notre-Dame, le réveil catholique s'empare des hautes classes et la philosophie s'intimide. Une active restauration met à néant les espérances de sacerdoce profane. Les plus engagés dans l'incrédulité voient l'horizon se couvrir pour eux d'un crépuscule [1].

C'est là, pour le dire en deux mots et pour passer rapidement sur les détails trop particuliers, la troisième déception du poëte. Il eût aimé combattre, je crois, par le moyen du roman philosophique. Une brève indication, dans le *Journal d'un poëte* [2], signale

1. Cf. l'avant-propos et le prélude des *Chants du crépuscule* (octotobre 1835).
2. En 1836, p. 106. « *Daphné.* — Julien prend la résolution de se faire tuer en Perse quand il est certain qu'il a été plus avant que les masses stupides et grossières ne pouvaient aller. — Il sent qu'il est un fardeau et s'est trompé en croyant pouvoir élever la multitude à la hauteur de Daphné. »

peut-être un arrêt provisoire vers 1836, et la nécessité de réflexions nouvelles.

Désormais l'époque des *Destinées* est virtuellement ouverte : elle le conduira de Julien à Malebranche et du *Silence* au mythe philosophique.

DEUXIÈME PARTIE

LA PHILOSOPHIE DES « DESTINÉES »

DEUXIÈME PARTIE

LA PHILOSOPHIE DES « DESTINÉES »

CHAPITRE I

VIGNY PESSIMISTE

Le recueil des *Destinées* s'ouvre sur une pensée de calme désespoir, sans reproches au Ciel; et il se ferme sur le sentiment de sa propre durée. D'une part, le prologue, une sorte de commentaire dantesque de l'épigraphe islamique : C'ÉTAIT ÉCRIT. De l'autre, l'épilogue, le spectacle que se donne à lui-même avec confiance le poëte solitaire : la postérité d'un vivant.

Feuilletons ensuite ce mince volume et parcourons-en les pièces l'une après l'autre : au premier regard se présentent, adressées à une Éva mystérieuse, quelques strophes de Titan lassé :

Si ton cœur, gémissant du poids de notre vie,
Se traîne et se débat comme un aigle blessé,
Portant comme le mien, sur son aile asservie,
Tout un monde fatal, écrasant et glacé ;
S'il ne bat qu'en saignant par sa plaie immortelle,
S'il ne voit plus l'amour, son étoile fidèle,
Éclairer pour lui seul l'horizon effacé ;

Si ton âme enchaînée, ainsi que l'est mon âme,
Lasse de son boulet et de son pain amer,
Sur sa galère en deuil laisse tomber la rame,
Penche sa tête pâle et pleure sur la mer,
Et, cherchant dans les flots une route inconnue,
Y voit en frissonnant, sur son épaule nue,
La lettre sociale écrite avec le fer ;

Si ton corps, frémissant des passions secrètes,
S'indigne des regards, timide et palpitant,
S'il cherche à sa beauté de profondes retraites
Pour la mieux dérober au profane insultant ;
Si ta lèvre se sèche au poison des mensonges,
Si ton beau front rougit de passer dans les songes
D'un impur inconnu qui te voit et t'entend,

Pars courageusement, laisse toutes les villes ;
Ne ternis plus tes pieds aux poudres du chemin,
Du haut de nos pensers vois les cités serviles
Comme les rocs fatals de l'esclavage humain.

C'est Prométhée invoquant Asia, c'est et Byron et
Corinne ; mais on distingue en même temps, à travers
ce langage, l'écho affaibli de la reprise heureuse de
Chatterton, les déclamations qui répandaient leur
rumeur par toute la France, toujours plus gron-
dantes depuis 1840. C'est, plus loin, la satire du dieu

de l'or, et du taureau de fer monstrueux « qui fume,
souffle et beugle »; plus loin encore, le mépris de ce
monde social où l'argent et la force brutale semblent
se mesurer pour un grand duel. Poursuivez la lecture. Voici que sont tombés rois et ministres et parlements dans la tourmente : le poëme de la *Sauvage*
offrait, avant 1848, quelques traits d'une philosophie
politique; mais les *Oracles* développent les causes de
l'inévitable catastrophe. Puis la *Colère de Samson* et
la *Mort du Loup* nous ramènent à la pensée stoïque
et sombre des *Destinées*. L'espoir que donne au
pauvre l'auteur de la *Flûte*, cet espoir même nous
est présenté comme un rêve éclos dans un doute.
Aussitôt le *Mont des Oliviers*, avec ses vingt questions au Ciel, laisse deviner sa secrète ironie, figée
elle-même, vingt ans après, dans la strophe fameuse,
hautaine, hardie, et froide du *Silence*. Que peuvent
après cela, semble-t-il, et l'espoir presque joyeux de
la *Bouteille à la mer*, et la fière confiance de l'*Esprit
pur*? La pièce de *Wanda* n'est-elle pas pour ainsi
dire trempée de larmes? Le nom de la Destinée n'est-
il point inscrit au frontispice de tout le monument?
Ce n'est pas tout. Comme le jeune Capitaine, la mer
a englouti le poëte, et ce livre que nous tenons, c'est
un livre d'outre-tombe refusé, par dédain peut-être,
aux regards de ses contemporains.

Ainsi mélancolie permanente, désenchantement devenu fatalisme, orgueil, audace novatrice qui se détourne de Dieu comme d'un souverain tyrannique, toute cette vue triste promenée sur le monde appelle d'abord l'attention du lecteur, le repousse ou bien l'attire, selon qu'il y considère une attitude démodée du mal du siècle, ou l'aspect négatif d'une crise de rénovation.

I

LE GÉNIE CONSIDÉRÉ COMME UN DON FATAL.

Si des détails on revient à l'idée essentielle, on retrouve la pensée de *Moïse*, mais particulièrement élargie, ou même transformée. L'enthousiasme malheureux en ce monde, voilà toujours le thème préféré du poëte, mais ce ne serait pas assez dire : une sorte d'élection divine acceptée comme un fardeau sous le nom d'inspiration, ce travers du temps de *Moïse* a servi de point de départ à la révolte comme à la douleur générale des *Destinées*. En quoi consistait ce fardeau?

Dans *Moïse*, l'admirateur de Soumet nous peint ces

élus de Dieu à l'état de martyrs soumis et volon-
taires :

> Marchant vers la terre promise,
> Josué s'avança pensif, et pâlissant,
> Car il était déjà l'élu du Tout-Puissant.

L'épigraphe du poëme emprunte au livre des Pro-
verbes cette idée de misère : le souffle de Dieu dans
l'homme « est une lampe dévorante ». L'auteur a
parlé plus d'une fois, jusque dans le *Discours de
réception à l'Académie française*, de ces « troubles
profonds » et de ces « rêves redoutables » qui tra-
versent les études du « Penseur ». Nous l'avons vu
tout jeune dans ses Mémoires, las d'une méditation
perpétuelle dans laquelle il épuisait ses forces [1]. On
surprend, dans *Chatterton*, une sorte de confession
singulière où la Poésie se nomme la Distraction,
ennemie fatale et fée malfaisante [2]; et dans une
lettre cet aveu touchant : « Je suis distrait, mais
j'aime. »

Il faut tenir compte aussi du témoignage contenu
dans sa lettre à Brizeux. La poésie le jetait en tout
temps dans une sorte d'extase et d'infirmité qu'avait
accrue l'habitude du travail nocturne [3]. Dans cet

---

1. *Journal d'un poëte*, p. 237.
2. *Chatterton*, acte I, sc. v.
3. Il se fait dire dans *Stello* : « Pour être poëte à la façon lyrique

état, le plan d'un poëme comme il l'écrit de son *Julien* devait lui coûter plus que ne fait celui d'une bataille [1]. Si peu de valeur biographique qu'on attribue à la *Dernière nuit de travail*, on y relève de nouveaux traits, précieux pour la connaissance de ces poëtes à demi prophètes, com ne les entendait la société de la *Muse française*. Et je ne parle pas seulement de cette description pour ainsi dire classique de l'inspiration, où le poëte assiste en étranger à l'éruption du feu intérieur. Il y a là encore des traits plus personnels à recueillir : par exemple, cette inhabileté à tout ce qui n'est pas l'œuvre divine, et dont Baudelaire célèbre les peines dans sa pièce de l'*Albatros* ; cette rupture avec le monde, cette émotion née avec lui si profonde et si intime, qu'elle l'a plongé, dès l'enfance, dans des extases involontaires ; cette fuite de son imagination aux mondes inconnus, et ce dernier détail : « plus de rapports avec les hommes qui ne soient altérés et rompus sur quelques points ». Je laisse le reste, tant de souffrances, hélas! trop bien connues du *mal du siècle*. Voilà ce que sous-entend le poëme de *Moïse* et cela reparaît à la fin de *Paris* :

et somnambule dont vous l'êtes » (p. 74); et page 10 : « L'infirmité de l'inspiration », « cette sorte de malades. »

1. Cf. *Dernière nuit de travail* : « A présent que l'ouvrage est accompli, tout frémissant encore des souffrances qu'il m'a causées », et *Journal d'un poëte*, p. 99.

nature mystérieuse encore aujourd'hui, analogue peut-être à celle d'un Plotin dans l'antiquité, de notre Ballanche dans les temps modernes [1]. L'apparence hiératique qui surprend au début des *Destinées*, ce « jour mystique, glissant on ne sait d'où », que Sainte-Beuve se plaignait de voir circuler dans les ouvrages en prose de notre auteur [2], certains passages d'une précision presque visionnaire dans les *Poëmes philosophiques*, se rapportent à cette origine [3]. C'est là ce qu'entend le poète par le mot de *génie*.

Ce qui passait pour une force en 1824 [4] pouvait bien alors être accepté comme une grâce d'en haut. Plus tard, quand l'esprit sceptique se donna libre carrière, Vigny ne fit plus qu'étonner avec sa persistance de ses demi-confessions. Quant à lui, il ne cessait pas de sentir ou de souffrir. Avec l'accent de Chatterton disant : « La Distraction, la Poésie me donne et m'ôte tout », il écrit en 1843 ces vers trop byroniens que j'empruntais à la *Maison du Berger*. Depuis 1835, il était entré dans la retraite. Il considérait ces dégoûts, ces froissements et ces résistances de la

1. Cf. Sainte-Beuve, *Portraits contemporains*, t. II, les premières pages de l'article sur Ballanche.

2. Cf. *ibid.*, p. 70.

3. Ch. Magnin appelait l'imagination chez les poëtes, un instrument poético-magnétique.

4. Victor Hugo l'en félicitait à propos d'*Éloa*, dans son article de la *Muse française*.

société humaine dont il parle avec l'expérience d'un Byron dans sa *Dernière nuit de travail*. Il ne se sentait ni moins abattu qu'alors, ni moins indigné, ni moins solitaire [1]. Il avait eu le loisir de comprendre et de dédaigner. Il ne lui restait plus qu'à inscrire dans quelques vers de ses nouveaux poëmes cette réflexion de sa *Dernière nuit* : « Il se tait, il s'éloigne, se retourne sur lui-même, et s'y renferme comme dans un cachot. » La *Mort du Loup*, la plupart de ses poëmes philosophiques, forment autant de variations sur ce thème. Mais dans cette extrémité, le *mal du siècle* à la Moïse allait prendre une forme nouvelle. L'élu du Tout-Puissant met un terme

1. *Documents inédits*, 1835. — 12 février, à minuit : « *Chatterton* a réussi... C'est alors que mes amis sont venus à moi en fondant en larmes. Ils balbutiaient des paroles sans suite, des cris : mon ami, mon ami. Ils ont souffert aussi ce martyre que j'ai écrit. — Un sentiment doux et triste remplit mon cœur et des larmes inondent mes yeux malgré moi. Je pense aux douleurs que nous fait éprouver une trop grande défiance de la méchanceté de nos frères. J'ai des remords d'avoir mal jugé... Quel bonheur! France! France! On peut donc te parler gravement quand on est grave, et avec tristesse quand on est mélancolique et que l'on a au fond du cœur un incurable dédain de soi-même et une pitié bienveillante de la pauvre humanité. — L'abattement de mon visage a frappé mes amis. J'avais donc fait saigner leurs cœurs! Je me le reprochais en les voyant si bons. »

Cf. Sainte-Beuve écrivant en octobre : « Son plus beau triomphe dans cette voie fut la soirée de *Chatterton*, où, après quatre ans d'efforts silencieux et pénibles, *il força* la foule assemblée, les salons, *les critiques eux-mêmes* à applaudir et à frémir au spectacle déchirant d'une douleur que la plupart méconnaissent ou enveniment. » (*Portraits contemporains*, II, p. 68.)

à sa soumission. Moïse se change en Prométhée.

A l'origine, au contraire, l'idée du poëte est toute simple et l'on peut la résumer en deux mots : le génie chez les poëtes est un don fatal, ou, comme disait Mme Swetchine, plus généralement : toute supériorité est un exil [1].

II

L'INUTILITÉ DU DÉVOÛMENT.

Cette première forme du mal du siècle est très marquée chez Alfred de Vigny. Les *Destinées* acquièrent, de ce chef, leur expression principale. Elle donne à la strophe du *Silence* une saveur toute particulière.

On en trouve une autre encore dans les *Destinées*, et qui est très voisine.

L'inspiration et le génie, chez les poëtes, sont faits avant tout d'enthousiasme. Mais l'enthousiasme reçoit d'ordinaire après 1830 une destination plus immédiatement sociale : l'abnégation et le don de soi. Or, on pourrait chercher longtemps : on trouverait peu de pensées plus pénibles à la réflexion que l'idée

1. Cf. l'amiral Collingwood dans la *Canne de jonc*.

du dévoûment inutile. Un sacrifice méconnu est déjà chose douloureuse; une âme trop fréquemment refoulée dans les donations qu'elle fait d'elle-même peut endurer une sorte de long supplice; mais notre temps a soupçonné un mal plus total : l'idée d'une fatalité tout aveugle s'est emparée uniquement d'esprits avides de science; le néant même s'est fait admettre comme le mot suprême de toute philosophie.

Il serait inexact d'attribuer à Vigny cette dernière vue sur les choses. Tout au plus, s'est-il interrogé là-dessus, vers la fin de sa vie, et sous l'influence d'une prétendue sagesse bouddhique. A cette époque, il se demandera si la mort est l'union à Dieu ou bien le néant : on verra sa réponse.

Mais, à tout prendre, entre 1822 et 1849, du *Trappiste* au *Prologue*, on rencontre exprimée avec persistance l'idée du dévoûment inutile.

Le Prologue en offre l'expression complète; il y est question des Destinées comme de déités mauvaises :

Chacune prit chaque homme en ses mains invisibles;
Mais plus forte à présent, dans ce sombre duel,
Notre âme en deuil combat ces Esprits impassibles.

Nous soulevons parfois leur doigt faux et cruel,
La volonté transporte à des hauteurs sublimes
Notre front éclairé par un rayon du ciel.

Cependant sur nos caps, sur nos rocs, sur nos cimes,
Leur doigt rude et fatal se pose devant nous,
Et, d'un coup, nous renverse au fond des noirs abimes.

Oh ! dans quel désespoir nous sommes encore tous !
Vous avez élargi le COLLIER qui nous lie,
Mais qui donc tient la chaîne ? Ah ! Dieu juste, est-ce vous ?

Arbitre libre et fier des actes de sa vie,
Si notre cœur s'entr'ouvre au parfum des vertus,
S'il s'embrase à l'amour, s'il s'élève au génie,

Que l'ombre des Destins, Seigneur, n'oppose plus
A nos belles ardeurs une immuable entrave,
A nos efforts sans fin des coups inattendus !

On sait quelle réponse le poëte fait lui-même à sa
prière. L'inutilité de l'enthousiasme se montre à ses
yeux d'une manière sensible dans la fatalité qui nous
enserre. Peut-être attend-il quelque ressource des
secrets de la mort ; mais tel n'est pas le premier sens
des Poëmes. C'est, au contraire, un long regard jeté
tristement sur cette vie monotone, où tant d'affections
se brisent et sans retour [1], où lui-même s'est jeté
d'abord en aveugle, disant ensuite comme Louis XIV :
j'ai trop aimé la guerre [2] ; où la poésie pure est

---

1. *Stello*, chap. XL, p. 246 : « Eh ! qu'attendre d'un monde où l'on
vient avec l'assurance de voir mourir son père et sa mère ? — D'un
monde où de deux êtres qui s'aiment et se donnent leur vie, il
est certain que l'un perdra l'autre et le verra mourir ? » — « Devenir cadavre », écrit-il ailleurs.

2. Voir *Servitude et Grandeur militaires*, la *Canne de jonc*,
chap. III, p. 221.

sentie de si peu d'âmes [1], où l'amour n'a pas de joie
certaine; traversée où un seul port est sûr, et c'est le
dernier [2], celui de la mort.

Voyez la même pensée, toute simple, dans la bouche
du *Trappiste* :

> Frères, il faut mourir; qu'importe le moment?...
> Vous seriez-vous flattés qu'on trouvât sur la terre
> La palme réservée au martyr volontaire?
> Hommes toujours déçus, j'en appelle à vous tous :
> Interrogez vos cœurs, voyez autour de vous;
> Rappelez vos liens, vos premières années,
> Et d'un juste coup d'œil sondez vos destinées.
> Amis, frères, amants, qui vous a donc appris,
> Qu'un dévoûment jamais dût recevoir son prix?
> Beaucoup semaient le bien d'une main vigilante,
> Qui n'ont pu récolter qu'une moisson sanglante;
> Si la couche est trompeuse et le foyer pervers,
> Qu'avez-vous attendu des rois de l'univers?

Qu'on lise après cela ces vers qui suivent :

> Dieu seul est juste, enfants; sans lui tout est mensonge,
> Sans lui le mourant dit : « La vertu n'est qu'un songe. »

On ne sait tout ce qu'a pu coûter à Vigny sa foi
plus que royaliste, quand il s'est vu traiter si froidement par le gouvernement d'alors; mais qu'on juge

---

1. *Cinq-Mars*, chap. xx, p. 313 : « La poésie pure est sentie par bien
peu d'âmes; il faut, pour le vulgaire des hommes, qu'elle s'allie à
l'intérêt presque physique du drame. »
2. Cf. *Stello*, chap. xxvi, p. 128.

ici du trouble de sa pensée, le jour où il s'interrogera sur Dieu même, et ne trouvera plus dans son cœur que « cette justice qui naît et meurt avec nous. »

La tristesse, chez Vigny, a toujours été sincère. La mode des salons pouvait bien en faire une grâce au temps du *Trappiste*; Ampère disait : « Il y aura toujours quelque chose de sombre, de désenchanté au fond de notre existence », et Alexis de Jussieu en 1823 : « L'irréparable, le passé, l'impossible, tout est négation dans ce monde. La vie n'est qu'un long refus du bonheur, et nous autres, vils mendiants que nous sommes, nous le demandons toujours [1]. » Et pourtant tous deux se sont guéris. Chez Vigny, au contraire, cette idée générale du dévoûment inutile forme la basse continue d'un chant presque toujours plaintif.

Ainsi d'*Éloa*. L'ange a dû plier l'aile devant le démon. La divine séduction a fléchi devant la séduction de l'enfer :

Seras-tu plus heureux? du moins, es-tu content?
Plus triste que jamais! — Qui donc es-tu? — Satan!

A considérer de près ce sujet d'*Éloa*, n'est-ce pas celui que le poëte traitait en 1820 dans l'*Ode au Malheur* :

1. Voir P. Charpentier, *op. cit.*, p. 265.

Suivi du Suicide impie
A travers les pâles cités,
Le malheur rôde, il nous épie,
Près de nos seuils épouvantés.

La main n'est pas ferme, mais elle marque une date curieuse avant *Éloa*. On croit entendre, de plus loin encore, l'ironique début de *Stello*. On pense y voir apparaître la face blême « du plus désespéré des docteurs » :

J'ai jeté ma vie aux délices,
Je souris à la volupté,
Et les insensés, mes complices,
Admirent ma félicité.
Moi-même, crédule à leur joie,
J'enivre mon cœur, je me noie
Aux torrents d'un riant orgueil,
Mais le Malheur devant ma face
A passé : le rire s'efface,
Et mon front a repris le deuil.

En vain je redemande aux fêtes
Leurs premiers éblouissements,
De mon cœur les molles défaites
Et les vagues enchantements :
Le spectre se mêle à la danse ;
Retombant avec la cadence,
Il tache le sol de ses pleurs,
Et, de mes yeux trompant l'attente,
Passe sa tête dégoûtante
Parmi les fronts ornés de fleurs.

Qui donc, vers 1820, cherchait un poëte capable de chanter le *Malheur*? « Sujet terrible, écrivait Gaspard de Pons [1], sujet qui souvent écrasa le génie d'Young, et dont lord Byron lui-même a cru devoir diviser l'immensité! » Ce poëte tant cherché, sera-ce Alfred de Vigny?

On reconnaît du moins ici le sentiment du *Bal*, cette *douleur errante* dans les yeux de l'improvisateur pâle et blond. C'est à présent tout le prix de l'Ode au Malheur, souvenir de sincérité et de coquetterie, prélude aux travaux des *Destinées*, trace fugitive d'une mode disparue. Le poëte du Malheur lève déjà, comme il le dit, les yeux vers les astres, et les Destinées s'y montrent :

> Mon cœur se serre épouvanté,
> Vers les astres mon œil se lève,
> Mais il y voit pendre le glaive
> De l'antique fatalité.

Il rêve déjà de gloire sombre, à vingt-trois ans :

> Ah! puisqu'une éternelle veille
> Brûle mes yeux toujours ouverts,
> Viens, ô gloire, ai-je dit, réveille
> Ma sombre vie au bruit des vers;
> Fais qu'au moins mon pied périssable
> Laisse une empreinte sur le sable.

---

1. *Conservateur littéraire*, t. III, p. 346.

> La Gloire a dit : « Fils de douleur,
> Où veux-tu que je te conduise?
> Tremble : si je t'immortalise,
> J'immortalise le malheur. »

On les voit bien au jeu, ces beaux taciturnes. Que de fois alors s'est répété l'aveu de René à Céluta dans les *Natchez* : « Je t'ai tout ravi en te donnant tout, — ou plutôt en ne te donnant rien; car une plaie incurable est au fond de mon âme. » Ces âmes cherchent des âmes pour être enfin comprises! Qui sait? Leurs sombres regards n'ont pas désappris le sourire. Quel ange, quelle Éloa, quelle Éva ne voudra se dévouer pour sauver ces victimes précieuses? Quelle Atala n'ira trouver Chactas? Quelle Velléda son Eudore, dût-elle après cela se déchirer de sa faucille?

Et pourtant, au milieu de ces jeux même, la pensée que le dévoûment est l'artisan de son propre malheur vient apporter sa tristesse singulière. Satan lui-même a connu cette amertume :

> C'est pour avoir aimé, c'est pour avoir sauvé,
> Que je suis malheureux, que je suis réprouvé [1].

Quelle autre cause chercher à la tristesse d'Héléna? Symétha chante de même l'amour déçu, comme le Trappiste le dévoûment trahi. *Cinq-Mars*, à son tour,

___
1. *Éloa*, chant II, p. 30.

est l'oraison funèbre du dévoûment idéalisé dans la noblesse. Qu'est-ce autre chose que le sujet de *Wanda*? Et la *Colère de Samson*, composée en 1838, raconte-t-elle une autre misère? Gilbert, Chatterton, Chénier dans *Stello*; le capitaine Renard dans la *Canne de jonc* [1] : autant de types illustrant cette pensée lugubre. De là encore les citations de Job en tête de la *Femme adultère*, et ce vers du *Déluge* :

Les mortels savaient tout et tout les affligeait.

Soit dans les *Destinées*, soit dans les *Poëmes antiques et modernes*, cette pensée presque monotone comme le crime qu'elle reproche à la vie rappelle au lecteur l'origine première du mal du siècle [2], un effort immense, inouï, tenté par la Révolution vers la justice, semant partout le malheur, ramenant à sa suite mille difficultés irrésolues, et bientôt, après 1830, une incomparable déception, la défiance à l'égard des

---

1. « Je considérais ce brave homme avec vénération et j'avais suivi attentivement, tandis qu'il avait parlé, les transformations lentes de cette âme bonne et simple, toujours repoussée dans ses donations expansives d'elle-même, toujours écrasée par un ascendant invincible, mais parvenue à trouver le repos dans le plus humble et le plus austère devoir. » (*Servitude et Grandeur militaires*, p. 324.)

2. Voir la conférence faite par M. Brunetière au Cercle Saint-Simon, sur le pessimisme. — (Voir aussi *Revue politique et littéraire*, 12 décembre 1885.) — Cf. le Léopardi de M. Bouché-Leclercq, p. 74 et 75. — Voir Ballanche, *Essai sur les institutions sociales*, p. 153, 156.

rêves, l'inquiétude des illusions, l'incapacité de se donner entièrement au réel, en un mot le sentiment profond de la disproportion entre l'idéal et la vie.

III

L'ISOLEMENT DU POÈTE.

Ainsi paraît s'expliquer cette lassitude qu'on remarque au premier coup d'œil dans les *Destinées*. Mais on y observe aussi un sentiment d'une nature bien différente, à peine dissimulé sous le premier; une certaine froideur révoltée, attitude, nous l'avons vu, fort ancienne chez Vigny et qui paraît dater au moins de son séjour à l'armée.

A vrai dire, le geste las d'Alfred de Vigny sous-entend un esprit tout particulier de lutte généreuse. *Debellare superbos*, c'est la fière devise du poëte gentilhomme dans cette société où il ne trouve point sa place faite. Le sentiment de l'indépendance individuelle s'accroît souvent en proportion des loisirs obligatoires.

A cet égard, les *Destinées* ne s'expliquent par aucun ouvrage antérieur plus précisément que par le roman de *Stello*.

Stello avait une portée surtout politique. Au temps même où l'histoire enseignait à la religion le danger de faire cause commune avec le Pouvoir, Vigny rédigeait l'ordonnance de son docteur. Et qu'ordonne-t-il au poëte malade? Nous l'avons vu : séparer la vie poétique de la vie politique. La séparer, c'est-à-dire pour le poëte ne flatter le Pouvoir ni l'attaquer. Et pourquoi? Ce serait, dit-il, avilir son œuvre et l'empreindre de ce qu'il y a de fragile et de passager dans les événements du jour. Il convient de laisser cette tâche, ajoute-t-il, à la critique du matin, qui est morte le soir, ou à celle du soir, qui est morte le matin.

S'est-il conformé lui-même à sa propre ordonnance dans les *Poëmes philosophiques*? On sait qu'il n'en est rien. Non seulement il a pris l'offensive dans la *Maison du Berger* contre le régime parlementaire, mais il y a plus, et si Molé n'a guère eu l'approbation de personne, excepté de Sainte-Beuve, pour sa réponse au *Discours de réception*, il faut avouer qu'on n'a pas toujours loué la réplique des *Oracles*, si belle soit-elle.

En réalité, sous tous les régimes, même sous le second Empire [1], même au début du régime de Juil-

1. M. Louis Ratisbonne : « J'ai dans les mains des notes qui témoi-

let [1], Vigny paraît avoir tenu le Pouvoir pour cor-
rupteur et, par son essence, ennemi des poëtes. Sa

gnent de ses sympathies élevées pour l'impérial interlocuteur qu'il
eut quelquefois, et il n'en fit jamais mystère. Mais, un jour, un
ministre lui demanda une cantate pour un berceau entouré d'hom-
mages, salué de grandes espérances : Alfred de Vigny répondit qu'il
ne savait pas faire « de ces choses-là. »

(Passage d'un article du *Journal des Débats*, reproduit en tête du
Journal d'un poëte.)

1. Aug. Barbier, dans ses *Souvenirs personnels*, p. 360, raconte
une anecdote curieuse relative aux premiers rapports d'Alfred de
Vigny avec le prince Louis Napoléon. Il rapporte d'autre part,
qu'après 1830, de Vigny sollicita le grade de commandant de bataillon de la garde nationale et l'obtint. « Il alla souvent dîner aux
Tuileries en cette qualité et eut avec le roi-citoyen, à son dire, plus
d'un entretien qu'il a consigné dans ses notes. Louis-Philippe le
décora, et ce fut sous son règne qu'il arriva à l'Académie. Son discours donna lieu à une foule de commentaires; si l'on a dit qu'il
ne voulut pas être présenté au roi, cela n'est pas exact. Il ne
voulut pas aller à cette présentation avec M. Molé, qui l'avait, dans
son discours de réception, impertinemment raillé : voilà la vérité.
Dans cette affaire, M. Molé manqua de bon goût. Il avait obéi aux
rancunes de M. Sainte-Beuve, qui passait pour avoir été l'inspira-
teur de sa diatribe académique. »

Cf. *Journal d'un poëte*, 1830, p. 51 ; surtout 1846, p. 208 : « Un
ignoble marché. »

M. Éd. Fournier : « On sait de quelle façon et avec la plus inex-
cusable malveillance, il fut traité dans le discours du comte Molé,
qui le recevait comme directeur. L'opinion fut pour Alfred de Vigny.
On n'ignorait pas qu'une assez basse vengeance se cachait sous
cette venimeuse réponse et y versait le fiel au lieu du miel d'usage.
M. Molé, ancien ministre, se souvenait des traits décochés dans
Stello contre les hommes politiques, et surtout ne pardonnait pas
à M. de Vigny d'avoir oublié, dans son discours, le compliment
final pour le roi. L'oubli était réel et même prémédité. Ancien officier de la garde sous Louis XVIII et Charles X, M. de Vigny s'en
était fait une question d'honneur, et cela primait tout pour lui.
N'a-t-il pas dit dans son *Journal* : « L'honneur est la poésie du
devoir? »

Lamartine : « Il (M. Molé) a dû se repentir bien des fois avant

propre défensive ressemblait fort à une neutralité armée.

Au moins en 1843 et 1844, époque à laquelle il publiait la *Maison du Berger* et la *Mort du Loup*, il paraît bien qu'on peut lui attribuer encore la pensée et l'accent fiévreux de l'ordonnance du Docteur-Noir, après 1830 :

« La Neutralité du penseur solitaire est une NEUTRALITÉ ARMÉE qui s'éveille au besoin.

Il met un doigt sur la balance et l'emporte. Tantôt il presse, tantôt il arrête l'esprit des nations; il inspire les actions publiques ou proteste contre elles, selon qu'il lui est révélé de le faire par la conscience qu'il a de l'avenir. Que lui importe si sa tête est exposée en se jetant en avant ou en arrière?

Il dit le mot qu'il faut dire, et la lumière se fait.

Il dit ce mot de loin en loin, et tandis que le mot fait son bruit, il rentre dans son silencieux travail et ne pense plus à ce qu'il a fait. »

Si le drame de *Chatterton*, la *Dernière nuit de travail*, les dernières pages même de *Servitude et Grandeur militaires*, en 1835, ont été composés dans cet esprit, la *Mort du Loup* est écrite en 1838 : elle leur

sa mort de ce mauvais coup de langue à deux tranchants envers un homme d'honneur d'autant plus facile à asphyxier de faux éloges qu'il était incapable de comprendre deux sens dans une parole. » (*Cours familier de littérature*, entretien xcv.)

succède donc à trois ou quatre ans d'intervalle, et certainement la retraite définitive d'Alfred de Vigny n'a pu que fortifier en lui de telles dispositions. On ne peut donc interpréter avec exactitude la première en date entre les pièces des *Destinées* sans recourir à ces témoignages. Que donnent-ils?

Sans contredit, ce poëme rappelle une pensée byronienne du *Journal* de 1844 : « Les animaux lâches vont en troupes. — Le lion marche seul au désert. — Qu'ainsi marche toujours le poëte. » C'est l'idée même de *Stello* [1] que la solitude est sainte, et qu'il faut, seul et libre, accomplir sa mission, dégagé de l'influence des associations, même les plus belles. Quand Vigny est entré à l'Académie, quoique romantique, il n'a fait aucune concession [2].

On trouve encore dans la *Mort du Loup* un souvenir de l'atroce jeu du scorpion dans la *Dernière nuit* et l'écho de maint passage de *Chatterton* :

« Bon quaker, dans votre société fraternelle et spiritualiste, a-t-on pitié de ceux que tourmente la passion de la pensée?... Une âme contemplative est à

---

1. Chap. xl, p. 243.

2. Horace de Lagardie : « Alfred de Vigny tint haut son drapeau et entra tête levée dans la forteresse académique. Ce fut le seul romantique, si j'ai bonne mémoire, qui ne fit aucune concession en prenant possession du fauteuil. » (*Revue nationale*, 10 octobre 1863.)

charge à tous les désœuvrés remuants qui couvrent
la terre : l'imagination et le recueillement sont deux
maladies dont personne n'a pitié. — Pour moi, j'ai
résolu de ne point me masquer et d'être moi-même
jusqu'à la fin, d'écouter, en tout, mon cœur dans ses
épanchements comme dans ses indignations, et de
me résigner à bien accomplir ma loi... On me trahit
de tout côté, je le vois, et je me laisse tromper par
dédain de moi-même, par ennui de prendre ma
défense. J'envie quelques hommes en voyant le
plaisir qu'ils trouvent à triompher de moi par des
ruses grossières; je les vois de loin en ourdir les fils,
et je ne me baisserais pas pour en rompre un seul,
tant je suis devenu indifférent à ma vie [1]. »

Comparez par exemple avec l'agonie du Loup :

Le Loup le quitte alors et puis il nous regarde.
Les couteaux lui restaient au flanc jusqu'à la garde,
Le clouaient au gazon tout baigné de son sang ;
Nos fusils l'entouraient en sinistre croissant.
Il nous regarde encore, ensuite il se recouche,
Tout en léchant le sang répandu sur sa bouche,
Et sans daigner savoir comment il a péri,
Refermant ses grands yeux, meurt sans jeter un cri.

Et je ne sais si les vers suivants ne contiennent
pas encore quelque allusion aux divisions des gens
de lettres.

Mais le grand sens général de la *Mort du Loup*

1. Acte I, scène v, p. 29.

comme de la *Maison du Berger* et de la *Bouteille à la mer*, c'est l'ombrageuse indépendance qui convient au poëte en face du pouvoir politique.

Sans entrer dans le problème essentiel que soulevait *Stello*, sans critiquer même le choix et le portrait que fait Vigny de Gilbert, de Chatterton et de Chénier, on peut avancer que ces poëmes doivent une part de leur froideur révoltée à l'esprit éristique de *Stello*.

« Poëte! » se disait le Docteur-Noir à lui-même, « j'en étais sûr. Il ne faut que ce nom dans le monde pour être ridicule ou odieux. » Voilà le sous-entendu amer et ironique des *Destinées*. Et Stello reprend son Docteur d'être allé mendier pour Gilbert auprès du roi : « Vous en avait-il prié? N'avait-il pas souffert en silence jusqu'au moment où la folie secoua ses grelots dans sa pauvre tête? S'il avait soutenu pendant toute sa jeunesse l'àpre dignité de son caractère; s'il avait pendant une vingtaine d'années singé l'aisance et la fortune par orgueil et pour ne rien demander, vous lui auriez fait perdre en une heure toute la dignité de sa vie. »

Si c'est là tout ce qui rappelle dans les *Destinées* l'épisode de Gilbert, il est difficile de ne pas comparer l'idée de la *Bouteille à la mer* avec l'épisode de Chénier. La tempête, ces eaux soulevées qui montent

aux genoux du capitaine et frappent son épaule, ce
vaillant qui lève au ciel un de ses deux bras nus,
lance sa bouteille à la mer,

et salue
Les jours de l'avenir qui pour lui sont venus.

N'est-ce pas le tableau du roman, *un soir d'été*? La
foule sans nom engloutit le grand homme : « la tête
roula, et ce qu'il *avait là* s'enfuit avec le sang. »

La *Bouteille à la mer* n'a été publiée qu'en 1854
dans la *Revue des Deux Mondes* : elle date, en réalité,
d'une année avant la révolution de 1848[1]. Plus que la
Maison du Berger même, elle annonce la catastrophe
prochaine. Et n'y trouve-t-on pas un curieux rapport
avec des passages comme ceux-ci : « Ils se sentirent
tellement au-dessus de leurs ennemis qu'ils en eurent
presque de la joie », écrit l'auteur de *Stello* dans la
scène du *réfectoire*[2]; ou bien : « Vous avez vu l'Angleterre, monsieur; si vous y retournez jamais et que
vous rencontriez Edmond Burke, vous pouvez bien
l'assurer que je me repens de l'avoir critiqué : car il
avait bien raison de nous prédire le règne des porte-
faix »; lisez encore le chapitre de l'*ostracisme per-*

1. Documents inédits.
2. Chap. xxviii. Cf. chap. xx, p. 101 et 91.

A. DE VIGNY.   9

pétuel, n'est-ce pas là le sens d'une strophe du poëme, celle-ci par exemple :

> Il voit les masses d'eau, les toise et les mesure,
> Les méprise en sachant qu'il en est écrasé,
> Soumet son âme au poids de la matière impure
> Et se sent mort ainsi que son vaisseau rasé.

Les « individus infernaux » de *Cinq-Mars* [1], les « faces de loup » dont il parlait en 1848 à l'un de ses amis auraient pu servir de point de départ à un retour sur lui-même :

> Son sacrifice est fait; mais il faut que la terre
> Recueille du travail le pieux monument,
> C'est le journal savant, le calcul solitaire,
> Plus rare que la perle et que le diamant;
> C'est la carte des flots faite dans la tempête,
> La carte de l'écueil qui va briser sa tête :
> Aux voyageurs futurs sublime testament.

> Il écrit : « Aujourd'hui, le courant nous entraîne,
> Désemparés, perdus, sur la Terre de Feu.
> Le courant porte à l'est. Notre mort est certaine :
> Il faut cingler au nord pour bien passer ce lieu.
> — Ci-joint est mon journal, portant quelques études
> Des constellations des hautes latitudes.
> Qu'il aborde, si c'est la volonté de Dieu! »

Mais si ces rapprochements peuvent prêter à controverse, comment récuser celui de l'épisode de

---

1. Chap. xiv, *l'Émeute*, p. 219.

Chatterton avec la satire des Assemblées et du régime
de Juillet? L'esprit de mécontentement contre la
société nouvelle n'a pas toujours été poussé aussi
loin que dans cette partie de *Stello*. A vrai dire, les
Destinées ont, pour ainsi parler, pris naissance dans
les difficultés du règne de Louis-Philippe. Les reproches, fondés ou chimériques, qu'on adressait au nouveau régime, comment de Vigny ne les eût-il pas
écoutés? Si, dans *Stello*, la monarchie de Louis XV
se montre hostile aux poëtes, est-ce fiction toute pure
que ce langage de M. Beckford : « La Poésie est à
nos yeux une étude de style assez intéressante à
observer et faite quelquefois par des gens d'esprit;
mais qui la prend au sérieux? Quelque sot » ; — et le
reste de l'entrevue [1]. On s'étonne peut-être à tort de
la satire des railways dans la *Maison du Berger*. Le
règne de l'esprit industriel, sans le contrepoids d'une
force morale organisée, qu'on le symbolise à l'aide des
chemins de fer — invention toute récente en 1844, —
ou qu'on l'envisage dans une Exposition universelle,
n'est-ce pas la fin de toute grâce de la vie, n'est-ce pas
l'ère prédite par Fourier? Qu'après cela, le poëte écrive
en beaux vers la critique des Assemblées et du Scrutin
et des avocats, que la « monarchie représentative [2] »,

1. *Stello*, chap. xvii, p. 75.
2. *Stello*, p. 42-43; cf. p. 101.

la « table constitutionnelle » lui inspirent une aversion analogue à celle du « pouvoir Républicain-Démocratique », ne fallait-il pas s'y attendre [1]? Nous nous plaignons, disait-il, qu'il n'y a pas de foi politique en France. Eh! de quoi nous plaignons-nous? « N'est-ce pas la preuve la meilleure de l'esprit infiniment subtil qui règne dans la nation? Elle sent le vrai partout, et où il manque, elle dit qu'il n'y a rien. Or aucun parti ne satisfait ses besoins actuels, ni ne leur donne le moindre espoir éloigné. Il n'y a de foi politique en un gouvernement que dans les esprits bornés [2]. »

De là ces vers sur les hommes politiques :

Ils sont fiers et hautains dans leur fausse attitude,
Mais le sol tremble aux pieds de ces tribuns romains,
Leurs discours passagers flattent avec étude
La foule qui les presse et qui leur bat des mains.
Toujours renouvelé sous ses étroits portiques,
Ce parterre ne jette aux acteurs politiques
Que des fleurs sans parfums, souvent sans lendemain.

Ils ont pour horizon leur salle de spectacle :
La chambre où ces élus donnent leurs faux combats
Jette en vain, dans son temple, un incertain oracle,

1. *Journal d'un poëte*, 1840, p. 151 : « Louis XIV. — Le roi et la noblesse étaient deux anciens amants qu'on avait brouillés. Ils se rapprochaient quelquefois, mais ne pouvaient plus se reprendre et devaient rester séparés par l'intrigante bourgeoisie. »
Cf. p. 155 et 96.
2. *Journal d'un poëte*, 1834, p. 91.

Le peuple entend de loin le bruit de leurs débats ;
Mais il regarde encor le jeu des assemblées
De l'œil dont ses enfants et ses femmes troublées
Voient le terrible essai des vapeurs aux cent bras.

L'ombrageux paysan gronde à voir qu'on dételle,
Et que pour le scrutin on quitte le labour.
Cependant le dédain de la chose immortelle
Tient jusqu'au fond du cœur quelque avocat d'un jour.
Lui qui doute de l'âme, il croit à ses paroles.
Poésie, il se rit de tes graves symboles,
O toi des vrais penseurs impérissable amour [1] !

De là, par la prose comme par le vers, la satire de tout un régime :

« Oui, je vois chaque jour des hommes semblables à ce Beckford, qui est miraculeusement incarné d'âge en âge sous la peau blafarde des PLAIDEURS D'AFFAIRES PUBLIQUES.

O cérémonieux complimenteurs ! Lents paraphraseurs de banalités pompeusement appelées Code, dont vous forgez les quarante mille anneaux qui s'entrelacent au hasard, sans suite, le plus souvent inégaux, comme les grains de chapelet, et ne remontent jamais à l'immuable anneau d'or d'un religieux principe. — O membres rachitiques des corps politiques, impolitiques plutôt ! fibres détendues des Assemblées, dont la pensée flasque, vacillante, multiple, égarée, corrompue, effarée, sautillante, colérique, engourdie, évaporée, émerillonnée, et toujours, et sempiternel-

____

1. La *Maison du Berger*, n° II.

lement commune et vulgaire, dont la pensée, dis-je,
ne vaut pas pour l'unité et l'accord des raisonne-
ments, la simple et sérieuse pensée d'un Fellah
jugeant sa famille au désert, selon son cœur [1].
N'est-ce pas assez pour vous d'être glorieusement
employés à charger de tout votre poids le bât, le
double bât du maître, que le pauvre âne appelle son
ennemi *en bon français*? Faut-il encore que vous
ayez hérité du dédain monarchique, moins sa grâce
héréditaire et plus votre grossièreté élective? »

Et ces strophes des *Oracles* entre autres, pleines
d'allusions concises à l'histoire du régime déchu :

L'oracle est à présent dans l'air et dans la rue,
Le passant au passant montre au ciel tout point noir,
Nous-même en mon désert nous lisions dans la nue,
Quatre ans avant l'éclair fatal. — Mais le pouvoir
S'enferme en sa doctrine, et, dans l'ombre, il calcule
Les problèmes sournois du jeu de sa bascule,
N'entend rien, ne sait rien et ne veut rien savoir.

Les parlements jouaient aux tréteaux populaires,
A l'assaut du pouvoir par l'applaudissement ;
Leur tristesse savait, par de feintes colères,
Terrasser la raison sous le raisonnement.
Mais leurs coups secouaient la poutre et le cordage,
Et le frêle tréteau de leur échafaudage
Un jour vint à crier et croula lourdement.

Maîtres en longs discours à flots intarissables!
Vous qui tout enseignez, n'avez-vous rien appris?
Toute démocratie est un désert de sables,

1. Pensée sous-entendue dans la *Sauvage*.

Il y fallait bâtir, si vous l'eussiez compris.
Ce n'était pas assez d'y dresser quelques tentes
Pour un tournoi d'intrigue et de manœuvres lentes
Que le souffle de flamme un matin a surpris.

IV

HISTOIRE DE LA STROPHE INTITULÉE « LE SILENCE ».

Isolé ainsi du régime nouveau, hostile à ses premiers tâtonnements, à ses hommes politiques, à ses ministres, à son esprit industriel; divisé contre lui-même, dédaigneux aussi du monde et de ce qu'il appelle quelque part « le vulgaire des salons », cet Alceste s'était heurté, pour comble, à l'écueil principal de notre âge de crise : la question religieuse[1].

L'air de froide révolte qu'on reproche aux *Destinées* est l'effet de toutes ces causes, mais particulièrement de la dernière. Celle-ci surtout attire l'attention, et se fixe dans la mémoire. Les pièces du Recueil sont marquées au coin d'une originalité puissante. Mais le poëme du *Mont des Oliviers* s'impose à l'esprit plus que les autres, comme l'expression la

---

1. *Journal d'un poëte*, 1840, p. 151 : « LA QUESTION RELIGIEUSE. — Plus l'esprit est vigoureux, plus il se perd dans les catacombes de l'incertitude humaine. »

plus saisissante du mal du siècle. La strophe finale
semble y résumer plus que la portée de la pièce, ou
même du Recueil; ces quelques vers, précédés d'un
titre spécial, LE SILENCE, tranchent par leur accent
sur le ton général de l'incrédulité du siècle. Ils
n'expriment, à vrai dire, ni la négation, ni la
croyance, ni même à proprement parler le doute. On
y sent un état d'esprit plus critique. La négation
elle-même serait encore une affirmation retournée.
Le poëte prononce une sorte de jugement par défaut.
Il fait plus : par un choix dont on remarque la hardiesse, Jésus même est l'occasion de la sentence. S'il
est vrai, dit le poëte, que Jésus a crié vers le Père, si
nulle réponse ne fut faite à son angoisse non plus
qu'à nos douleurs, nous portons en nous-mêmes un
idéal supérieur de pitié et de justice, et nous saurons
quel parti prendre :

> S'il est vrai qu'au Jardin sacré des Écritures,
> Le Fils de l'homme ait dit ce qu'on voit rapporté;
> Muet, aveugle et sourd au cri des créatures,
> Si le ciel nous laissa comme un monde avorté,
> Le juste opposera le dédain à l'absence
> Et ne répondra plus que par un froid silence
> Au silence éternel de la Divinité. '

Ni l'amour, ni la haine : dédain et silence, froide

résolution de se passer de Dieu, tout le Recueil paraît
se résumer dans ce sentiment unique.

Une telle interprétation a pour elle les apparences.
La résignation fataliste de l'épigraphe, comme des
Poëmes, la corrobore. C'est une grande part de la
vérité. Elle convient même au poëte romantique, à
son attitude militante, je dirais presque à sa pose
favorite.

On doit donc s'arrêter sur une idée aussi importante, et saisir, s'il se peut, l'histoire de sa formation.

Comment l'auteur d'*Éloa* en est-il venu à écrire la
strophe du *Silence*?

Pour l'expliquer, on est tenté de croire à quelque
aggravation de ses maux physiques ou de ses douleurs morales vers 1862. On en agit ainsi d'ordinaire
avec les pessimistes. On ne tient pas assez compte,
soit du mouvement des idées générales, soit des premiers essais même de leur propre pensée. Quand il
écrivit cette strophe à soixante-cinq ans, Alfred de
Vigny souffrait cruellement, paraît-il, d'un cancer à
l'estomac. Le fait peut avoir exercé ici son influence,
mais la révolte tacite remonte à une date bien antérieure.

Dès 1820, la *Fille de Jephté* en offre l'annonce. On n'y trouve encore qu'une inquiétude d'artiste, digne sujet de poésie pathétique : « Seigneur, s'écrie Jephté,

> Seigneur, vous êtes bien le Dieu de la vengeance,
> En échange du crime il vous faut l'innocence.
> C'est la vapeur du sang qui plaît au Dieu jaloux
> Je lui dois une hostï , ô ma fille, et c'est vous!

Trois ans après, l'idée se représente, cette fois dans l'épigraphe du *Déluge* empruntée à la Genèse : « Serait-il dit que vous fassiez mourir le Juste avec le méchant? » Et même, à regarder de près, le langage de l'ange dans ce poëme n'est pas sans laisser percer quelque critique secrète :

> « Tiens toujours tes regards plus haut que sur la terre;
> La mort de l'innocence est pour l'homme un mystère,
> Ne t'en étonne pas, n'y porte pas les yeux;
> La pitié du mortel n'est pas celle des Cieux.
> Dieu ne fait point de pacte avec la race humaine :
> *Qui créa sans amour* fera périr sans haine. »

Opposera-t-on l'apparente religion d'*Éloa*, avec le luxe de ses mystères? Il serait aisé de répondre. Sans contredit, ce poëme ne contient pas de révolte explicite; mais l'apparente soumission de toute cette foi rappelle de près l'incrédulité des philosophes. Sur la foi de Chateaubriand, Vigny remplaçait alors les dieux par les anges; mais de quel air cheminent ses anges! Ce sont femmes du monde dans 'e ciel. Ces doux regards; ce pied qui tour à tour se dérobe et se montre; cette fille du Christ, toute parée aux yeux des brûlants chérubins; ces couplets murmurés par un Satan à la mode; cette fine horreur d'Enfer : tant de tableaux formeraient à souhait une illustration gracieuse le long des pages d'un Voltaire. Mais que nous semble de sa théologie? l'erons-nous fonds sur cette Genèse :

> Larme sainte à l'amitié donnée,
> Oh! vous ne fûtes point aux vents abandonnée :
> Des séraphins penchés l'urne de diamant,
> Invisible aux mortels, vous reçut mollement,
> Et comme une merveille au Ciel même étonnante,
> Aux pieds de l'Éternel vous porta rayonnante.
> De l'œil toujours ouvert un regard complaisant
> Émut et fit briller l'ineffable présent;
> Et l'Esprit-Saint, sur elle épanchant sa puissance,
> Donna l'âme et la vie à la divine essence.

Mais voici qui est plus décisif.

En 1826, dans *Cinq-Mars*, il semble qu'un nouveau pas soit fait [1]. Cet ouvrage qui témoigne de lectures si nombreuses, nous montre Vigny au seuil de la

______

1. Chap. XVI, p. 244. — Cf. chap. XIX, p. 302, sur « nos pères théologiens », et XX, p. 314.

pure philosophie. De Thou y lit Descartes et les *Méditations métaphysiques*, et dans son enthousiasme, il frappe sur le livre en jetant des cris d'admiration, et à son tour l'auteur lui-même qualifie de sublime la conclusion qu'il cite de la troisième méditation : « Il ne reste à dire qu'une chose : c'est que, semblable à l'idée de moi-même, celle de Dieu est née et produite avec moi dès lors que j'ai été créé, et, certes, on ne doit pas trouver étrange que Dieu, en me créant, ait mis en moi cette idée pour être comme la marque de l'ouvrier empreinte sur son ouvrage. »

A cette époque, il rencontrait Dieu, comme de Thou, aux bornes de l'esprit humain; et l'on doit remarquer dès à présent qu'en 1844 la *Maison du Berger* amènera le lecteur à Malebranche, c'est-à-dire à la théorie de la vision en Dieu. Il nous faut toutefois observer dans *Stello*, jusqu'où l'emporte son goût pour la critique. Il s'y élève avec vivacité contre la substitution des souffrances expiatoires : en réalité, c'est bien le même esprit d'examen qui perçait déjà dans le *Déluge*. La mort de l'innocent, le sang de la fille de Jephté, cette théorie d'expiation et de substitution venue du moyen âge ; bref cette distinction mystérieuse entre les voies de la Justice divine et la simplicité de la justice humaine, problème unique sous des formes diverses, jette son esprit hors des limites d'une calme résignation. Spinoza disait : il n'y a pas plus de ressemblance entre la justice humaine et la justice divine qu'entre le chien animal domestique et le Chien, constellation céleste. Dès ce temps, Vigny ne se soumet plus à ce mystère. Il s'opère en lui, touchant l'idée de Dieu, comme un secret travail de dissolution.

Les effets de cette inquiétude ne se font plus guère attendre. *Stello* venait à peine de paraître que l'auteur confiait à son journal intime cette réflexion significative :

« Un homme parfait est aimé comme Dieu, — assez froidement [1]. »

Déjà même dans *Stello* il s'attaquait ironiquement à la Destinée. « Je descendis plus lentement, écrit-il, et pour satisfaire le désir violent qui me restait, celui de voir comment se conduirait la Destinée, et si elle aurait l'audace d'ajouter le triomphe général de Robespierre à ce triomphe partiel. Je n'en aurais pas été étonné », ajoute-t-il [2].

Désormais le nom de la Destinée s'écarte comme un dernier voile, ou devient transparent. Vigny est entré, comme son Cinq-Mars, dans une voie où

1. *Journal d'un poëte*, p. 81.
2. *Stello*, chap. xxxvi, p. 207.

s'engage plus d'un cœur bien né. La colère l'a saisi
d'abord, première impression que produit le mal sur
l'âme d'un jeune homme, puis la tristesse a remplacé
la colère ; bientôt viendront l'indifférence et le mépris [1], et tous ces sentiments ont déjà pour objet le
Dieu de l'Ecriture :

« La terre est révoltée des injustices de la création ;
elle dissimule par frayeur de l'éternité ; mais elle s'indigne en secret contre le Dieu qui a créé le mal et la
mort. Tous ceux qui luttèrent contre le ciel injuste
ont eu l'admiration et l'amour des hommes. »

Ce passage est emprunté par M. Ratisbonne au
Journal de 1834 [2].

Ainsi, longtemps avant le second Empire, on suit
à la trace la formation d'un état d'esprit nouveau
chez Alfred de Vigny, état négatif au moins en apparence. Une sorte d'indignation contre le Ciel, lentement amassée, a pris naissance dans la misère d'une
sensibilité trop vive. Ce qu'on nommait d'abord un
signe d'élection constituait vraiment une quasi-
impossibilité de vivre. Ces inclinations mystiques
convenaient à la vie du cloître. A peine se dévelop-
pent-elles à l'aise au sein d'une société plus que

1. Voir *Cinq-Mars*, chap. v, p. 75.
2. *Journal d'un poète*, p. 92 et 93.

délicate, comme l'était celle de la *Muse française*.
Mais si, même en un tel milieu, elles infligent à leurs
élus mainte crise douloureuse, que deviennent ces
dons, que peut cette faiblesse, que font ces prophètes
quand la vie, toute rude, vient les froisser de son
coudoiement?

Voilà le premier fonds du mal du Silence.

Même avant d'y inscrire la strophe fameuse, Vigny
ne se ressemblera donc plus à lui-même dans le
Mont des Oliviers. Le personnage de Jésus y de-
viendra le succédané de Moïse. Jésus n'était-il pas
un prophète, et même le plus grand des prophètes?
N'avait-il pas subi, plus que le chef hébreu, le fardeau d'une mission céleste? Si Moïse et Josué pâlis-
sent au sentiment de l'élection divine, Jésus connaît
l'agonie, la sueur de sang. Il jette vers le Ciel un cri :
point de réponse, le Ciel veut qu'il meure, et c'est un
Juste qui appelle.

Il restait auparavant un obstacle à franchir. Le *Mont
des Oliviers* suppose entre Dieu et l'homme une comparaison hautaine.

Alfred de Vigny écrivait encore en 1835 : « Que
sommes-nous pour Dieu [1]? » Mais il ajoutait, la

1. *Journal d'un poète*, p. 99.

même année, avec un sentiment moins humble :

« Il est certain que la création est une œuvre manquée ou à demi accomplie, et marchant vers sa perfection à grand'peine.

Dans les deux cas, soyons humbles et incertains.

Il n'y a de sûr que notre ignorance et notre abandon peut-être éternel [1]! »

Et sur cette conjecture, il concevait le plan d'une *Élévation* à la manière de *Paris*, ou des *Amants de Montmorency*, un de ces poëmes dont il faisait part à Sainte-Beuve [2], à la veille de 1830. Le plan de cette pièce laisse déjà percer une révolte singulière.

« *Élévation*. — Dieu voit avec orgueil un jeune homme illustre sur la terre.

Or ce jeune homme était très malheureux et se tua avec une épée.

Lorsque son âme parut devant Dieu, Dieu lui dit : « Qu'as-tu fait? Pourquoi as-tu détruit ton corps? »

L'âme répondit :

« C'est pour t'affliger et te punir. Car pourquoi m'avez-vous créé malheureux? Et pourquoi avez-vous créé le mal de l'âme, le péché, et le mal du corps, la souffrance? Fallait-il vous donner plus longtemps le spectacle de mes douleurs [3]? »

---

1. *Journal d'un poëte*, p. 103.
2. *Portraits contemporains*, t. II, p. 87.
3. *Journal d'un poëte*, p. 104, et la note de M. Louis Ratisbonne.

Cri de Lucrèce : quel mal y avait-il à ne nous point créer?

On suppose aisément qu'une telle disposition s'accompagnait de critiques plus précises. En voici une, et sans doute il allait entrer dès ce temps fort avant dans cette voie :

« Les criminalistes de tous les temps ont déclaré que la *vengeance* n'était pas le but de la *loi pénale*, qui, dans sa rigueur, ne se propose que de *prévenir* le retour du mal : tel est l'*esprit chrétien*.

Si tel est l'esprit chrétien sur la terre, pourquoi a-t-il un autre esprit pour le ciel, en fondant les *peines éternelles* qui ne sont qu'une *éternelle vengeance* [1]? »

Mais ici se place une courte période de trève.

Alfred de Vigny perd sa mère en 1837. Aussitôt ses critiques s'évanouissent; son cœur, qui défaille, cherche un appui : son esprit se tait, ses souvenirs et la détresse élèvent leur voix plus haut que la crise. Tout son être s'humilie devant le Dieu de l'expiation [2]. Et pourtant ce retour dont il parle, cette résignation, ce calme que lui rend la profonde ardeur de ses prières, n'écartent pas tout à fait le doute :

1. *Journal d'un poëte*, 1836, p. 107.
2. Cf. *ibid.*, p. 117, 122, 127; voir p. 24.

« Avez-vous reçu dans votre sein, cette âme ver-
tueuse, ô mon Dieu? Soutenez-moi dans cet espoir,
que ce ne soit pas un passager désir, qu'il devienne
une foi fervente! — Donnez-moi la certitude qu'elle
m'entend et qu'elle sait ma douleur, qu'elle est dans
le repos bienheureux des anges et que, par vous, à
sa prière, je puis être pardonné de mes fautes. —
Sommes-nous si faibles, que nos plus saintes prières
ne puissent nous rien ôter des tendresses du sang
et des nœuds de la famille? Quand vous les rompez
pour toujours, pourquoi ne nous pas donner la force
de croire qu'ils seront retrouvés, et de le croire sans
hésiter?... Mon Dieu! vous n'avez pas permis qu'elle
me restât jusqu'au dernier jour et vous l'avez enlevée
dans mes bras! Mon Dieu! si les épreuves sont une
épuration à vos yeux, recevez-la et qu'elle prie à son
tour pour son fils, son pauvre fils qu'elle a nommé en
mourant! »

Si l'on croit qu'il suffit de l'analyse pour soutenir
les âmes, voilà l'œuvre de la mort.

Mais enfin, au temps de Strauss, Vigny donnait-il
l'exemple d'un retour sans réserve à la foi de sa
mère [1]? Est-il chrétien? La réponse est inscrite dans

---

1. Dès 1839, p. 143, le *Journal d'un poëte* porte la trace des
discussions soulevées par la traduction française du livre de
Strauss.

son *Journal*, à la date 1839 : « Je suis stoïcien [1] », et la preuve ne tarde guère.

A défaut de la critique issue de Kant, la révolution opérée par Copernic dans la conception de l'univers produit uniformément un résultat difficilement évitable : sous des formes diverses, un même doute s'élève en beaucoup d'esprits, et l'on se demande si les cieux ainsi changés, la terre ainsi renouvelée n'annoncent pas à toute religion sa ruine. Qu'arrive-t-il? Une croyance indécise se forme, analogue au déisme du dernier siècle. On s'y abrite pour un temps; mais bientôt la crise nous en déloge.

Une difficulté de ce genre se rencontre dans le *Journal d'un poëte*. Le passage date de 1843. Il est contemporain de la *Flûte* et du *Mont des Oliviers*.

« CROYANCE OU RELIGION. — Lorsque des hommes comme Descartes et Spinoza ont enfoncé leur tête dans leurs mains, ils devaient chercher en toute sincérité : 1° comment la création leur apparaissait; 2° quelles étaient les causes et le but de la création, selon le calcul le plus probable et le plus vraisemblable.

C'était une croyance qu'ils cherchaient.

Lorsque des hommes comme saint Augustin,

---

1. *Journal d'un poëte*, p. 140. Cf., p. 135, une idée de 1838 : « Nous gémissons du poids de la Destinée qui nous opprime, mais savons-nous si Dieu ne gémit pas de notre continuelle action et n'en souffre pas? »

Bossuet et Fénelon pensent aux choses religieuses, je les trouve beaucoup plus humains et plus superficiels ; ils considèrent l'univers comme construit pour certaine petite peuplade, et Dieu lui-même descendra sur une petite planète privilégiée pour lui donner une législation particulière.

C'était une religion qu'ils cherchaient.

La question, lorsqu'on s'enfonce dans ces choses, serait de savoir si l'on doit se placer au point de vue général de l'immensité où nage l'univers, et s'efforcer d'en tirer une sorte de perspective prise d'une planète comme Saturne ou Jupiter, ou bien si l'on doit se placer au milieu de l'espèce humaine qui peuple la petite terre, et, de là, considérer la religion selon l'utilité qu'elle peut avoir comme point d'appui de la morale.

Le premier point de vue est visiblement le plus grand, le plus *divin*, en ce qu'il n'est inspiré que par un amour sacré de la vérité qui élève l'âme vers le Créateur et le centre de la création.

Le second point de vue est le meilleur comme amélioration de la société humaine, on ne peut le contester, et, de ce point de vue, le christianisme est jusqu'ici le système dont la vérité serait plus désirable que celle de tous les autres systèmes. Mais on sent combien la recherche de cet intérêt est rétréci et misérable auprès de la recherche de la vérité [1]. »

C'est donc le premier qu'il adopte. Mais voici la conséquence : la création lui apparaît alors comme

____

1. *Journal d'un poète*, p. 168 et 169, et la suite.

une machine aux mouvements aveugles, ou, pour
employer ses termes, cette immense perspective de la
création dépasse les petits intérêts de la fourmilière
humaine ; elle doit être inutile à sa *police correction-
nelle* : « le bien et le mal s'y perdent et s'y noient
comme deux brins de paille. »

Ainsi plus de religion : une croyance. « L'âme
s'élève désormais vers « le Créateur et le centre de
la création. »

Quel sort est réservé à cette croyance ? Celui-là
même que jadis les Stoïciens firent à leurs dieux,
savoir : d'être inférieurs à leur Sage. La comparaison
s'établit entre le Créateur et sa créature. Le Dieu
qui créa le mal et le doute, le Dieu de Jésus subit le
jugement. Qui l'accuse ? la raison, la justice. Qui
sera l'avocat ? Jésus même ? Hélas ! effort inutile :

Jésus disait : « O Père, encor laisse-moi vivre !
Avant le dernier mot ne ferme pas mon livre.
Ne sens-tu pas le monde et tout le genre humain
Qui souffre avec ma chair et frémit dans ta main ?
C'est que la Terre a peur de rester seule et veuve,
Quand meurt celui qui dit une parole neuve,
Et que tu n'as laissé dans son sein desséché
Tomber qu'un mot du ciel par ma bouche épanché.
Quand les Dieux veulent bien s'abattre sur les mondes
Ils n'y doivent laisser que des traces profondes ;
Et, si j'ai mis le pied sur ce globe incomplet,
Dont le gémissement sans repos m'appelait,

C'était pour y laisser deux anges à ma place
De qui la race humaine aurait baisé la trace,
La Certitude heureuse et l'Espoir confiant
Qui, dans le paradis, marchent en souriant.
Mais je vais la quitter, cette indigente terre,
N'ayant que soulevé ce manteau de misère
Qui l'entoure à grands plis, drap lugubre et fatal,
Que d'un bout tient le Doute et de l'autre le Mal.
Mal et Doute! En un mot je puis les mettre en poudre.
Vous les aviez prévus, laissez-moi vous absoudre
De les avoir permis. — C'est l'accusation
Qui pèse de partout sur la création!

Et bientôt l'avocat ne trouve plus assez de questions à poser au Ciel taciturne. Sous leur ironie discrète, il lui peint le chaos de nos doutes, et je ne sais quelle angoisse y impose silence aux vanités d'*Éloa*.

Sur son tombeau désert faisons monter Lazare,
Du grand secret des morts qu'il ne soit plus avare,
Et de ce qu'il a vu donnons-lui souvenir;
Qu'il parle. — Ce qui dure et ce qui doit finir,
Ce qu'a mis le Seigneur au cœur de la Nature,
Ce qu'elle prend et donne à toute créature,
Quels sont avec le ciel ses muets entretiens,
Son amour ineffable et ses chastes liens;
Comment tout s'y détruit et tout s'y renouvelle,
Pourquoi ce qui s'y cache et ce qui s'y révèle;
Si les astres des cieux tour à tour éprouvés
Sont comme celui-ci coupables et sauvés;
Si la terre est pour eux ou s'ils sont pour la terre,
Ce qu'a de vrai la fable et de clair le mystère,

D'ignorant le savoir et de faux la raison ;
Pourquoi l'âme est liée en sa faible prison ;
Et pourquoi nul sentier entre deux larges voies,
Entre l'ennui du calme et des paisibles joies,
Et la rage sans fin des vagues passions,
Entre la léthargie et les convulsions ;
Et pourquoi pend la Mort comme une sombre épée
Attristant la nature à tout moment frappée ;
Si le juste et le bien, si l'injuste et le mal
Sont de vils accidents en un cercle fatal,
Ou si de l'univers ils sont les deux grands pôles,
Soutenant terre et cieux sur leurs vastes épaules ;
Et pourquoi les Esprits du mal sont triomphants
Des maux immérités de la mort des enfants ;
Et si les Nations sont des femmes guidées
Par les étoiles d'or des divines idées,
Ou de folles enfants sans lampes dans la nuit,
Se heurtant et pleurant et que rien ne conduit :
Et si, lorsque des temps l'horloge périssable
Aura jusqu'au dernier versé ses grains de sable,
Un regard de vos yeux, un cri de votre voix,
Un soupir de mon cœur, un signe de ma croix,
Pourra faire ouvrir l'ongle aux Peines éternelles,
Lâcher leur proie humaine et reployer leurs ailes.
— Tout sera révélé dès que l'homme saura
De quels lieux il arrive et dans quels il ira. »

Questions éternelles, questions d'un jour aussi dans l'histoire humaine. Ah ! qu'il est vrai de dire de tant d'esprits qu'atteint le mal du siècle : ils rôdent autour d'une vérité !

Mais l'air du temps se charge de brouillards. La voie du siècle est sombre.

Longtemps la Nature sert de rempart au Dieu de la raison. Mais la Nature n'est qu'un pseudonyme. Par ce chemin couvert, les plaintes de l'homme s'enhardissent [1]. Car enfin, qu'est-ce que la Nature? « Quelle est cette femme? » dit de Maistre. Servante ou reine, ce n'est qu'un rien.

Il y en a, dit le poëte, qui lui trouvent des charmes. Elle nous aime, écrivent-ils, et nous invite. Voyez plutôt dans la *Maison du Berger* son vrai langage [2].

Le Docteur-Noir, dans *Stello*, raillait l'ouvrage de la Destinée; c'est désormais Dieu même qu'il regarde agir. Il s'affranchit de la crainte. Il la dénonce même dans Pascal : « poltronnerie maladive », dit-il, « dans un cerveau puissant. » Il en fait honte à Byron [3]. Il plaisante ici et là des supplices d'outre-tombe, du « grotesque bourreau », du « vilain petit corps » menacé de souffrir durant l'éternité.

Que reste-t-il à ce Stoïcien, sinon de surpasser ses vieux maîtres? Ils se comparaient à leurs dieux, il déniera au sien tout droit à l'hommage. La révolte, en effet, se précipite :

1. Cf. Stuart Mill, par exemple, *Essais sur la religion*, trad. Cazelles, p. 26.
2. La *Maison du Berger*, n° III.
3. Voir plus haut, p. 96, note.

« Un Dieu. — Poëme. Drame. — La question serait que l'homme est plus grand que la Divinité, en ce sens qu'il peut sacrifier sa vie pour un principe, tandis que la divinité ne le peut pas. »

Et l'idée prend forme dans le plan d'un poëme qui a pour titre *Cassandre ou un Dieu*[1].

Ailleurs :

« Une divinité implacable se rit de nous[2]. »

Ailleurs encore :

« *Providence*. — Que la divinité intervienne dans les choses humaines, je le veux bien. Mais ce n'a pu être que lorsqu'elle a ouvert toutes les sources à la Création, et tous les courants contraires du Juste et de l'Injuste, du bien et du mal. Une fois l'horloge montée, on ne peut croire qu'elle en trouble l'ordre, en y mettant le doigt pour avancer ou pour retarder les aiguilles : ce serait attenter à la liberté de chaque créature et altérer le système régulier de la vie des races dans son cours[3]. »

« Ne peut-on supposer un Dieu qui ait créé les constellations et les planètes en demeurant aussi indifférent à l'homme que l'homme à l'insecte, ou l'insecte à la fourmilière? »

1. Voir *Journal d'un poëte* (1843), p. 170, 265.
2. *Ibid.*, p. 255.
3. Documents inédits.

« *Le Jugement dernier*. — Ce sera ce jour-là, dit-il, que Dieu viendra se JUSTIFIER devant toutes les âmes et tout ce qui est vie. Il paraîtra et parlera; il dira clairement pourquoi la création et pourquoi la souffrance et la mort de l'innocence. En ce moment, ce sera le genre humain ressuscité qui sera le juge, et l'Eternel, le Créateur, sera jugé par les générations rendues à la vie [1]. »

« Il viendra se justifier à Josaphat. Sera-t-il temps après vingt mille ans peut-être de maux dans la vie et après la vie [2]? »

« Du monde merveilleux de la vie future, n'en parlez jamais : c'est l'inutile et le plus dangereux penchant de notre esprit. » — « Ne parle jamais, n'écris jamais sur Dieu. La Divinité, une ou triple, est inconnue, invisible et muette. »

« *Le silence de Dieu*. — Faites, comme Bouddah, silence sur celui qui ne parle pas [3]! »

On reconnaît l'écho des discussions contemporaines. D'un long trouble intérieur, cette dernière pensée se dégage, fixant à la fois l'esprit du poëte et sa volonté. Dieu se tait : faisons donc silence à Dieu.

---

1. *Journal d'un poëte*, p. 253. Se reporter aux questions posées par Jésus dans le *Mont des Oliviers*.
2. Documents inédits, 1862.
3. Documents inédits, 1857, 1862, 1863.

Maladie, solitude, ressentiments de l'amour-propre, on alléguerait en vain les causes particulières pour expliquer ce hautain épilogue. La crise des *Destinées* est plus qu'individuelle. Tout le déisme la préparait : le docteur Strauss la rend plus aiguë. Dieu n'agit sur son œuvre qu'au moment où il la produit : ensuite il l'abandonne [1]. Si ce langage est vrai, Épicure l'exprimait au juste : ses dieux festoient dans l'empyrée; il les y relègue, il se passe d'eux. Aussi notre âge croit-il trouver en soi justice supérieure à celle qui se revêt d'ombres. L'immoralité de l'événement, la responsabilité que Dieu même y assume, le silence du Ciel inerte, voilà les causes toutes générales de l'indignation d'Alfred de Vigny.

Quant à la forme qu'il lui donne, elle joint, ce semble, l'énergie du stoïcien à la calme résignation d'un Lucrèce.

Victor Cousin avait dit : « Le Dieu de la conscience n'est pas un Dieu abstrait, un roi solitaire, relégué par delà la création sur le trône désert d'une éternité silencieuse », et ce langage avait fait grand bruit [2].

---

1. *Vie de Jésus*, de Strauss, ou examen critique de son histoire, trad. de l'allemand sur la troisième édition, par E. Littré (Paris, Ladrange, 1840, 2 vol.). — § XIV, sq.

2. Préface des *Fragments philosophiques* de 1826, p. 40; cité dans la préface de la seconde édition, p. xix (Ladrange, 1833).

Trouvera-t-on dans la strophe du *Silence* une pensée analogue, mais sous-entendue? Il y a tout lieu de le croire. Toutefois la hardiesse du tour transforme en déchéance le discrédit jeté par Voltaire sur le Dieu de la Bible. L'idée d'un Père céleste a subi dans la crise la plus imprévue des métamorphoses. Le Dieu de Jésus devient un Jephté : il sacrifie son enfant à son tour. Mais un tel Dieu, se peut-il qu'on l'adore? Shelley le nie. Byron menace, hésite, s'excuse. Vigny connaît ce Dieu encore, mais c'est afin de le vouer au mépris. Il faut, à ce tyran, opposer désormais quelque obstacle invincible; ce sera donc le cœur de l'homme; au bourreau qui se tait, il compare le cri des victimes : et son silence devient un verdict.

Il y a, comme l'a remarqué Sainte-Beuve [1], trois beaux silences chez les grands auteurs de l'antiquité : celui d'Ajax dans l'*Odyssée*, lorsque furieux à jamais d'être frustré des armes d'Achille, il rencontre Ulysse aux enfers, et ne répond à ses avances que par son dédain; celui d'Eurydice dans l'*Antigone* de Sophocle, lorsque, apprenant la mort de son fils, elle sort sans dire un mot, pour se tuer; celui enfin de Didon aux

____

1. *Nouveaux Lundis*, t. VI, p. 442.

Champs Élysées de Virgile, lorsqu'elle ne répond aux tendresses tardives d'Énée que par un muet regard de mépris. Dans les trois cas sublimes, ajoute le critique, un même effet est produit par la haine orgueilleuse d'un héros, par la douleur délirante d'une mère, par le ressentiment implacable d'une amante. « M. de Vigny a trouvé, dit-il, un quatrième et non moins superbe silence. »

Un tel silence peut sembler trop superbe. Il le serait, en vérité, dans un temps d'unanimité religieuse. Mais qu'on se reporte de vingt ans en arrière. En 1838, Edgar Quinet interrogeait cette douteuse époque, où Strauss succède à Voltaire et l'étude à la force du rire : « Le Dieu de Jacob et de saint Paul, disait-il, doit-il devenir le Dieu de Parménide, de Descartes et de son disciple Spinoza? Nous vivons tous à notre insu dans l'attente de cette grande, de cette unique affaire [1]. » Cette pensée contient peut-être le secret du *Silence*. Dans la préface de son *Prométhée délivré*, Shelley raconte qu'il lui répugna de réconcilier le Champion de l'Humanité avec son oppresseur. Il compare même Prométhée au Satan de Milton et juge le premier bien plus poétique, parce qu'avec son courage, sa majesté, sa ferme et

____

1. *Revue des Deux Mondes*, décembre 1838.

patiente opposition à la force toute-puissante, il reste exempt de toute ambition, d'envie, de revanche, de désir d'agrandissement personnel. Prométhée n'obéit qu'aux fins les plus pures.

En écrivant la strophe du *Silence*, Vigny semble avoir désiré pour lui-même la renommée du fameux Titan. Il veut braver à ses risques, à son dam, la Toute-Puissance. L'esprit du romantisme se plaît ainsi au drame, comme celui de Voltaire à la plaisanterie. Par des moyens divers, qui sait encore où tous deux nous mènent? Faudra-t-il dire avec Shelley [2] : « Défier la Force, qui semble toute-puissante ; aimer et supporter ; espérer, jusqu'à ce que l'Espérance crée des débris de son propre naufrage l'objet même qu'elle contemple ; ne pas changer, ne pas trembler, ne pas se repentir ; c'est ta gloire, ô Titan, c'est être, comme toi, bon, grand et joyeux, beau et libre : là seulement est la Vie, la Joie, l'Empire et la Victoire! »

1. *Prométhée délivré*, fin.

CHAPITRE II

INTRODUCTION DE L'IDÉE D'HONNEUR

> Le loup meurt en silence.
> (*Childe Harold*, IV. 27.)

Une telle résolution impliquait une philosophie
morale.

Si les *Destinées* ne l'exposaient d'elles-mêmes avec
toute la clarté désirable, on la trouverait déjà résumée
dans le passage suivant du *Journal d'un poëte* :

« LA HERSE, POËME. — L'homme voit l'inertie de Dieu
refuser de lui faire connaître le mot de l'énigme de
la création et de le défendre de la colère inconnue
d'en haut qu'il sent planer sur sa tête. A côté de lui,
une multitude méchante et aveugle le presse, le
heurte, le blesse sans cesse.

Qui soutiendra ce roc contre les coups qui assiègent son pied et son front?

Sa force même, son poids, son immobilité. Qu'il
ne donne que peu de prise au vulgaire sur lui, qu'il
aime la solitude, le silence, la fortune modérée, la
bienfaisance cachée, l'intimité affectueuse.

Qu'il sache fermer les routes insensées à son imagination et que, devant les pas de cette foule, sa forte volonté fasse tomber *une herse* [1]. »

I

CARACTÈRE STOÏCIEN DE L'HONNEUR CHEZ VIGNY.

La caractéristique de cette philosophie morale est la transformation du stoïcisme antique en honneur moderne, présentée toutefois sous les couleurs du romantisme.

Car on ne trouve pas à proprement parler, chez Vigny, de doctrine systématique. De pessimisme même, au sens rigoureux du mot, il est à peine possible d'en signaler une ébauche. Il écrit seulement par exemple [2] : « Il n'y a que le mal qui soit pur et sans mélange de bien. Le bien est toujours mêlé de mal. L'extrême bien fait mal. L'extrême mal ne fait pas de bien. » Vue passagère, et qui rappellerait de trop loin toute théorie d'*infelicità*. Aussi bien, on l'a vu, ses idées sur la vie et sur Dieu ne perdent rien pour cela de leur portée, et l'on pourrait soutenir, au con-

1. *Journal d'un poëte* (1843), p. 171.
2. *Ibid.* (1835), p. 97.

traire, qu'il y a profit parfois à se garder des idées
tout abstraites en ces matières.

En revanche, à mesure qu'on pénètre l'esprit des
Destinées, la solitude du poëte apparaît[1]. Ce moi
grandit, se dessinant pour ainsi dire sur le fond du
tableau de la vie et sur ce Ciel d'où ne tombe plus
de voix secourable. La différence établie par le *Docteur-Noir* entre les faibles et les forts paraît se marquer toujours davantage. Ceux-ci tiennent fermement
en main « la sonde qu'ils jettent au fond de l'Océan » :
les autres s'épouvantent, multitude confuse et avortée,
que désespère la réalité toute vraie. Aussi le conseil
d'une lutte stoïque contre la fatalité du monde se ren-
contre-t-il presque à chaque page des Poëmes. Il se
personnifie en types divers, types d'hommes et de
femmes, Samson, le Capitaine, Wanda, la Sauvage,
le Loup même : tous héros. Les *Destinées* sont l'épopée
des héros de l'âme, et ces héros ressemblent à leur
père spirituel.

L'origine de cette doctrine morale peut être cherchée
dans *Stello*, comme dans *Servitude et Grandeur militaires*.

---

1. « Bien qu'aimable confrère au besoin, dit M. Lenient, la solitude est son milieu. » (Voir d'ailleurs sur *l'homme* dans Alfred de
Vigny, l'étude de M. Lenient, *Revue politique et littéraire*, 25 août .
1883.)

Stello présentait déjà cette sombre vue de l'univers où la seule philosophie de la vie serait le désespoir; cette plainte idéaliste en présence du matérialisme grandissant [1]; cet isolement du poëte au milieu d'un monde social en travail. Le *Docteur-Noir*, à son dire, savait des idées pour soutenir bien des faibles; et, si l'on consulte les mémoires intimes du poëte, le désespoir lui semblait le secret même de l'Évangile [2], optimisme d'outre-tombe, pessimisme d'ici-bas.

C'est toutefois dans *Servitude et Grandeur militaires* qu'on trouve exposée avec étendue la principale idée morale d'Alfred de Vigny.

Le naufrage universel des croyances de son temps ne lui laisse distinguer qu'un point solide sur cette sombre mer [3]. Il l'a vu d'abord avec incertitude, et, dans le premier moment, il n'y a pas cru. Il a craint même de l'examiner, dit-il, et a longtemps détourné de lui ses yeux. Ensuite tourmenté du souvenir de cette première vue, il est revenu malgré lui à ce point visible, mais incertain. « Je l'ai approché, j'en ai fait le tour, j'ai vu sous lui et au-dessus de lui, j'y

---

1. *Dernière nuit de travail*, p. 13 : « Le calculateur avare exploite sans pitié l'intelligence et le travail. »

2. *Journal d'un poëte* (1834), p. 93 : « La vérité de la vie, c'est le désespoir. La religion du Christ est la religion du désespoir, puisqu'il désespère de la vie et n'espère que dans l'éternité. »

3. *Servitude et Grandeur militaires*, p. 348, sq.

ai posé la main, je l'ai trouvé assez fort pour servir d'appui dans la tourmente, et j'ai été rassuré. » On connaît les belles pages qui suivent sur ce qu'il appelle la religion de l'honneur.

Remarquons-le, Vigny tenait l'honneur pour un point d'appui dans le naufrage, à peu près comme Pierre Leroux dira plus tard de l'épicurisme : ce n'est qu'un refuge, mais c'est un refuge. Lui-même, à la fin de son ouvrage, réserve à « la plus pure des Religions » quelqu'une de ces phases nouvelles où l'honneur sera seulement pour elle une lueur de plus, sur son autel, qu'elle veut rajeunir. Provisoirement, l'honneur nous est précieux à la manière d'une lampe qui veillerait en nous encore, depuis que le temple est dévasté. Au temps de Lamennais et des *Paroles d'un croyant*, on ne peut attribuer à Vigny aucune idée précise de ce qu'on appelle aujourd'hui la Morale indépendante.

Cette religion de l'honneur tenait toutefois du stoïcisme à beaucoup d'égards.

Outre que Vigny lisait alors Épictète, — le Journal intime en témoigne, — on s'en rend compte au premier examen des pages finales de *Servitude et Grandeur militaires*. C'est l'honneur qui, d'après ce moraliste, élève l'homme à quelque chose de plus que de ne pas survivre aux affronts : il porte l'homme aux

« sacrifices inouïs, lentement accomplis, et plus beaux par leur patience et leur obscurité que les élans d'un enthousiasme subit ou d'une violente indignation. »

Cette réflexion mérite d'être détachée. On attribue couramment à l'honneur le soin de réparer l'offense et d'effacer la souillure. D'autres fois même il sait « cacher ensemble l'injure et l'expiation ». Ce n'est pas là peut-être ce qui rapproche du stoïcisme cette « pudeur virile ». Selon la remarque de Vigny même, ce fier sentiment n'a trouvé que dans les temps modernes un nom digne de lui. Tout au plus avancerait-on qu'il « produisait déjà de sublimes grandeurs dans l'antiquité, et la fécondait comme ces beaux fleuves qui, dans leur source et leurs premiers détours, n'ont pas encore d'appellation ». Mais en attribuant à l'honneur tels sacrifices obscurs, tels « actes de bienfaisance que l'évangélique charité ne surpassa jamais », Vigny s'éloignait d'un degré du nouveau christianisme même.

Aussi bien, notre auteur le remarque.

L'honneur, écrit-il, n'est point une idole, « c'est, pour la plupart des hommes, un dieu et un dieu autour duquel bien des dieux supérieurs sont tombés ». Il est « indépendant des temps, des lieux, et même des religions ». Aujourd'hui « les croyances sont faibles, mais l'homme est fort ». « Tandis que toutes les Vertus semblent descendre du ciel pour nous donner la main et nous élever, celle-ci paraît venir de nous-mêmes et tendre à monter jusqu'au ciel. C'est une vertu tout humaine que l'on peut croire née de la terre, sans palme céleste après la mort; c'est la vertu de la vie. »

On se rapproche ainsi de l'idée de grandeur passive, caractéristique ordinaire du stoïcisme.

De là cette page sur l'honneur, peu connue peut-être parce qu'elle n'en contient pas comme d'autres la définition brillante [1].

« Je me suis plu à ces récits, parce que je mets au-dessus de tous les dévoûments celui qui ne cherche pas à être regardé. Les plus illustres sacrifices ont quelque chose en eux qui prétend à l'illustration et que l'on ne peut s'empêcher d'y voir malgré soi-même. On voudrait en vain les dépouiller de ce caractère qui vit en eux et fait comme leur force et leur soutien, c'est l'os de leurs chairs et la moelle de leurs os. Il y avait peut-être quelque chose du combat et du spectacle qui fortifiait les Martyrs; le rôle était si grand dans cette scène, qu'il pouvait doubler l'énergie de la sainte victime. Deux idées soutenaient ses bras de chaque côté, la consolation de la terre et la béatification du ciel. Que ces immolations antiques à une conviction sainte soient adorées pour toujours; mais

---

1. *Servitude et Grandeur militaires*, p. 343-4. — Cf. les notes ajoutées par Vigny à *Cinq-Mars*, p. 492, sq.

ne méritent-ils pas d'être aimés, quand nous les devinons, ces dévoûments ignorés qui ne cherchent pas à se faire voir de ceux qui en sont l'objet; ces sacrifices modestes, silencieux, sombres, abandonnés, sans espoir de nulle couronne humaine ou divine; — ces muettes résignations dont les exemples, plus multipliés qu'on ne croit, ont en eux un mérite si puissant, que je ne sais nulle vertu qui leur soit comparable? »

La grandeur passive dont il parle ici repose toute — il l'écrit lui-même [1] — dans l'*abnégation* et la *résignation*. Comment trouver et définir une plus étroite convenance avec le stoïcisme [2]?

Aussi rencontre-t-on à toute époque dans son Journal des réflexions semblables à celle-ci :

« Les Stoïciens sont bons, désespérés et doux, forts et miséricordieux. » (1834.)

« La philosophie antique renferme toute sagesse humaine dans cette maxime : *souffre et abstiens-toi*,

---

1. *Servitude et Grandeur militaires*, p. 344.
2. Cf. toutefois la réflexion suivante de M. J. Denis : « On a répété, sur la foi d'un mot d'Aulu-Gelle, qu'il (le stoïcisme) se réduisait tout entier à s'abstenir et à supporter : d'où l'on a conclu qu'il était inutile à la vie commune et que, bon pour Épictète dans l'esclavage, il ne pouvait servir à Marc-Aurèle sur le trône. Rien de plus faux que le principe et la conséquence. Aulu-Gelle et tous ceux qui l'ont suivi n'ont oublié qu'une chose, les théories sociales du Stoïcisme. » (*Histoire des théories et des idées morales dans l'antiquité*, t. I, p. 367; Paris, Thorin, 1879.)

sentant que nos plus fortes inclinations sont vicieuses et tendent à la destruction de la société. » (1834.)

« La misère. — Oui, dit *Stello*, je la hais, je hais la misère, non parce qu'elle est la *privation*, mais parce qu'elle est la saleté. Si la misère était ce que David a peint dans les *Horaces*, je bénirais cette misère parce que *je suis Stoïcien*. » (*Journal d'un poète*, p. 140; 1839.)

« N'ayez peur ni de la pauvreté, ni de l'exil, ni de la prison, ni de la mort, *mais ayez peur de la peur*. » (1841. — Avec citation d'Épictète.)

« L'homme qui voit clair dans les choses humaines ne s'étonne, ne s'afflige, ne se réjouit de rien de ce qui ne touche pas le cœur. J'ai dans le cœur une paix profonde. » (1844.)

« L'impassibilité, la résignation à la fatalité, c'est tout le stoïcisme antique. » (1852. Et il relève et semble prendre pour lui-même la prière d'Épictète, que récita, dit Dussaux dans sa traduction de Juvénal, le jeune Adam Lux : « Grand Jupiter et vous, Puissantes Divinités, conduisez-moi partout où vous avez arrêté dans vos décrets que je dois aller. Je suis prêt à vous suivre constamment. En effet, quand je m'obstinerais à vous résister il faudrait toujours vous suivre malgré moi. »)

C'est sur ce fond qu'est établie la philosophie morale des *Destinées*.

En 1836, l'auteur écrivait encore dans son Journal : « L'honneur est la seule religion vivante aujourd'hui dans les cœurs mâles et sincères [1]. » La *Mort du Loup*, publiée en 1843, était composée dès 1838, trois ans seulement après les pages finales de *Servitude et Grandeur militaires*; or ce poëme expose en quelques vers une sorte de doctrine stoïcienne de la vie et de la mort. On peut donc le considérer comme le couronnement de cette religion stoïque dont la formule est faite pour durer : « l'honneur, c'est la poésie du devoir [2]. »

II

LES TYPES STOÏQUES DANS VIGNY.

La philosophie morale des *Destinées* se résume en effet dans la *Mort du Loup*.

Ce court poëme, didactique et descriptif tout ensemble [3], offre pour modèle aux hommes la mort, sinon la vie, d'un simple animal.

1. *Journal d'un poëte*, p. 109.
2. *Journal d'un poëte* (1835), p. 96.
3. *Journal d'un poëte* (1834), p. 87 : « Je crois, ma foi, que je ne suis qu'une sorte de moraliste épique, etc. »

Si singulier soit-il, le conseil se développe en beaux
vers :

> Hélas! ai-je pensé, malgré ce grand nom d'Hommes,
> Que j'ai honte de nous, débiles que nous sommes!
> Comment on doit quitter la vie et tous ses maux,
> C'est vous qui le savez, sublimes animaux!
> A voir ce que l'on fut sur terre et ce qu'on laisse,
> Seul le silence est grand; tout le reste est faiblesse.
> — Ah! je t'ai bien compris, sauvage voyageur,
> Et ton dernier regard m'est allé jusqu'au cœur!
> Il disait : « Si tu peux, fais que ton âme arrive,
> A force de rester studieuse et pensive,
> Jusqu'à ce haut degré de stoïque fierté
> Où, naissant dans les bois, j'ai tout d'abord monté.
> Gémir, pleurer, prier est également lâche.
> Fais énergiquement ta longue et lourde tâche
> Dans la voie où le sort a voulu t'appeler,
> Puis, après, comme moi, souffre et meurs sans parler. »

Il faut, on le voit, se défier de l'impression première
que causent le *Prologue* et le début de la *Maison du
Berger*. Dans le Prologue, le poëte adresse au ciel une
question et cette question semble rester sans réponse.
Notre mot éternel est-il : fatalité? Fatalité : ce mot
semble trouver écho dans la poésie lasse de la pièce
suivante. Il contient, avec l'épigraphe, une sorte de
constatation d'une vérité désespérante. Mais efface-t-il
les sentiments tout contraires dont témoignent la *Mort
du Loup*, la *Bouteille à la mer*, sans parler du Pro-

logue même? Fatalité : n'est-ce pas aujourd'hui, sous
un autre terme, toute la philosophie de maint esprit
énergique?

Les *Destinées* ne conseillent que lutte et courage.

Pour en venir aux preuves, quelle condition présente le *Prologue* même au problème qu'il pose? RES-
PONSABILITÉ : ce mot se trouve en toutes lettres dans
le poëme. Comment accorder ensemble la prescience
divine et la liberté humaine? question toute différente,
sur quoi l'écrivain n'apporte pas, ce semble, d'autres
lumières que celles de Bossuet. Mais la croyance à
l'obligation morale y est clairement inscrite. Autrefois
le *Trappiste* sommait les cœurs bien nés de s'élever
au-dessus de l'ingratitude royale : le *Prologue* fait
appel encore à l'énergie de l'homme, si douteuse que
paraisse la justice divine. Lutter contre le sort : telle
est la loi; et cette pièce n'y est point contraire.

Parcourons tour à tour quelques poëmes du Recueil,
et jugeons de cette philosophie aux types qu'elle
avoue.

La femme sauvage ne veut penser qu'à ses enfants,
sans pitié pour elle-même. Elle consent pour les sauver
à devenir l'esclave du blanc, de ses fils, de ses filles.
De quel air elle s'avance vers cette maison détestée :

L'Indienne aux grands yeux leur sourit sans répondre,
Regarde tristement cette maison de Londre
Que le vent malfaiteur apporta dans ses bois,
Au lieu d'y balancer le hamac d'autrefois.
Mais elle entre à grands pas, de cet air calme et grave
Près duquel tout regard est un regard d'esclave.

Et plus bas, de quel air elle parle, les yeux secs, la voix ferme, droite sur le seuil :

— La sauvage indienne au milieu d'eux s'avance :
« Salut, maître. Moi, femme et seule en ta présence,
Je te viens demander asile en ta maison,
Nourris mes deux enfants; tiens-moi dans ta prison.
Esclave de tes fils et de tes filles blanches.
Car ma tribu n'est plus, et ses dernières branches
Sont mortes. Les Hurons, cette nuit, ont scalpé
Mes frères; mon mari ne s'est point échappé :
Nos hameaux sont brûlés comme aussi la prairie.
J'ai sauvé mes deux fils à travers la tuerie;
Je n'ai plus de hamac, je n'ai plus de maïs,
Je n'ai plus de parents, je n'ai plus de pays. »

Samson n'est pas moins stoïque. Sa tente se dresse, isolée, sur la terre des lions. Grand et superbe, grave, calme, le maître berce son esclave. Son chant funèbre et douloureux raconte une lutte traîtresse. Ce stoïque des temps sacrés contient sa colère. Sa forte bonté n'écrase Dalila que par l'absolution :

Mais enfin je suis las. J'ai l'âme si pesante,
Que mon cœur gigantesque et ma tête puissante

Qui soutiennent le poids des colonnes d'airain
Ne la peuvent porter avec tout son chagrin.
Toujours voir serpenter la vipère dorée
Qui se traîne en sa fange et s'y croit ignorée ;
Toujours ce compagnon, dont le cœur n'est pas sûr,
La femme, enfant malade, et douze fois impur !
Toujours mettre sa force à garder sa colère
Dans son cœur offensé, comme en un sanctuaire
D'où le feu s'échappant irait tout dévorer ;
Interdire à ses yeux de voir et de pleurer,
C'est trop ! Dieu s'il le veut, peut balayer ma cendre.
J'ai donné mon secret, Dalila va le vendre.
Qu'ils seront beaux, les pieds de celui qui viendra
Pour m'annoncer la mort ! — Ce qui sera, sera !

Mais sa résignation reste comparable à son énergie :

Terre et Ciel ! avez-vous tressailli d'allégresse
Lorsque vous avez vu la menteuse maîtresse
Suivre d'un œil hagard, les yeux tachés de sang
Qui cherchaient le soleil d'un regard impuissant ?
Et quand enfin Samson, secouant les colonnes
Qui faisaient le soutien des immenses Pylônes,
Écrasa d'un seul coup, sous les débris mortels,
Ses trois mille ennemis, leurs dieux et leurs autels ?
Terre et Ciel ! punissez par de telles justices
La trahison ourdie en des amours factices,
Et la délation du secret de nos cœurs
Arraché dans nos bras par des baisers menteurs.

Wanda, comme la femme sauvage, fera preuve d'une
abnégation plus stoïque encore que chrétienne. Elle
souffrira, sans se plaindre, son martyre volontaire.

Elle vivra près de son mari, de noble devenu forçat,
près des fils dont on veut tuer l'âme :

La mère eût bien voulu qu'on leur apprît à lire,
Puisqu'ils portaient le nom des princes de l'empire
Et n'ont rien fait encor qui blesse l'empereur.

Un jour de fête, on a demandé cette grâce
Au czar, toujours affable et clément souverain,
Lorsqu'au front des soldats seul il passe et repasse.
Après dix ans d'attente, il répondit enfin :
« Un esclave a besoin d'un marteau, non d'un livre.
La lecture est fatale à ceux-là qui, pour vivre,
Doivent avoir bon bras pour gagner un bon pain. »

Ce mot fut un couteau pour le cœur de la mère ;
Avant qu'il ne fût dit, quand s'asseyait ma sœur,
Ses larmes sillonnaient la neige sur la terre,
Tombant devant ses pieds, non sans quelque douceur.
Mais, aujourd'hui, sans pleurs elle passe l'année
A regarder ses fils d'une vue étonnée ;
Ses yeux secs sont glacés d'épouvante et d'horreur !

Vous ne maudissez pas, ô vous, femmes romaines !
Vous traînez votre joug silencieusement.
Eponines du Nord, vous dormez dans vos tombes,
Vous soutenez l'esclave au fond des catacombes
D'où vous ne sortirez qu'au dernier jugement.

Stoïcisme, où la femme surpasse l'homme lui-même,
altéré comme il est « de tendresse et d'amour [1]. »

----

1. Note pour le poëme de *Wanda*, d'après *la Russie et les Russes*.
par M. Tourguenief : « Ce sont les femmes surtout qui, dans cette
circonstance, comme toujours, ont agi le plus éloquemment. » (En
appendice aux *Destinées*.)

III

CARACTÈRE ACTIF DE CE STOÏCISME.

Nous faire supporter l'injustice et l'ennui, voilà le but de l'éducation, selon le mot d'un moraliste [1].

Rien n'y semble plus convenable, aux yeux d'Alfred de Vigny, que ces pensées énergiques. Dans la *Bouteille à la mer*, les « savants officiers » meurent les premiers, victimes du devoir, en bravant le danger le plus évident. Un tel idéal se rapproche beaucoup du type moral que cherchent les philosophes et que tend à former la nature sociale de l'homme. Le sentiment de la fatalité, la résignation à l'inévitable semblent dominer chez Vigny l'appel fait à l'énergie. Mais au temps même où ce sentiment paraît le froisser avec plus de rudesse, à l'époque de *Stello*, les réflexions du Journal intime démentent toute attitude trop lassée.

« Je ne vois nulle part une place assez grande donnée à la volonté de l'homme. — A tout prendre, je ne vois guère en les analysant profondément dans la Fatalité et la Providence que des effets dont la cause

1. Galiani.

est la lutte des caractères les uns contre les autres.
Ces effets extraordinaires étonnent, et on les attribue,
par effroi, à des puissances inconnues, l'Orient et
l'antiquité à la *Destinée fatale*, l'Occident à la volonté
providentielle, ce qui revient au même en changeant
le nom et l'appelant *Livre de Dieu* où l'avenir est
inscrit. — Les nécessités de Herder sont encore un
corollaire de l'idée *fatale*. » (1832.)

Et l'année suivante :

« **La fatalité est une folie inventée par l'esprit de
paresse qui domine toujours les hommes. L'homme
est libre de faire tout ce qu'il lui plaît, en long et en
large, dans une étendue de quatre mille lieues et de
six pieds en hauteur, durant cent ans, en traitant les
choses au mieux.** »

Il faut donc attribuer son plein sens à la philosophie
de la *Mort du Loup*. Faire « énergiquement » sa tâche
dans la voie dévolue à chacun par le sort, telle est la
pensée du premier en date entre les Poëmes philosophiques.

Bravez le sort, et ne vous souciez que de ce qui dépend
de l'âme ; traitez la vie comme un jeu d'échecs, — le
poëte l'écrit quelque part, — où l'on joue sans rire ni
pleurer ; ne vous montrez pas lâche devant elle comme
feraient des mendiants de bonheur, élevez-vous selon
vos forces jusqu'à cette fierté stoïque où vous convie

la *Mort du Loup* : si ce n'est pas toute la sagesse idéale, ni d'ailleurs toute celle qu'il recommande, ne trouve-t-on pas dans ces conseils du poëte quelque idée de digne refuge ?

Le stoïcisme demeure un port toujours ouvert pour des gens d'honneur. Il y a deux cents ans, Descartes n'en choisissait pas d'autre : morale provisoire, il est vrai, et pour Vigny « religion secondaire[1] » ; doctrine qui suppose ou implique une doctrine principale pour peser elle-même de quelque poids sur les actions. Mais c'est un refuge dans toute crise des opinions et des mœurs. Lorsque, au xvie siècle, dit Burckhardt[2], l'Italie fut engagée dans une crise morale redoutable, les hommes éminents qui avaient échappé à la corruption générale « en rendirent grâces à ce mélange de conscience et d'égoïsme qu'on appelle l'honneur ». Et Guichardin, cité par Burckhardt, et Rabelais en France en ont témoigné. Ballanche, dans ses *Institutions sociales*[3], appelait l'honneur une religion

1. *Journal intime*, 1852 : « Le code de l'honneur. Livre à écrire ; c'est le catéchisme de la Religion mâle qui vit en nous, religion secondaire qui s'accorde en tous points avec la religion chrétienne et avec ce que les autres ont de beau, car c'est la justice, la charité, la dignité humaine. »

2. *La civilisation en Italie au temps de la Renaissance*, t. II, p. 190.

3. P. 25 : « Si le peuple français a toujours été le plus mobile des peuples de la mobile Europe, il est demeuré toujours fidèle à l'honneur, qui est pour lui comme une religion civile. »

civile. En France, écrit un célèbre moraliste, affaiblir le point d'honneur ce n'est pas seulement abaisser les âmes, mais ébranler le dernier fondement de la société et de l'État [1]. C'est le sceau de la France, a dit un autre [2].

Voilà pourquoi Vigny trouve une force dans une vertu de convention par laquelle chacun plaçait jadis sa « vanité dans le respect de ses privilèges ». Il y prend appui en la transformant à son usage. Il se défend, par elle, du matérialisme de son temps. Il l'oppose à la mort.

De là tels passages bien dignes de remarque dans son journal; celui-ci, par exemple :

« Condillac règne plus qu'on ne le dit et qu'on ne le sait. La philosophie des sensations est tout pour l'homme actuel. L'industrie est l'activité du bien-être. Les stoïciens de l'antiquité disaient qu'il fallait braver le sort et ne s'occuper que de ce qui dépend de l'âme. Les théories modernes saint-simoniennes ou fouriéristes disent : le présent est tout; la santé et la richesse, voilà votre but. C'était autrefois la morale de l'esclave et du valet de comédie. Le maître s'en honore aujourd'hui. » (1845-6.)

Et cet autre, plus connu, relevé par M. Ratisbonne :

1. Prévost-Paradol.
2 Salvador.

ROMAN MODERNE. — UN HOMME D'HONNEUR.

« L'honneur est la seule base de sa conduite et remplace la religion en lui. — L'honneur le défend de tous les crimes et de toutes les bassesses : c'est sa religion. Le christianisme est mort dans son cœur. A sa mort, il regarde la croix avec respect, accomplit tous ses devoirs de chrétien comme une formule et meurt en silence. » (*Journal d'un poëte*, 1834, p. 86.)

On peut juger de l'honneur d'après Bossuet ou Nicole et déclarer la guerre à la superbe, ce petit Dieu : c'est prendre le parti d'une foi définie. La morale issue de l'Évangile prescrit à l'homme de ne s'attribuer rien en propre devant Dieu. Il y a place aujourd'hui, peut-être, pour quelque verdict moins sévère. Il convient de songer au mal du siècle : Vigny trouvait sage de ne dédaigner aucune force en un temps si troublé. L'honneur du monde peut se défendre par son orgueil même. Il se tient debout, selon le poëte, « au milieu de tous nos vices ». C'est donc qu'il est faible, sans autre soutien ; mais il se tient debout aussi au milieu de nos doutes. Il résume les vertus d'un autre âge. Quel que soit son avenir, son passé répond du présent. Osons faire nôtre le mot de de Maistre : l'honneur, c'est la superstition de la vertu.

CHAPITRE III

INTRODUCTION DE L'IDÉE DE PITIÉ

L'orgueil de la dignité humaine reçoit encore dans les *Destinées* une autre forme.

Je veux parler de cette grande force de la vie par quoi le pessimiste échappe à lui-même, dépouille le vieil homme, et jeune, vif, ardent apôtre, peut se mêler activement à la lutte contre le mal : c'est la pitié. La pitié de cœur, cette goutte de pitié, comme M. de Vogüé l'écrivait naguère, elle est tombée dans la dureté du vieux monde. Elle représente à Schopenhauer la source première de la justice ; et, parce que le sacrifice y puise aussi sa vitalité, un Vigny, tout sceptique peut-être, y reconnaît la plus grande puissance qui soit capable de « relever l'Idéal et de créer la *Foi*, ce rare phénomène [1]. »

---

1. Documents inédits, *Daphné*.

I

LE « CREDO DU POËTE ».

Selon la remarque de M. Louis Ratisbonne, c'est le doute ou l'incrédulité douloureuse qui a ouvert chez Alfred de Vigny la source de poésie en lui inspirant une profonde compassion pour la créature humaine livrée à tant d'ignorance et de misère. Le credo du poëte, dans *Stello*, résume là-dessus son unique profession de foi. Il y expose ses motifs de croire à une vocation ineffable qui lui est donnée. « J'y crois, écrit-il, à cause de la pitié sans bornes que m'inspirent les hommes, mes compagnons de misère, et à cause du désir que je me sens de leur tendre la main et de les élever sans cesse par des paroles de commisération et d'amour. »

Il y a, en effet, chez Vigny, deux comparaisons qui lui servent ordinairement à peindre la vie. Tantôt l'homme lui paraît un nageur, luttant contre sa destinée comme contre un courant, et fendant l'eau « qu'elle soit haute ou basse ». Plus volontiers peut-être il se représente les hommes comme enfermés dans une prison sans savoir pourquoi; et alors il lui semble incroyable que les prisonniers perdent leur temps à se faire des reproches, à chercher le mot de l'énigme : « Ne pouvant se soustraire à la misère commune, ils doivent avoir pitié les uns des autres, et s'exhorter mutuellement à rendre paisible, et plein d'amour leur irréparable désespoir [1]. »

C'est le parti qu'il prend dans les *Destinées*.

Ses travaux antérieurs ne sont pas moins engagés dans cette voie. Les œuvres de l'art céleste n'ont jamais exprimé, d'après lui, qu'une question et un soupir : toutes « portent les malheureux mortels à la loi impérissable de l'AMOUR et de la PITIÉ [2]. »

II

LA BONTÉ CHEZ VIGNY.

Avant d'en prendre ses vers pour preuve, et sa prose aussi bien, sera-t-il mal à propos d'appeler ici en témoignage sa charité privée?

Il y a là-dessus un joli mot de M. Édouard Fournier. Alfred de Vigny n'avait pas seulement, dit-il, des

1. Documents inédits; cf. *Journal d'un poète*, p. 30-32.
2. *Stello*, chap. xxxviii, p. 231; chap. xl, p. 247.

charités de théorie : il fut, ce qui est rare, un philanthrope pratiquant [1]. Le poëte Lassailly devient fou : Vigny le secourt, en attendant qu'il le fasse admettre chez le docteur Blanche. Il apprend, trop tard, la détresse d'Hégésippe Moreau : il lui apporte au moins un secours. Il fait connaître et récompenser par le ministre, M. de Salvandy, le talent de Brizeux. Il écrit pour la fille de Sedaine son article sur la propriété littéraire. On pourrait citer d'autres faits analogues [2].

Quant à ses ouvrages, il a tenu parole, même par anticipation, aux promesses du *Docteur-Noir*, et son inspiration a pu être justement appelée la Muse de la pitié [3].

Presque tout ce qu'il a fait, remarque un autre critique, est œuvre de pitié : dans *Stello*, il nous attendrit sur les victimes de la Terreur qui avait failli lui prendre son père; dans *Servitude et Grandeur militaires*, il nous apitoie sur les rudes épreuves de la vie de soldat; dans *Chatterton*, sur les luttes douloureuses des poëtes [4]. Et il n'est que juste, je crois,

----

1. Article sur Vigny dans les *Souvenirs littéraires.*
2. Voir, entre autres, Em. Péhant, *Sonnets et Poésies,* nouvelle édition, avec une préface par Victor de Laprade, de l'Académie française. Nantes, Forest et Grimaud ; Paris, Lemerre, 1875.
3. M. Louis Ratisbonne.
4. Cf. M. Éd. Fournier, *loc. cit.*

d'avoir égard à la demi-confession de la *Dernière nuit* :
ses sympathies sont trop vraies, ceux qu'il plaint
souffrent moins que lui, tant il prend part aux peines
des autres.

Le charme d'*Éloa* doit être attribué sans doute à
plusieurs causes : l'une des plus puissantes ne serait-
ce pas l'exquise bonté qui la pénètre? Vigny a de la
pitié pour tous les opprimés, ou pour mieux dire,
et selon l'expression du Docteur-Noir, il les prend
en pitié. De ce côté, sa pensée s'est élevée très haut,
et plusieurs soutiendront qu'il s'égare. Il a, pour le
mal, l'audace de Socrate. Tel chapitre de *Stello* a
soulevé, là-dessus, des critiques fort vives. Tristesse
et pitié semblent si bien présenter sa devise que,
devant les monstres même, il se sent partagé entre
la pitié et le mépris. L'analyse lui présente les Robespierre et les Saint-Just comme des natures manquées,
« intelligences confuses et mérites avortés de corps et
d'âme, créatures ballottées et contrefaites par leur
destinée, conscients du mépris qu'on avait pour eux;
craignant les regards et pour cela faisant luire la
hache afin de les éblouir et de les abaisser à terre;
cédant platement à l'instinct absurde de la cruauté
et aux nécessités dégoûtantes de leur position. »
Le Docteur-Noir, qu'il charge d'exprimer sa théorie,
ressent pour eux « un mépris glacial, pareil à celui

du passant qui écrase la limace »; mais les sentiments
qu'il voit naître et mourir dans ces cœurs troublés,
il les juge nés de leur situation dans les événements
et de la faiblesse de leur organisation incomplète. Il
n'y a même, selon lui, ni héros ni monstre. Les
enfants seuls doivent se servir de ces mots-là. S'il
en juge ainsi qu'il fait, ce n'est point, à ce qu'il assure,
par sentiment aveugle, mais par raisonnement lucide :
et cependant, pour parler son langage, sa tête n'impose pas tout à fait silence à son cœur [1]. Ces âmes,
« tellement livrées », dit-il, « et si brutalement à des
instincts obscurs et bas, tellement poussées, sous le
vent de leur sottise, par le vent de la sottise d'autrui,
tellement enivrées, étourdies et abruties du sentiment
faux de leur propre valeur et de leurs droits établis
on ne sait sur quoi », il ne se sent ni rire ni larmes
pour elles. Chacun d'eux, ajoute-t-il, était quelque
chose de manqué. Mais dans l'expression du dégoût
que lui impose ce spectacle, il laisse échapper un de
ces mots auxquels ses ennemis ne se sont pas trom-
pés : il voit d'abord et avant tout dans les Terroristes
de « misérables créatures », si misérables même qu'il

---

1. *Stello*, chap. xx, p. 93 : « Cette différence seule est entre
nous, que votre cœur vous inspire pour ceux que les hommes qua-
lifient de *monstres*, une profonde pitié, et ma tête me donne pour
eux un profond mépris. »

envisage leur faiblesse plus encore que leur aveugle perversité [1].

Ce sentiment s'est revêtu dans *Éloa* des couleurs les plus séduisantes. Cette pitié sans larmes s'y élève jusqu'à la compassion pour le mal. Il y a quelque reflet platonicien dans cette persuasion que celui qui nuit dans ce monde est un être malheureux, incomplet, abîmé dans l'horreur de son vice. On a défini le sujet d'*Éloa* « le péché aimé par l'innocence, parce que pour l'innocence le péché n'est que le plus grand des malheurs [2] ». Une telle conception se présente assez naturellement comme la conséquence d'idées fatalistes un peu prépondérantes. La doctrine courante, d'après laquelle un criminel est surtout un malade, a toute l'apparence du paradoxe ; mais considérer dans le crime les antécédents, mesurer dès les origines le fatal écart d'une nature anormale, c'est une pensée familière à notre droit public, et elle tempère un dégoût légitime par une pitié légale qui n'est pas non plus sans prix.

1. Cf., d'ailleurs, *Journal d'un poète*, p. 31 : « Tous les crimes et les vices viennent de faiblesse. — Ils ne méritent donc que la pitié. » — *Stello,* p. 101 : « Ces malheureux (âmes qui n'eurent pas une heure de paix). »

2. Emile Faguet, *Études littéraires sur le* xixe *siècle*, p. 138 (Lecène et Oudin, 1887).

III

LA MAJESTÉ DES SOUFFRANCES HUMAINES.

Laissons ces difficultés et suivons le regard du poëte tel qu'il le jette sur les tableaux de la vie. Observons sa douceur à travers sa misanthropie. A l'exemple de l'École sociétaire, il envisage les diverses « Destinées » humaines. Du haut de sa retraite, il invite, comme sa Muse, la voyageuse indolente :

> Mais toi, ne veux-tu pas, voyageuse indolente,
> Rêver sur mon épaule, en y posant ton front?
> Viens du paisible seuil de la maison roulante
> Voir ceux qui sont passés et ceux qui passeront ;
> Tous les tableaux humains qu'un Esprit pur m'apporte
> S'animeront pour toi quand, devant notre porte,
> Les grands pays muets longuement s'étendront.

Ce n'est pas sans dessein qu'on emprunte ainsi d'ordinaire à la *Maison du Berger* une vue générale sur les *Poëmes philosophiques*. Vigny lui-même, en les appelant d'abord ses « Poëmes humains », leur attribuait cette pièce pour prologue en 1844 [1]. En outre, le *Journal d'un poëte* contient à la même

---

1. Voir *Revue des Deux Mondes,* mai 1844.

époque une mention importante [1]. L'auteur y détache
un vers de la *Maison du Berger* :

J'aime la majesté des souffrances humaines;

il ramène à ce vers le sens de tous ses poëmes philosophiques, et il en livre, pour plus de précision, le
court commentaire que voici : « L'esprit de l'humanité; l'amour entier de l'humanité et de l'amélioration de ses destinées. »

Tel est donc l'esprit des *Poëmes philosophiques*.

Ce mémento du poëte appelle une remarque préalable. Alfred de Vigny s'est souvent enveloppé pour
ainsi dire dans sa douleur comme en une sorte de
noblesse. Nous rencontrons ici une vue différente. Le
passage d'où ce vers est extrait consiste en une apostrophe à la Nature. Celle-ci vient de prendre la parole
et d'écraser de son dédain la fourmilière humaine :
le poëte réplique à son tour, et dans quelques vers
dont on a justement indiqué la portée [2], il oppose à
l'orgueilleuse indifférente le seul objet qui mérite
ici-bas l'adoration. Ce n'est pas la nature qu'il faut
chérir, c'est l'humanité. « J'ai entendu, dit-il, la voix
de la nature, et dans mon cœur alors je la hais :

1. 1844, p. 180-1.
2. Voir Émile Faguet, *op. cit.*, p. 138.

Et j'ai dit à mes yeux qui lui trouvaient des charmes :
« Ailleurs tous vos regards, ailleurs toutes vos larmes ;
Aimez ce que jamais on ne verra deux fois. »

Oh ! qui verra deux fois ta grâce et ta tendresse,
Ange doux et plaintif qui parle en soupirant ?
Qui naîtra comme toi portant une caresse
Dans chaque éclair tombé de ton regard mourant,
Dans les balancements de ta tête penchée,
Dans ta taille dolente et mollement couchée,
Et dans ton pur sourire amoureux et souffrant ?

Vivez, froide Nature, et revivez sans cesse...
Plus que tout votre règne et que ses splendeurs vaines,
J'aime la majesté des souffrances humaines :
Vous ne recevrez pas un cri d'amour de moi [1]. »

Il l'aime, cette majesté, sous les traits d'une beauté
de femme ; il se représente la douleur de l'Espèce
dans le « sourire souffrant » d'une Éva ; mais sa
pitié lui inspire une pensée d'une hardiesse singulière. Il a renoncé fièrement à tout appui divin, il a
voué sa vie à l'honneur, et voici désormais son secret :
*Ce n'est pas ce qui est éternel qu'il faut aimer, mais ce
qui passe,* parce que c'est ce qui passe qui souffre [2].

S'il faut présenter en d'autres termes cette pensée
capitale, il a senti son cœur s'éprendre pour la
majesté de l'effort humain. Il y a contemplé la douleur, son sens profond, ou du moins son importance

1. *Maison du Berger,* nᵒ III.
2. Cf. Em. Faguet, *loc. cit.*

dans la vie. Penser toujours à la douleur, non pour
nous en parer, mais pour l'éviter, selon nos forces,
aux autres et souvent à nous-mêmes : voilà peut-être
la vertu de cette foi vague qu'on appelle de nos jours
la religion des souffrances humaines. Et ce n'est pas
une vérité tout éphémère et qui passera comme tant
d'autres, issues de la renaissance romantique. La
douleur, considérée comme majestueuse, c'est presque
un symbole qu'on tient pour sacré.

IV

LA PITIÉ DANS « LES DESTINÉES ».

La pitié, voilà l'origine, le but, la foi, le charme des
Destinées. Pitié pour l'esclave, pour la femme, pour
le pauvre; pitié des poëtes et des rois, pitié pour
l'homme, martyr de son corps. Comme l'écrivait
M. Cuvillier-Fleury, Vigny n'est pas revenu, dans ce
nouveau livre, à ses modèles d'autrefois; on n'y trouve
ni anges déchus, ni soldats sensibles, ni poëtes
découragés, à moins que ce ne soit par instants
l'auteur lui-même, « mais les malheureux y abondent;
je dirais presque que le malheur est partout dans ce
livre, sous toutes les formes, ciel ou terre, providence

ou destin, planteur ou sauvage, solitude ou joie mondaine ; il est au bal avec Wanda, comme dans le bois avec le loup ; il est sur le trône de Dieu comme sur celui du roi, sur la cime que couronne l'olivier biblique comme sur la voie banale où le joueur de flûte implore le passant. »

On n'ajouterait rien à cette vue, si quelques rapprochements de détail avec *Stello* ne contribuaient à préciser le sens des Poëmes.

La pièce des *Oracles*, par exemple, nous montre la destinée d'un roi, de Louis-Philippe, sous le nom d'Ulysse. Alfred de Vigny a jugé de haut le régime de Juillet, comme il a toujours fait d'ailleurs des hommes politiques eux-mêmes. Si peu de goût qu'il eût pour la démocratie égalitaire, il la croyait inévitable ; et ce sentiment s'exprimait déjà dans *Stello* sous une forme assez cavalière : « Laissez », disait le Docteur-Noir [1] :

« Laissez à César ce qui appartient à César, c'est-à-dire le droit d'être, à chaque heure de chaque jour, honni dans la rue, trompé dans le palais, combattu sourdement, miné longuement, battu promptement et chassé violemment.

... Laisser à tous les Césars la place publique, et

____

1. *Stello*, p. 242-3.

les laisser jouer leur rôle, et passer, tant qu'ils ne troubleront ni les travaux de vos nuits, ni le repos de vos jours. — Plaignez-les de toute votre pitié s'ils ont été forcés de se mettre au front cette couronne césarienne, qui n'a plus de feuilles et déchire la tête. Plaignez-les encore s'ils l'ont désirée ; leur réveil en est plus cruel après un long et beau rêve. Plaignez-les s'ils sont pervertis par le Pouvoir ; car il n'est rien que ne puisse fausser cette antique et peut-être nécessaire Fausseté [1] d'où viennent tant de maux. — Regardez cette lumière s'éteindre et veillez ; heureux si vos veilles peuvent aider l'humanité à se grouper et s'unir autour d'une clarté plus pure ! »

Mais Alfred de Vigny a toujours protesté contre ceux qui lui attribuaient quelque pensée hostile à Louis-Philippe. Son journal contient même le récit d'une sorte de réparation précieuse que fit le roi à l'honneur du poëte, après la conduite de Molé [2]. La pièce des *Oracles* n'exprime qu'avec la plus grande délicatesse le fonds de sentiments étalé jadis par le Docteur-Noir. Contre les ministres et les conseillers, contre le régime, c'est la plus vive satire : à l'égard d'Ulysse, on n'y trouve qu'un souvenir mélancolique et comme un regret de philosophe :

1. Quelques saint-simoniens, comme Rodrigues, n'admettaient plus que le Pouvoir spirituel.
2. *Journal d'un poëte*, p. 213, sq., et 209, 210, 214.

> Ulysse avait connu les hommes et les villes,
> Sondé le lac de sang des révolutions,
> Des saints et des héros les cœurs faux et serviles,
> Et le sable mouvant des constitutions.
> — Et pourtant, un matin, des royales demeures,
> Comme un autre en trois jours, il tombait en trois heures,
> Sous le vent empesté des déclamations.

Une autre pièce, *Wanda*, appelle la pitié sur la noblesse, « cette caste de Parias, jadis Brahmes, disait le Docteur-Noir [1], classe toujours dévouée à la France et lui donnant ses plus belles gloires, achetant de son sang le plus pur le droit de la défendre en se dépouillant de ses biens pièce à pièce, et de père en fils : grande famille pipée, trompée, sapée par ses plus grands Rois, sortis d'elle ; hachée par quelques-uns, les servant sans cesse, et leur parlant haut et franc ; traquée, exilée, plus que décimée, et toujours dévouée tantôt au prince qui la ruine, ou la renie, ou l'abandonne, tantôt au peuple qui la méconnaît et la massacre : entre ce marteau et cette enclume, toujours pure et toujours frappée, comme un fer rougi au feu ; entre cette hache et ce billot, toujours saignante et souriante comme les martyrs ; race aujourd'hui rayée du livre de vie et regardée de côté, comme la race juive. »

---

1. *Stello*, chap. XXXIX, p. 238.

On reconnaît dans *Wanda* le peintre de *Cinq-Mars*,
forçant les traits de son Richelieu pour donner plus
de relief à son héros favori, à la caste décimée ;
rêvant une suite à *Cinq-Mars*, une série de romans
historiques sur la noblesse, et traçant le plan de l'un
d'eux, la *Duchesse de Portsmouth* [1]. *Wanda* représente
encore une fois, mais dans un autre pays, le sort des
seigneurs :

> En bas, le peuple voit de son œil de **Tartare**
> Ses seigneurs révoltés, combattus par ses czars,
> Aiguise sur les pins sa hache et la prépare
> A peser tout son poids dans les futurs hasards.
> En haut, seul, l'empereur sur la Russie entière
> Promène en galopant l'autre hache dont Pierre
> Abattit de sa main la tête des boyards.

Et l'on se rappelle cette protestation si belle, et
dont l'effet serait doublé si seulement on en faisait
suivre la lecture par celle du xxviiie chapitre de
Stello :

1. *Servitude et Grandeur militaires* n'entrait pas dans l'idée qu'il
s'était faite des *Consultations*. C'était, en 1833, quelques éléments
d'un ouvrage qui devait avoir pour titre *Le Soldat*, dernière partie
d'une épopée sur la noblesse. On comprend mieux ainsi l'origine
des pages sur l'honneur à la suite de la *Canne de jonc*. La noblesse
est pour lui, comme il l'a dit quelque part, une famille de soldats
héréditaires; elle est emprisonnée dans l'honneur, pour ainsi dire :
« La dureté de l'homme de guerre est comme un masque de fer sur
un noble visage, comme un cachot de pierre qui renferme un prisonnier royal. »
   Cf. d'ailleurs *Journal d'un poëte*, p. 241.

Non, non, il n'est pas vrai que le peuple en tout âge,
Lui seul ait travaillé, lui seul ait combattu,
Que l'immolation, la force et le courage
N'habitent pas un cœur de velours revêtu.
Plus belle était la vie et plus grande est sa perte,
Plus pur est le calice où l'hostie est offerte.
Sacrifice, ô toi seul peut-être es la vertu !

V

LA PITIÉ DANS « LES DESTINÉES » (*suite*).

Je ne sais s'il ne faut pas compter au premier rang la femme comme l'objet principal de la pitié des *Destinées*, la femme « enfant malade » et son amour « toujours menacé[1]. »

Le poëte aussi entrerait à son tour dans ce martyrologe, si l'auteur de la *Bouteille à la mer* ne l'appelait à « s'élever d'un degré au-dessus de la pitié qu'on a pour soi-même », et s'il ne lui montrait sa consolation.

Un des exemples les plus attachants de la pitié

1. Voir D. Stern, préface de ses *Souvenirs*. Cf. *Journal d'un poëte*, p. 182 : « Après avoir bien réfléchi sur la destinée des femmes dans tous les temps et dans toutes les nations, j'ai fini par penser que tout homme devrait dire à chaque femme, au lieu de *bonjour* : — *Pardon !* car les plus forts ont fait la loi. »

dans les *Poëmes philosophiques*, c'est celui qu'on trouve dans la *Flûte* :

> Un jour, je vis s'asseoir au pied de ce grand arbre,
> Un pauvre qui posa sur ce vieux banc de marbre
> Son sac et son chapeau, s'empressa d'achever
> Un morceau de pain noir, puis se mit à rêver.
> Il paraissait chercher dans les longues allées
> Quelqu'un pour écouter ses chansons désolées ;
> Il suivait à regret la trace des passants
> Rares et qui pressés s'en allaient en tous sens.
> Avec eux s'enfuyait l'aumône disparue,
> Prix douteux d'un lit dur en quelque étroite rue,
> Et d'un amer souper dans un logis malsain.

Tel est le début d'une pièce qui montre bientôt une tout autre importance.

Le pauvre de la *Flûte* est une création de haute poésie et de pitié : c'est une âme martyre de son corps, ce peut être l'homme de génie autant et plus que l'homme ordinaire, c'est tout homme qui travaille et peine pour gagner sa vie ou pour accroître sa part de noblesse. C'est Beethoven, devenant sourd, et Milton aveugle. Ce pauvre, ne serait-ce pas l'esprit même de l'homme, aveugle éternel, qui garde souvenir d'une céleste lumière ? Tel que Vigny le présente, le pauvre de la *Flûte* symbolise tout l'effort de son siècle, élan brusque, folles ambitions, entreprises avortées, labeur de Sisyphe. Il a tout essayé, et s'est

flatté d'égaler Bonaparte et Byron ; il s'est improvisé
législateur, chef de religion, apôtre du panthéisme,
un système qu'il appliquait à tout,

> Espérant importer
> Sa révolution dans sa philosophie.

Rien ne lui réussit. Il essaie du théâtre, y donne un
drame, y sombre, faute de savoir. Il fonde un
journal ; la faim vient le prendre avant l'acheteur :

« Je gémis, disait-il, d'avoir une pauvre âme,
Faible autant que serait l'âme de quelque femme,
Qui ne peut accomplir ce qu'elle a commencé
Et s'abat au départ sur tout chemin tracé.
L'idée à l'horizon est à peine entrevue,
Que sa lumière écrase et fait ployer ma vue.
Je vois grossir l'obstacle en invincible amas,
Je tombe ainsi que Paul en marchant vers Damas.
— Pourquoi, me dit la voix qu'il faut aimer et craindre,
Pourquoi me poursuis-tu, toi qui ne peux m'étreindre ?
— Et le rayon me trouble et la voix m'étourdit,
Et je demeure aveugle et je me sens maudit. »

Le sujet s'étend ainsi par degrés, et les misères les
plus noires se découvrent : les blessures faites à l'orgueil, la faim qui presse.

Deux questions se posent alors ensemble, où la
pitié garde le dernier mot.

D'abord celle que n'évite aucun homme en sa vie,
quoique l'événement parfois la lui cache, ou bien sa

propre complexion : c'est l'inégalité des intelligences,
« le mur », comme l'écrit Vigny, le mur qui borne
l'esprit des plus forts, et qui tôt ou tard révèle au
mieux doué son intime faiblesse. L'inégalité des intelligences, cause secrète de tant de déceptions, transforme la vie en bataille, comme jadis l'inégalité des
forces physiques. Elle fait peut-être plus de blessés.
L'individu, laissé libre, a perdu ses points d'appui :
il faut qu'il se mesure avec autrui, sans cesse, et
comme dans la carrière des lettres, combien doivent
remettre en loterie, à chacun de leurs actes, qui son
nom, qui sa sécurité?

L'autre question est soulevée par de Maistre et
résolue par lui dans le sens du désespoir : cette
misère même, intellectuelle ou autre, est-elle comme
il l'avançait un signe de malédiction divine [1]?

Vigny avait déjà touché ce point dans un passage
de *Stello*. Citant l'auteur des *Soirées de Saint-Pétersbourg*, il écrivait : « Le sentiment de la terreur d'une
puissance irritée a toujours subsisté. — Les races
sauvages sont dévouées et frappées d'anathème.
J'ignore leur crime, ô Seigneur! mais, puisqu'elles
sont malheureuses et insensées, elles sont criminelles
et justement punies de quelque faute d'un ancien

____

1. *Soirées de Saint-Pétersbourg*, 3ᵉ entretien.

chef. » Il rapportait ainsi quelques paradoxes de l'illustre écrivain, et s'appliquait à les combattre. L'opinion qu'il combat dans la *Flûte* est une conséquence de cette vue générale. De Maistre poussait à l'extrême la doctrine du péché originel. On se rappelle, dans l'Évangile [1], l'épisode de l'aveugle-né. Les disciples interrogent le Maître : « Maître! qui est-ce qui a péché? Est-ce cet homme, ou son père, ou sa mère, qu'il ait été mis au monde aveugle? » Et le Messie répond : « Ce n'est pas qu'il ait péché, ni lui, ni ses parents, mais c'est afin que les œuvres de Dieu soient manifestées en lui. » A quoi de Maistre ajoute, par manière de commentaire : « Simple exception, par conséquent, et les disciples se tiennent sûrs de l'une ou l'autre de ces deux propositions : que l'aveugle-né portait la peine de ses propres fautes, ou de celles de ses pères. » Et il conclut que souffrance appelle repentir, et que tout mal est l'effet d'une malédiction.

Telles sont les deux questions soulevées dans la *Flûte* : l'inégalité des intelligences et le problème posé par de Maistre.

Aujourd'hui la première de ces deux questions trouverait peut-être plus d'esprits attentifs que la

____

1. *Évangile selon saint Jean*, IX, 1-4.

seconde. En était-il de même après 1840? On peut en douter. C'est en 1842 que V. Cousin présentait son Rapport sur Pascal : la réaction religieuse contre la philosophie, inaugurée vers 1835, s'était développée avec une grande force [1].

Quoi qu'il en soit, Vigny prend encore une fois parti contre de Maistre et contre les partisans de la substitution des souffrances expiatoires. Il n'attaque pas directement le problème : il l'écarte seulement, et l'on se demande s'il ne se réservait pas d'y revenir [2]. La pitié l'emporte ici sur toute considération systématique. Il répond aux difficultés par une consolation :

[miennes,

« Non, criai-je en prenant ses deux mains dans les
Ni dans les grandes lois des croyances anciennes,
Ni dans nos dogmes froids, forgés à l'atelier
Entre le banc du maître et ceux de l'écolier,
Ces faux Athéniens dépourvus d'atticisme [3],
Qui nous soufflent aux yeux des bulles de sophisme,
N'ont découvert un mot par qui fût condamné
L'homme aveugle d'esprit plus que l'aveugle-né.

1. Voir Thureau-Dangin, *l'Église et l'État sous la monarchie de Juillet*, chap. Ier. — Cf. Paul Janet, *Revue des Deux Mondes*, mars 1884.

2. L'absence de date à la suite du poëme de la *Flûte*, publié dès 1843, donne lieu de croire que cette pièce importante et, si l'on y regarde de près, centrale dans les *Destinées*, attendait quelque strophe complémentaire, comme il est arrivé pour le *Mont des Oliviers*.

3. Allusion à Saint-Just. Cf. *Stello*, chap. xxxi et le suivant. On verra plus bas le sens du mot « atticisme » dans Alfred de Vigny.

C'est assez de souffrir sans se juger coupable
Pour avoir.entrepris et pour être incapable.
J'aime, autant que le fort, le faible courageux,
Qui lance un bras débile en des flots orageux,
De la glace d'un lac plonge dans la fournaise
Et d'un volcan profond va tourmenter la braise.
Ce Sisyphe éternel est beau, seul, tout meurtri,
Brûlé, précipité, sans jeter un seul cri,
Et n'avouant jamais qu'il saigne et qu'il succombe
A toujours ramasser son rocher qui retombe.
Si plus haut parvenus, de glorieux esprits
Vous dédaignent jamais, méprisez leur mépris;
Car ce sommet de tout, dominant toute gloire,
Ils n'y sont pas, ainsi que l'œil pourrait le croire.
On n'est jamais en haut. Les forts, devant leurs pas,
Trouvent un nouveau mont inaperçu d'en bas.
Tel que l'on croit complet et maître en toute chose
Ne dit pas les savoirs qu'à tort on lui suppose,
Et qu'il est tel grand but qu'en vain il entreprit.
— Tout homme a vu le mur qui borne son esprit. »

Les Stoïciens partageaient les hommes en sages et
en fous : Vigny, stoïcien moderne, les classe en forts
et en faibles. Néanmoins, malgré l'orgueil qui perce
dans l'aveu même que fait ici le fort, la pitié communique à la *Flûte* une vertu voisine de l'humilité.
On comprend mieux aussi telle strophe des *Oracles* où l'auteur se représente comme un « humble »
courageux [1]. Joignez à cela une sorte de rêve que con

1. La douzième strophe, où il est fait allusion au discours du
ministre Molé.

tient encore la *Flûte*, espérance d'égalité après la mort,
abolition des différences glorieuses ou mortifiantes
que l'inégalité physique établissait entre les vivants :
ce poëme, obscur en apparence, reçoit de la pitié
lumière et lustre. Il compte à plus d'un titre parmi
les pièces les plus précieuses des *Destinées*. Le dernier
mot, si incertain, du Recueil, s'y trouve peut-être,
fût-ce implicitement ; et le problème de l'inégalité,
qu'il soulève, nous amène en outre à considérer un
nouvel aspect de la pitié dans les *Destinées*.

VI

LA PITIÉ DANS « LA SAUVAGE » ET DANS « L'ESPRIT PUR ».

Alfred de Vigny, on l'a remarqué, a tout ensemble
la pitié qui honore et celle qui assiste le malheureux. A l'époque où il traçait encore le plan d'ensemble des *Consultations du Docteur-Noir*, il écrivait :
« Ne jamais perdre de vue ce but : moraliser les
masses et les spiritualiser. » Et ailleurs, pour *Daphné* :
« Donner aux masses confiance en l'avenir, soumission à l'intelligence et défiance d'elles-mêmes. »
Comme Lamartine, en 1830, appelait la politique à

pratiquer la loi de la charité [1], Alfred de Vigny
prenait de même position, dans les *Destinées*, en
face des écoles socialistes. Deux poëmes, en particulier, traitent de cette question difficile entre toutes,
et qu'on pourrait appeler chez Vigny le problème
de la pitié politique : ce sont la *Sauvage* et l'*Esprit
pur*.

La *Sauvage*, publiée en 1843, semble n'avoir pour
objet que de conseiller une juste charité dans l'œuvre,
aujourd'hui si bruyante, de la colonisation du globe.
On pourrait y distinguer même une sorte d'écho des
doctrines sociétaires en cette matière. Les droits de
l'Europe à l'égard des races sauvages, ses devoirs
aussi, trouvent dans cette pièce une expression libé-
rale. Mais on croira difficilement que le poëte y perde
de vue l'antinomie exposée par *Stello*, cette « guerre
que se font la *Propriété* et la *Capacité* » et qu'il déclarait alors éternelle [2]. Il l'avait résumée dans son
Journal de 1832, et trop nettement pour l'oublier
jamais [3]. Il en avait ébauché la solution, dès 1831,
dans les vers de l'Élévation qui a pour titre *Paris*.

1. Discours de réception à l'Académie française.
2. *Stello*, p. 8.
3. « L'amélioration de la classe la plus nombreuse et l'accord
entre la capacité prolétaire et l'hérédité propriétaire sont toute la
question politique actuelle. » (*Journal d'un poëte*, p. 66.)

La *Sauvage* nous montre, à cet égard, le progrès décisif accompli depuis *Stello* par les *Destinées*.

Dans *Stello*, le poëte multipliait comme à plaisir les difficultés de la crise : la *Sauvage*, et la *Flûte* aussi, témoignent d'un assagissement marqué. Sans flatterie descendante[1], il s'y occupe du sort du pauvre, et le discours du colon à la femme indienne oppose là-dessus un contrepoids nécessaire à ce que la *Maison du Berger* contient encore d'utopie.

Mais c'est dans une strophe de l'*Esprit pur* que Vigny a livré la forme dernière de sa pitié politique. Elle est singulière d'apparence : en réalité, elle rappelle directement les passages les plus connus de *Stello*, de *Servitude et Grandeur militaires*, du *Discours de réception*.

Après avoir revendiqué pour lui le titre de fils de ses œuvres, l'auteur de l'*Esprit pur* en vient, en effet, à célébrer la gloire de l'inspiration au-dessus des privilèges nobiliaires. Il se vante, fierté permise aux poëtes, d'avoir inscrit son nom sur le pur tableau des livres de l'ESPRIT, et tout à coup, saisi d'espérance,

---

1. On peut appliquer ce mot d'Edmond About au vers de la *Flûte* :

Mais, quoique pauvre, il fut modeste et très poli.

il décrit la vision présente d'un monde soumis par
le livre à l'empire des grands de l'âme :

> Ton règne est arrivé, Pur Esprit, roi du monde !
> Quand ton aile d'azur dans la nuit nous surprit,
> Déesse de nos mœurs, la guerre vagabonde
> Régnait sur nos aïeux. Aujourd'hui, c'est l'Écrit,
> L'Écrit universel, parfois impérissable,
> Que tu graves au marbre ou traînes sur le sable,
> Colombe au bec d'airain ! Visible Saint-Esprit [1].

Sans la connaissance de l'histoire contemporaine,
on s'expliquerait difficilement cette vision du poëte et
les termes même dans lesquels il la peint. Ce règne
du livre, représenté par l'emblème de la colombe
mystique; ce pouvoir conféré à l'inspiration et à l'enthousiasme [2]; cette persuasion que la guerre a fait son
temps, remplacée qu'elle est par le combat intellectuel; ce demi-souvenir donné à une sorte d'Évangile
éternel; ce panégyrique de l'imprimerie qui univer-
salise la pensée d'un homme et multiplie sa présence
aux quatre coins du monde : tout cela était en germe
dans quelques ouvrages antérieurs, soit que l'on considère ceux du poëte, ou bien les travaux de quelques
écrivains profanes ou religieux.

---

1. L'*Esprit pur*, strophe VIII.
2. Cf. le vers de la *Maison du Berger*, n° III :

> Tous les tableaux humains qu'un Esprit pur m'apporte.

Cf. aussi *Stello*, p. 6.

N'a-t-on pas vu Lamartine, en 1830, présenter à l'Académie les titres de la presse, ce sens nouveau, disait-il, sens salutaire ou terrible, capable de jeter dans notre civilisation « le même désordre qu'un sens de plus jetterait d'abord dans l'organisation humaine »? D'un autre côté, les disciples de Saint-Simon et de Fourier n'ont-ils pas travaillé pour la paix idéale? Plus près de nous, maint esprit, réputé positif, n'a-t-il pas, lui aussi, jugé fermé l'âge de la guerre? La guerre, hélas! est positive, si la paix est divine. Mais au temps de *Wanda*, de l'*Esprit pur*, d'illustres sermonnaires joignaient la force des termes chrétiens aux longs espoirs de l'esprit profane. La pensée de Lessing prenait forme, et l'on commentait, après de Maistre et Voltaire, l'idée d'une « société des nations. »

Mais s'il faut commenter ici Vigny par Vigny même, la mémoire se reporte sur un célèbre passage de *Servitude et Grandeur militaires* [1] :

« Encore une fois, les armées et la guerre n'auront qu'un temps; car, malgré les paroles d'un sophiste que j'ai combattu ailleurs [2], il n'est point vrai que, *même contre l'étranger*, la guerre soit divine; il n'est pas vrai que *la terre soit avide de sang*. La guerre est maudite de Dieu et des hommes mêmes qui la font et

1. P. 104.
2. Voir *Stello*, chap. XXXII, p. 173.

qui ont d'elle une secrète horreur, et la terre ne crie au ciel que pour lui demander l'eau fraîche de ses fleurs et la rosée pure de ses nuées. »

Et cette même vue inspire plus tard à Vigny quelques vers de la *Maison du Berger* [1].

C'est dans le *Discours de réception à l'Académie française* que le futur auteur de l'*Esprit pur* professe sa foi de la manière la plus explicite. Ce désespéré de cinquante ans, on le croirait revenu de tout : bien au contraire. « J'en ai la foi profonde », dit-il, « l'espèce humaine est en marche pour des destinées de jour en jour meilleures et plus sereines [2]. » L'espèce lui semble une grande armée qui s'avance. Elle ne présente à son esprit qu'idées d'assaut et de brèches emportées. Le sentiment qui fait l'amitié des compagnons d'armes remplit d'ardeur son âme solitaire. Il regarde avec une sorte de joie l'humanité qui chemine : elle marche avec persévérance vers un but

---

1. Nº II :

> Le jour n'est pas levé. Nous en sommes encore
> Au premier rayon blanc qui précède l'aurore
> Et dessine la terre au bord de l'horizon.

On sait qu'un ouvrage de Fourier, intitulé *Théorie des quatre mouvements et des destinées générales* (Leipzig, 1808), a pour épigraphe ce vers de Voltaire :

> Mais quelle épaisse nuit couvre encor la nature ?

2. *Discours de réception*, p. 346 (à la suite de *Stello*, édition Calmann Lévy).

qu'il déclare inconnu, « sous les bannières mobiles des idées [1]. »

Ce n'est encore, à la vérité, que la foi vague au progrès de l'espèce, progrès indéfini peut-être, mirage peut-être chimérique. Mais il veut se ranger parmi les éclaireurs de la génération qui suit la sienne. Il est de ceux qui donnent le mot pour « la lutte éternelle des idées contre l'indifférence et contre l'esprit fatal du retardement » [2]. Il veut, lui aussi, donner la « secousse salutaire », il laisse enfin ses auditeurs sur l'impression de la confiance et de la fierté : « La chute de chaque homme », dit-il, « n'arrête pas un moment la grande armée. L'un tombe, un autre se lève à sa place, et, une fois arrivé sur l'un de ces points élevés d'où l'on parle avec plus d'autorité, notre devoir est de penser, dès ce jour même, à ceux qui viendront après nous : pareils à nos glorieux soldats, qui d'une main plantent leur drapeau sur la brèche, et tendent l'autre main à celui qui, après eux, marche au premier rang. »

Au temps même de l'*Esprit pur*, plusieurs partageaient l'histoire du monde en trois veilles, veilles évangéliques. La première est une lutte de dix siècles : des hommes de foi établissent et maintiennent

1. *Discours de réception*, p. 314; cf. p. 345.
2. *Ibid.*, p. 344.

sur la terre connue la parole du Christ. Voilà le sol
où l'on doit bâtir. Alors, vers le xie siècle, et surtout
vers le xiie, le monde des idées entre en fermentation.
L'Occident reprend sa marche, tandis que l'Orient
demeure immobile. Jamais il n'avait assisté à pareil
élan de l'esprit, et l'on doute s'il lui sera jamais donné
de le revoir : il tente alors l'immense effort de la
Scolastique. Quelques-uns en font fi aujourd'hui.
Mais quoi! Aristote, en Europe, s'est vu dédaigné aussi
durant trois siècles, et par ignorance : ne sort-il pas
parmi nous des bibliothèques [1]? Et qui croira sa
cendre à jamais inféconde? Mais la fin de l'histoire
moderne apparaissait plus haute, vers 1863 : liberté
de l'esprit et amour des hommes, telle s'annonçait la
troisième veille qui, d'une manière encore incertaine,
doit placer de notre côté le poids du monde et la force
de Dieu [2]. Car amour et liberté, c'est une même chose.
Dans le crépuscule où languit notre âge, la troisième
veille devait alléger pour nous la chaîne de la nature
et des passions. Il faut, disait-on, lever les grands

1. Voir *Revue des Deux Mondes*, 1838, article de M. Barthélemy
Saint-Hilaire, et l'ouvrage de M. Félix Ravaisson sur la *Métaphysique d'Aristote.*

2. Le P. Gratry (*Crise de la foi*, 1864) comptait encore quatre
scandales principaux : l'esclavage, la Pologne, l'Irlande, les Turcs.
Wanda contient un conseil à l'égard des deux premiers. Toussenel,
en 1845, appelait l'Angleterre et la Russie deux États barbares.
C'est lui qui a écrit : « L'Europe vire à la paix. »

obstacles, s'élever au-dessus des sciences du corps,
retrouver l'Homme, et Dieu dans l'Homme; mettre
ainsi quelque terme aux querelles de la philosophie
ou dépendante ou séparée, organiser enfin l'encyclopédie véritable sur les bases entrevues par Leibniz.
Alors seulement il serait vrai de dire avec un contemporain : le pouvoir scientifique prend consistance
et gouverne par la parole et par l'écrit.

Quelque rêve encore vivace de *Daphné* reparaît
ainsi dans l'*Esprit pur*.

« La pitié, la tendre commisération que j'ai dans
le cœur pour l'espèce humaine et pour ses misères.
me font souvent sentir la passion que l'on met à combattre une maladie dans une personne qui vous est
chère, à la voir revenir à la vie.

Si je l'ai éprouvé près de ma mère, près de ma
femme, cela n'est point surprenant, ayant pour elles
tant de tendresse; mais cela m'a fait comprendre les
secrètes et angéliques joies que pouvait goûter le
chevalier *hospitalier* de Saint-Jean de Jérusalem et
son amour pour ses blessés et ses malades.

Il sera bon de faire un roman intitulé *l'Hospitalier et le Templier*.

L'un dévoué à l'humanité souffrante, l'autre à
l'adoration mystique [1]. »

1. *Journal d'un poëte*, p. 241; cf. p. 255 : « Prêtre militaire », et
p. 250 : « Mes rêves de philosophie, mes extases de poésie, mes
songes métaphysiques. »

La strophe de l'*Esprit pur* montre suffisamment où tendait l'effort du poëte. Il se partage en deux directions, mais la plus forte pente est encore la mystique. On y retrouve la pensée double de Stello à peine altérée :

Consultations du Docteur-Noir. — « Le Docteur-Noir est le côté humain et réel de tout ; Stello a voulu voir ce qui devait être, ce qu'il est beau d'espérer et de croire, de souhaiter pour l'avenir : c'est le côté divin. Ainsi, dans une nouvelle Consultation, un nouveau personnage verra le côté divin d'une autre question [1]. »

Et le lecteur est ramené ainsi de trente ans en arrière, à la pensée initiale du credo du poëte :

« Comme une lampe toujours allumée ne jette qu'une flamme très incertaine et vacillante lorsque l'huile qui l'anime cesse de se répandre dans ses veines avec abondance, et puis lance jusqu'au faîte du temple des éclairs, des splendeurs et des rayons lorsqu'elle est pénétrée de la substance qui la nourrit, de même je sens s'éteindre les éclairs de l'inspiration et les clartés de la pensée lorsque la force indéfinissable qui soutient ma vie, l'Amour, cesse de me remplir de sa chaleureuse puissance ; et, lorsqu'il circule en moi, toute mon âme en est illuminée ; je crois entendre tout à la fois l'Éternité, l'Espace, la

1. *Journal d'un poëte*, 1844, p. 181-2.

Création, les créatures et la Destinée ; c'est alors que l'Illusion, phénix au plumage doré, vient se poser sur mes lèvres, et chante.

Mais je crois que, lorsque le don de fortifier les faibles commencera de tarir dans le poëte, alors aussi tarira sa vie ; car, s'il n'est bon à tous, il n'est plus bon au monde.

Je crois au combat éternel de notre vie intérieure, qui féconde et appelle, contre la vie extérieure, qui tarit et repousse, et j'invoque la pensée d'en haut, la plus propre à concentrer et rallumer les forces poétiques de ma vie : le Dévoûment et la Pitié [1]. »

VII

LA FEMME.

Dans les *Destinées* toutefois, une idée s'est ajoutée à ce credo, idée tout ensemble très poétique et très positive. Il s'y adresse à Éva, comme au vivant symbole de toute poésie. « C'est à toi, lui dit-il,

C'est à toi qu'il convient d'ouïr les grandes plaintes
Que l'humanité triste exhale sourdement [2].

1. *Stello*, chap. vii, p. 19-20.
2. Voir *Maison du Berger*, n° III.

Il attribue à la femme une mission sociale dans l'allégement des maux humains. L'*Esprit pur*, comme la *Maison du Berger*, est dédié de même à Éva. N'est-ce pas que, dans la pitié des Poëmes, l'orgueil de l'homme se subordonne à un jugement qui le passe?

Telle paraît être, en dernière analyse, la philosophie de l'*Esprit pur*. La mission assignée aux poëtes est très grande; mais une autre la domine, celle de la femme, parce qu'en dépit des préjugés de la force, toute supériorité vient du cœur [1].

---

1. Cf. Documents inédits, 1851 : « *Éloa*, second poëme. Elle va sur terre portant la pitié partout pour les naufragés du globe brisé et les console, et méprise leur radeau. »

Cf. *Journal d'un poëte*, p. 274, et ce vers encore inédit :

Qu'est-il besoin d'enfer? n'avons-nous pas la vie?

CHAPITRE IV

ÉTAT D'ESPRIT DERNIER

La lecture des *Destinées* présente une particularité
singulière. Lorsqu'on a pris connaissance de l'œuvre,
on éprouve quelque embarras à définir le dernier
mot du poëte. Même la pièce de l'*Esprit pur*, dernière
du Recueil, dernière aussi par la date [1], ajoute d'abord
à la difficulté, loin de la résoudre. Ce recueil est écrit
par un homme d'étude. L'auteur observe le mouvement des idées contemporaines; il y fait allusion
longtemps parfois après l'événement. Il veut croire
qu'en France personne n'oublie [2].

1. 10 mars 1863; la strophe du *Silence* (*Mont des Oliviers*) est du
2 avril 1862. Alfred de Vigny est mort en septembre 1863.

2. Il a écrit quelque part : « La France est la nation du moment. »

I

EXPOSÉ DE L'ANTINOMIE DES « DESTINÉES ».

Depuis le 2 avril 1862, jour noté par le poëte, où il inscrivit la strophe du *Silence* à la suite du *Mont des Oliviers*, la contradiction semble s'être établie au cœur de l'ouvrage. Car, d'un côté, il refuse ainsi son hommage au Dieu des Écritures, et de l'autre il conserve leur rôle aux éléments chrétiens de ses poëmes. Il attribue toute importance à sa rupture avec le Ciel, et dans le même recueil, près du *Mont des Oliviers*, il a placé la *Flûte* avec ce rêve de « l'égalité des esprits du Seigneur », la *Maison du Berger*, la *Sauvage*, le *Prologue*, l'*Esprit pur*.

Quand on revient ainsi sur l'œuvre, l'esprit occupé par l'idée du *Silence*, la première apparence de contradiction se montre dans le *Prologue*. Dans cette pièce, la Grâce adresse la parole aux Esprits du Destin. La déchéance du *Fatum* est prononcée par elle. Sa propre puissance est glorifiée. Qu'est-ce à dire? La Grâce ainsi mise en scène est-elle vraiment, aux yeux du poëte, cette force mystérieuse où les chrétiens puisent courage et vertu? Mais alors, pourquoi refuser au Ciel le culte et les prières?

Il se fit un silence, et la terre affaissée
S'arrêta comme fait la barque sans rameurs
Sur les flots orageux, dans la nuit balancée.

Une voix descendit venant de ces hauteurs
Où s'engendrent, sans fin, les mondes dans l'espace :
Cette voix, de la terre emplit les profondeurs.

« Retournez en mon nom, reines, je suis la Grâce.
L'homme sera toujours un nageur incertain
Dans les ondes du temps qui se mesure et passe.

« Vous toucherez son front, ô filles du Destin !
Son bras ouvrira l'eau, qu'elle soit haute ou basse,
Voulant trouver sa place et deviner sa fin.

« Il sera plus heureux, se croyant maître et libre
En luttant contre vous dans un combat mauvais ;
Où moi seule d'en haut, je tiendrai l'équilibre.

« De moi naîtra son souffle et sa force à jamais ;
Son mérite est le mien, sa loi perpétuelle :
Faire ce que je veux pour venir OÙ JE SAIS. »

Pur procédé, répondra-t-on, simple image de
poëte. Le LIVRE DE DIEU de l'Orient, le LIVRE DU CHRIST
de l'Occident, sont en même sorte indifférents à l'auteur du Prologue. Il embrasse d'un seul coup d'œil
toute la philosophie religieuse, et des deux parts il
y constate un grand mystère où les saints se sont
tus. — Soit ; mais pourquoi ce ton de prière, pourquoi l'appel au Dieu juste, et n'écrit-il vraiment le
mot de Seigneur que d'une main de mythologue,
comme il parlait des « filles du Destin »?

Que l'ombre des Destins, Seigneur, n'oppose plus
A nos belles ardeurs une immuable entrave,
A nos efforts sans fin des coups inattendus !

Mais voici, dans la *Maison du Berger*, une pensée plus systématique.

Le poëte a composé l'éloge de la poésie ; il vient d'élever « l'enthousiasme pur » au-dessus des affronts d'Anacréon, d'Horace et de Voltaire ; il humilie les assemblées politiques devant le rôle social du Berger d'hommes ; puis, remontant jusqu'à la source de toute vie et de toute pensée, il s'écrie :

La barbarie encor tient nos pieds dans sa gaîne,
Le marbre des vieux temps jusqu'aux reins nous enchaîne,
Et tout homme énergique au dieu Terme est pareil.

Mais notre esprit rapide en mouvements abonde ;
Ouvrons tout l'arsenal de ses puissants ressorts.
L'invisible est réel. Les âmes ont leur monde
Où sont accumulés d'impalpables trésors.
Le Seigneur contient tout dans ses deux bras immenses,
Son Verbe est le séjour de nos intelligences,
Comme ici-bas l'espace est celui de nos corps [1].

Dans la *Sauvage*, on pourrait soutenir que l'auteur ne prend pas, pour ainsi dire, à son compte la religion du colon américain, alors qu'il semble en faire l'éloge. Mais les vers qu'on vient de lire paraissent

____

1. *Maison du Berger*, nº II.

enfermer toute une doctrine. N'est-ce pas Malebranche qui les signerait? N'y lirait-on pas la traduction technique de ses propres pensées? Il faut avancer davantage : les deux derniers vers expriment à ce point une doctrine précise qu'on les retrouve à peu près textuellement dans la *Recherche de la vérité*. Et comme pour accuser jusqu'au paradoxe la contradiction du *Silence* avec le reste des *Destinées*, la pièce finale du recueil, composée en 1863, a pour titre *l'Esprit pur*, et ce titre, emprunté de même à Malebranche, maintient ainsi jusqu'aux derniers mois de la vie de l'auteur la position qu'il prenait en 1844, au temps de la *Maison du Berger* [1].

Lorsque Vigny, plus d'une fois dans son œuvre, parle des Esprits [2], on peut à peine hésiter sur son intention. Mais ici la question demeure plus délicate. On ne peut la trancher au premier examen; ou du moins, comment en décider sans consulter l'histoire

1. Malebranche, *Recherche de la vérité*, *De l'esprit pur*, livre III, 2ᵐᵉ partie, 6 : « Dieu est le monde intelligible ou le lieu des esprits, de même que le monde matériel est le lieu des corps. » — Cf. Alfred de Vigny, documents inédits, 1842, sur la *Critique de Montaigne* dans Malebranche : « Finesse et exactitude géométrique de l'analyse. — Le livre IIIᵐᵉ *de l'Entendement ou de l'Esprit pur* est un des meilleurs. »

2. « Les Esprits du mal », dans le *Mont des Oliviers*; « qu'un Esprit pur m'apporte » dans l'*Esprit pur*. — Cf. les *Amants de Montmorency* : « Etaient-ils malheureux, Esprits qui le savez? » — Mais dans la *Bouteille à la mer* : « Murmures de nos cœurs qui nous semblez des voix. »

des idées générales? La pièce finale des *Destinées*
nous reporte donc en arrière jusque vers le milieu
du siècle. La contradiction qu'elle maintient trouve à
cette époque une sorte de solution. Son histoire est
celle même du poëte, et elle semble nous murmurer
de même à l'oreille la mélancolique pensée de son
auteur :

J'ai dit ce que je sais et ce que j'ai souffert [1].

II

LE VERBE ET MALEBRANCHE DANS LES « DESTINÉES ».

« Étroite, étroite, est l'île où se maintiennent encore
ceux que la raison gouverne. » Ainsi pensait Vigny
touchant l'état des esprits vers 1842 [2].

Il le savait alors mieux que beaucoup d'autres,
engagé, comme il l'était, hors des voies de la tradi-

----

1. Documents inédits.
2. Documents inédits : *Les deux courants.*
« Deux courants emportent les lettres aujourd'hui, l'un vers les
régions les plus basses du cynisme, l'autre vers les plus folles
hypocrisies du pédantisme catholique. Étroite, étroite est l'île où se
maintiennent encore ceux que la raison gouverne. Ceux-là ne sont
pas enchantés par la cruauté froide des fanfarons du crime; ceux-
là ne se font pas froids comédiens jouant le rôle de saint Jérôme.
Le Créateur a dit : vivez dans l'ignorance. »

tion, déçu dans son rêve de mission sociale, isolé de la foule et hors d'état d'y faire pénétrer sans détour le platonisme d'un autre Julien. La réaction religieuse de 1835 s'était développée pendant les années suivantes. Loin d'offrir au projet des *Consultations* le moindre avenir, elle atteignait *Daphné* même dans son développement. Les *Destinées* sont issues d'abord de cette désespérance. Mais on peut suivre, en même temps, la foi de Vigny dans son évolution nouvelle. La reprise heureuse de *Chatterton*, en plein éclat du socialisme, ne lui persuade point de retourner en arrière. Il s'est choisi, en dehors de la réaction religieuse, une position qu'il juge forte et sûre: et ce qu'il professait en 1842 dans la *Maison du Berger*, il le rappellera en 1863 dans l'*Esprit pur*, quand la situation religieuse aura totalement changé de face.

Quel est donc le sens de son adhésion à Malebranche dès 1842?

De Maistre a écrit quelque part : « La France n'est pas assez fière de son Malebranche. »

Plusieurs esprits philosophiques ont aujourd'hui donné le démenti à de Maistre [1]. Je ne sais si, vers 1842, tous les amis de Malebranche suivaient sa pensée

---

1. Voir, par exemple, M. Ollé-Laprune, *la Philosophie de Malebranche* (Paris, Ladrange, 1870).

avec tant de finesse. On empruntait quelques formules à ce philosophe parce qu'elles semblaient, pour ainsi dire, utilement tissues mi-partie de dogmes chrétiens, et mi-partie de cartésianisme. Dans la guerre qui divisait les esprits, ce qu'il tenait de Platon [1] offrait les dehors d'un refuge honorable.

En recourant au Verbe de Malebranche, le poëte agissait peut-être en homme d'ordre [2]; mais, je le crois, par dédain de la foule. « Quand il y a, disait-il, disproportion entre les dogmes et le progrès des idées et des sciences, les dieux deviennent des allégories et des symboles [3]. » En d'autres termes, il ne voyait dans Malebranche que le platonisme aux dehors chrétiens.

On critique, peut-être avec raison, chez Victor Cousin la division qu'il fait des hommes en philosophes et en religieux : ceux-là s'élèvent à la vérité pure, ceux-ci fidèles encore à des symboles qui flattent leur faiblesse. L'événement avait démontré l'impuissance de la philosophie. Si l'entreprise eût été possible,

---

1. Voir toutefois, *ibid.*, t. I, p. 178-9. — Cf. p. 206.

Cf. l'*Essai sur le panthéisme dans les sociétés modernes*, par H. Maret (Paris, Sapia, 1840), p. 1 : « La philosophie française fondée par Descartes fut développée par Malebranche dans le sens du plus haut spiritualisme, et déjà elle se mettait en harmonie avec le christianisme. La voie était ouverte. »

2. *Daphné*, 1844 : « Le Christianisme en est au point où fut le Polythéisme en 300, qui se réfugie dans l'Alexandrinisme éclectique. »

3. Documents inédits, 1843.

Alfred de Vigny eût aimé de même à fortifier dans la foule le pur instinct du Vrai, du Bon et du Beau, le sentiment de l'extase pure [1]. Au temps de *Paris*, en 1831, il s'attribuait cette mission chimérique. Il jugeait alors Lamennais comme un homme qui, « sentant que le pape et les rois laissent tomber la croix, a l'idée de la porter dans le camp des barbares ». En 1844, il se résigne à quelque rôle analogue. A mots couverts, il explique ses raisons dans *Daphné* :

« Notre trésor va périr, Julien, et tu sais ce que c'est que le trésor de Daphné : c'est l'axe du monde, c'est la sève de la terre, c'est l'élixir de la vie des hommes, distillé lentement par tous les Peuples passés pour les Peuples à venir, c'est la morale. Il va périr, ce trésor, si nous ne le passons bien conservé à des mains plus sûres que celles des Peuples sophistes qui ne savent plus le garder et n'ont plus de prestige pour l'envelopper. »

Alors, à la faveur d'une allusion transparente, il indique le rôle des philosophes poëtes à l'égard « des masses ». Libanius, le maître chéri de Julien, parle à son élève en confident des Lamennais et des Strauss.

1. Cf. *Servitude et Grandeur militaires*, la *Canne de jonc*, p. 267. « Je vous l'ai dit, j'avais dix-huit ans alors, et je n'avais encore en moi qu'un instinct vague du Vrai, du Bon et du Beau, mais assez obstiné pour m'attacher sans cesse à cette recherche. C'est la seule chose que j'estime en moi. »

Il lui montre du doigt un cercueil, et dans ce cercueil une momie égyptienne [1] :

« Les institutions vertueuses, les lois prudentes ne se conservent pas si elles ne sont à l'abri d'un dogme religieux…. Regardez attentivement cette momie embaumée. Elle porte dans sa tête des trésors, et dans sa poitrine un rouleau de papyrus sur lequel tiendraient aisément rassemblées et écrites en caractères gras, quelques brèves maximes qui peuvent exprimer tout ce qu'ont imaginé les hommes jusqu'à ce jour pour tâcher de les rendre meilleurs. Les couleurs vertes, rouges, dorées de la momie n'ont point pâli; ses cheveux se sont conservés aussi blonds, aussi soyeux que dans la vie; aucun des trésors d'Isis et d'Osiris, aucun Sphynx azuré ne s'est perdu; pas une lettre du papyrus ne s'est effacée, grâce à ce cristal énorme qui couvre la momie dans toute son étendue. Ce cristal est transparent, et à travers les lueurs rougeâtres, argentées, violettes que lui apportent les flambeaux et les astres, et qui lui donnent l'aspect d'un lac merveilleux ou d'un ciel inconnu découvert dans l'ombre, on ne cesse d'apercevoir le visage immobile de la momie. Elle croise ses bras sur sa poitrine et y garde en paix notre trésor. Sur ce cristal énorme sont gravés et peints des caractères sacrés qui, faisant adorer l'enveloppe, ont conservé le trésor des âges anciens.

---

1. Je dois cette page de *Daphné,* comme tant d'autres documents inédits d'Alfred de Vigny, à la générosité de M. Louis Ratisbonne. — Musset emploie une image analogue dans les premières pages de la *Confession d'un enfant du siècle.*

Les dogmes mystérieux, avec leurs célestes illusions, sont pareils à ce cristal. Ils conservent le peu de sages préceptes que les races se sont formés et se passent de l'un à l'autre. Lorsque l'un de ces cristaux sacrés s'est brisé sous l'effort des siècles et les coups des révolutions des hommes, ou lorsque les caractères qu'il porte sont effacés et n'impriment plus de crainte, alors le trésor public est en danger, et il faut qu'un nouveau cristal serve à le voiler de ses emblèmes et à éloigner les profanes par ses lueurs toutes nouvelles, plus sincèrement et chaudement révérées. Or les barbares dont nous parlons ont une crainte toute vraie, toute jeune et sans examen, du nouveau dogme chrétien ; s'ils la conservent pure, ce dogme sera le seul, en vérité, qui puisse sauver le trésor du monde, et ce sera là le cristal neuf, orné de symboles nouveaux et préservateurs. »

Si l'on compare ensemble l'adhésion de Vigny au Verbe de Malebranche et sa propre opinion touchant « la plus pure des Religions » dans ses phases nouvelles [1], les vers platoniciens de la *Maison du Berger* étaient l'annonce d'une démarche plus décisive. Le Verbe, pour un poëte, n'offre qu'une conception tout abstraite. S'il lui faut l'approfondir, ce concours divin dans la connaissance ne lui présente qu'une lumière froide. A en juger d'après le credo de *Stello* et le symbole de l'*Esprit pur*, Alfred de Vigny a contemplé,

---

1. Voir *Servitude et Grandeur militaires*, p. 354.

dans le Mystère, le Bien plutôt que le Vrai. Il écrivait :

> Le Bien et le Soleil sont les deux rois du monde :
> L'un règne sur son âme et l'autre sur les corps [1].

C'est donc à ce pôle qu'était placé pour lui « l'aimant magique », cette pierre où s'attachent « les cœurs d'acier, les cœurs des forts [2] ». Un intellectualiste se fût représenté les vérités comme contenues dans l'intelligence divine; c'est là, eût-il dit, que nous les voyons, bien que nous ne voyions pas le livre lui-même : ne peut-on distinguer un objet dans la lumière du soleil, sans voir le soleil? Il eût écrit, en disciple de saint Augustin, que l'air est éclairé par la présence de la lumière, et dès qu'elle se retire, il devient ténébreux : ainsi notre esprit est illuminé par Dieu. C'est Dieu qui, dans l'âme, produit la lumière de la raison naturelle.

Voilà ce qu'on ne trouve nulle part chez Alfred de Vigny. On ne peut attribuer, chez lui, au terme d'*esprit pur* le sens qu'y attache un Malebranche [3]. Notre

---

1. *Documents inédits*, 1851. — « Platon, *République*, liv. **VI**, dit : « Le Bien et le Soleil sont deux rois, l'un du monde intelligible, l'autre du monde visible. Ce que les *apparences* sont aux choses qu'elles représentent, l'*opinion* l'est à la connaissance. » (*Ibid.*)

2. *Servitude et Grandeur militaires*, p. 355.

3. L'*esprit pur* ou *entendement pur* est, pour Malebranche, ce qui dans l'âme reçoit de Dieu les idées toutes pures de la vérité sans

auteur n'a considéré que distraitement la théorie des
Idées de Platon [1].

Mais il participait dès le temps de *Stello* à cette
crise, d'apparence universelle, qui transporte du
Verbe, en Dieu, à l'Amour, dans l'Homme, le pôle de
la vie individuelle [2]. Le poëme de l'*Esprit pur* célébrait sur toute chose l'enthousiasme pur. La philosophie de la volonté, comme on dit dans l'école, a plus
de prise sur un poëte que celle de l'Intellect agent.
Dès lors on ne s'étonne point de trouver dans son
œuvre le symbole de la Colombe. Examinez de près
le poëme de *Paris* : n'est-il pas vrai qu'il l'indique à
l'avance?

> Paris! principe et fin! Paris! ombre et flambeau!...
> Je ne sais si c'est mal, tout cela, mais c'est beau!

mélange de sensations et d'images, « non, dit Malebranche dans la
conclusion des trois premiers livres, non par l'union qu'elle a avec
le corps, mais par celle qu'elle a avec le Verbe ou la Sagesse de
Dieu ». — « On connaît les choses, dit Malebranche, par leurs
idées, quand elles ne sont point intelligibles par elles-mêmes,
soit parce qu'elles sont corporelles, soit parce qu'elles ne peuvent pénétrer l'esprit ou se découvrir à lui. » (*Recherche de la
vérité*, III, 2ᵉ partie, chap. VII.) Il n'y a que Dieu que l'on connaisse par lui-même, selon Malebranche. Le chapitre VII de la
seconde partie du livre III expose comment on connaît Dieu, les
corps, son âme et les âmes des autres hommes ainsi que les purs
esprits.

1. Cf. Ollé-Laprune, *op. cit.*, I, p. 206.

2. Cf. *Journal*, 1861, à propos de Salvador : « La lutte est aujour-
d'hui entre le spiritualisme et le panthéisme, le Dieu personnel et
le Dieu abstrait de l'univers. »

Mais c'est grand ! mais on sent jusqu'au fond de son âme
Qu'un monde tout nouveau se forge à cette flamme.
Ou soleil, ou comète, on sent bien qu'il sera ;
Qu'il brûle ou qu'il éclaire, on sent qu'il tournera,
Qu'il surgira brillant à travers la fumée,
Qu'il vêtira pour tous quelque forme animée,
Symbolique, imprévue et pure, on ne sait quoi,
Qui sera pour chacun le signe d'une foi,
Couvrira, devant Dieu, la terre comme un voile,
Ou de son avenir sera comme l'étoile,
Et, dans des flots d'amour et d'union, enfin
Guidera la famille humaine vers sa fin ;
Mais que peut-être aussi, brûlant, pareil au glaive
Dont le feu dessécha les pleurs dans les yeux d'Ève,
Il ira labourant le globe comme un champ,
Et semant la douleur du levant au couchant ;
Rasant l'œuvre de l'homme et des temps comme l'herbe
Dont un vaste incendie emporte chaque gerbe,
En laissant le désert, qui suit son large cours,
Comme un géant vainqueur s'étendre pour toujours.

L'adhésion de Vigny au Verbe de Malebranche préparait dans les *Destinées* la glorification du VISIBLE
SAINT-ESPRIT. Mais on doit y prendre garde : depuis
1857 environ, le mouvement des idées générales donnait raison en apparence à la fière condescendance de
Daphné. Ce qu'un P. Gratry pouvait alors annoncer
d'Évangile éternel ne paraissait plus au poëte qu'une
satisfaction donnée aux faibles [1]. Le Fort, pour parler

---

1. Il existe peut-être une correspondance, publiée ou non, entre
Vigny et le P. Gratry.

son langage, n'avait pas retiré à lui la sonde jetée dans
l'Océan. Pour jamais il avait dit adieu aux Pénates
de l'humble : il les ménageait en homme d'ordre,
comme un frêle édifice qu'un souffle pourrait ébranler.
Mais toujours, au fond de son cœur, il réservait et
gardait cette maxime de sa vie : « Le christianisme
est mort dans son cœur. A sa mort, il regarde la croix
avec respect, accomplit tous ses devoirs de chrétien
comme une formule, et meurt en silence [1]. »

III

LE DIEU DES IDÉES.

On demandera : qu'est-ce donc enfin que Dieu,
dans les *Destinées*?

Pierre Leroux disait : « Dieu lui-même, en tant
qu'il se communique à nous, c'est-à-dire *une certaine
intuition de l'essence même de la vie*, peut seul nous
donner le point d'appui que l'âme cherche pour savoir
si elle doit s'attacher aux destins futurs de l'humanité,
ou s'en distraire et s'en séparer [2]. »

1. *Journal d'un poëte*, p. 86.
2. P. Leroux, *De l'Humanité*, préface, p. xvii. — (1841.)

Le point d'appui se montre avec évidence dans les *Poëmes philosophiques*. Il s'étale en lettres majuscules dans l'*Esprit pur* et dans la *Bouteille à la mer*. C'est l'IDÉAL. Et comme l'apôtre a pensé que l'homme est l'auxiliaire de Dieu, Vigny peut écrire de même :

> Seul et dernier anneau de deux chaines brisées,
> Je reste. Et je soutiens encor dans les hauteurs,
> Parmi les maîtres purs de nos savants musées,
> L'IDÉAL du poëte et des graves penseurs [1].

Mais l'Idéal, est-ce une personne? ou de quel idéal nous faut-il parler?

> Regarde. — Quelle joie ardente et sérieuse!
> Une gloire de plus luit dans la nation ;
> Le canon tout-puissant et la cloche pieuse
> Font sur les toits tremblants bondir l'émotion.
> Aux héros du savoir plus qu'à ceux des batailles
> On va faire aujourd'hui de grandes funérailles ;
> Lis ce mot sur les murs : « Commémoration! »
>
> Souvenir éternel! gloire à la découverte
> Dans l'homme ou la nature égaux en profondeur,
> Dans le Juste et le Bien, source à peine entr'ouverte,
> Dans l'Art inépuisable, abime de splendeur !
> Qu'importe oubli, morsure, injustice insensée,
> Glaces et tourbillons de notre traversée?
> Sur la pierre des morts croît l'arbre de grandeur.

1. L'*Esprit pur*, IX.

Cet arbre est le plus beau de la terre promise.
C'est notre phare à tous, Penseurs laborieux !
Voguez sans jamais craindre ou les flots ou la brise
Pour tout trésor scellé du cachet précieux,
L'or pur doit surnager, et sa gloire est certaine.
Dites en souriant comme ce capitaine :
« Qu'il aborde, si c'est la volonté des dieux ! »

Le vrai Dieu, le Dieu fort est le Dieu des idées.
Sur nos fronts où le germe est jeté par le sort,
Répandons le savoir en fécondes ondées ;
Puis, recueillant le fruit tel que de l'âme il sort,
Tout empreint du parfum des saintes solitudes,
Jetons l'œuvre à la mer, la mer des multitudes :
— Dieu la prendra du doigt pour la conduire au port [1].

Écartons ici toute pensée de joie trop particulière
au poëte : il espérait beaucoup de la postérité. Le
doigt de Dieu, c'est la force de victoire inhérente à
la vision d'un avenir normal. L'essence même de la
vie semble ne faire qu'un, dans la foi de l'auteur, avec
l'attrait de « la terre promise ». Il y a, chez lui, l'étincelle de Leroux et de Salvador. Il écrit :

A de certains moments, l'âme est sans résistance ;
Mais le penseur s'isole et n'attend d'assistance
Que de la forte foi dont il est embrasé [2].

Il note ailleurs dans son Journal :

1. La *Bouteille à la mer*, XXIII-XXVI.
2. La *Bouteille à la mer*, III.

Comparaison poétique. — « L'Islande. — Dans les nuits de six mois, les longues nuits du pôle, un voyageur gravit une montagne et, de là, voit au loin le soleil et le jour, tandis que la nuit est à ses pieds : ainsi le poëte voit un soleil, un monde sublime et jette des cris d'extase sur ce monde délivré, tandis que les hommes sont plongés dans la nuit [1]. »

Le Dieu des idées pour Vigny, qu'est-ce autre chose que les idées devenues Dieu? Mais ces idées, à leur tour, n'est-ce pas ce qu'il comparait, dans le *Discours de réception*, à ces bannières mobiles qui dirigent la marche de l'espèce humaine? Elles prennent naissance dans les grandes Écoles de poésie et de philosophie [2]. Elles reflètent de loin, comme l'atmosphère dans un désert, quelque Jérusalem nouvelle. Elles racontent aux Vigny la gloire d'un régime normal où la commémoration des grands morts serait la base de la religion; où les arts de la paix remplaceraient la guerre; où le penseur soutenu par la foule et la dirigeant, commanderait aux politiques par la force de l'opinion; où l'immortalité de l'œuvre et du nom lui constituerait dans l'esprit des vivants une vie subjective; où se dérouleraient, sous la présidence de la

1. *Journal d'un poëte* (1824), p. 27-28.
2. *Discours de réception*, p. 345 (à la suite de *Stello*, édit. Calmann Lévy).

Femme, les destinées progressives de la race humaine :
tel serait en un mot le règne de l'Amour.

« L'Amour, écrit-il, est l'aile de l'âme, et la Raison
en est le gouvernail [1]. » C'est ainsi qu'il résume la doctrine de Platon. Il n'attribue de même à la doctrine
de Malebranche qu'une portée toute symbolique. La
force morale réside, chez Vigny, dans une vision
qu'il juge réalisable. Comme tout amour, cette passion s'enflamme à l'idée que son objet n'est pas hors
de prise.

D'où vient donc finalement la secrète langueur des
Destinées? Quelle est ici l'atteinte dernière du *mal du
siècle*?

IV

LE DOUTE PIEUX.

On a présenté Vigny comme un idéaliste sans
croyances : on l'appellerait plus justement peut-être
un idéaliste sans système.

Nombre d'esprits, séduits par les sciences qui traitent du corps, ont fait de nos jours une triste décou-

1. Documents inédits. — *Daphné.*

verte. Avant eux, le théologien établissait entre l'homme et la bête une différence capitale, et la métaphysique l'appuyait. Depuis lors, on s'est défié des sciences qui traitent de l'esprit. On a soupçonné d'inutilité la critique même de nos moyens de connaître. Qu'est-il arrivé? L'homme a perdu le sens de l'invisible. Il s'est considéré, de par les yeux du corps, comme un être sans lendemain. Il a rejeté le trésor de la vie.

En apparence, notre auteur échappait à cette épidémie. Idéaliste à ce qu'il semble, il doit croire à la vie dans la mort. Le poëme de la *Flûte* offrait même, au sujet de l'âme, une belle conjecture :

> Du corps et non de l'âme accusons l'indigence,
> Des organes mauvais servent l'intelligence...
> Pour moi qui ne sais rien et vais du doute au rêve,
> Je crois qu'après la mort, quand l'union s'achève,
> L'âme retrouve alors la vue et la clarté,
> Et que jugeant son œuvre avec sérénité,
> Comprenant sans obstacle et s'expliquant sans peine,
> Comme ses sœurs du ciel elle est puissante et reine...
> Et, calme, elle reprend, dans l'idéal bonheur,
> La sainte égalité des esprits du Seigneur.

Mais son Journal nous met plus justement au fait de ce doute où fleurit son rêve. Voici l'un de ses projets de poëmes :

BISSON.

Bisson se faisant sauter avec les pirates qui ont pris son vaisseau pendant la nuit et le sommeil.

Il veillait et travaillait dans son cabinet flottant. Il se demandait comment la vapeur allait vaincre la distance et le temps, le vent et la mer, et rendre inutile l'homme de mer expérimenté dans l'art de tromper le vent par la voile et les mâts. Il s'endort. Mais il entend des cris et des pas sur le front. Il s'éveille, il combat; puis se fait sauter, et se rendort sous les flots pour toujours.

Telle est la vie... C'est un accident sombre,
Entre deux sommeils infinis!...

Tel est l'homme moderne en France. L'honneur est sa foi, la conscience sa morale, le devoir sa loi; il est actif et savant. Sa science première est celle de son état; il ne veut plus permettre à son imagination d'errer dans les champs de la théologie et de la superstition; il combat et sert la patrie et l'espèce humaine dans les temps présents sans vouloir préjuger de l'éternité. *Il désire que Dieu soit et qu'il reçoive le Juste dans sa paix; mais il ne croit pas toujours et n'affirme plus.* Quelle est l'idée qui soutient son courage? Il ne le dit même pas [1].

Pourquoi ne pas la dire, cette idée qui soutient son courage? C'est peut-être qu'en ce temps de critique, on veut, pour espérer, une raison d'ordre intellec-

____
1. *Journal d'un poëte*, p. 264.

tuel. Mais l'esprit, de nos jours, s'est comme insurgé contre l'autorité du cœur. On a vu tant d'apôtres dupes d'eux-mêmes qu'on se tient en défiance. Soufflez à l'aise quelque bulle d'air : il en advient comme dans la *Flûte* :

> Bientôt par nos fleurets le défaut est trouvé ;
> D'un seul argument fin son ballon fut crevé.

Et la raison de cette défiance, elle éclate ici, elle est latente ailleurs, implicite partout, et Vigny l'a rencontrée. On la saisit dans ses mémoires de 1861. C'est cette réflexion venue d'Allemagne, écho de Feuerbach : « La race humaine a fini par comprendre, écrit notre auteur, *que sa Pensée est la créatrice des mondes invisibles* [1]. »

De là le doute qu'on rencontre ailleurs, mais nulle part exprimé avec autant de force que dans le dilemme suivant, renouvelé d'Hamlet. Vigny avait prêté attention au bouddhisme depuis plusieurs années. On trouve à ce sujet de longues notes dans ses papiers. Le Silence du *Mont des Oliviers* en est certainement un signe. Le bouddhisme, enseigné chez nous aux

---

1. « Les divinités passent du temple au musée. — Jupiter, Brahma et Osiris y sont assez bien placés et embaumés. Momies parfumées. Dieux empaillés. Sans la peur du diable, la mythologie chrétienne y serait déjà tout entière. » (1861, *Journal* de 1857.)

lettrés par Burnouf en 1845, avait frappé Vigny dans un travail de M. Barthélemy Saint-Hilaire. Il louait le désintéressement de cette religion. Tout en blâmant l'extase « portée à son terme le plus bas » et « l'abrutissement » des fakirs, il se sentait gagné à cette doctrine où « l'âme s'adore comme être pur[1] » et conserve « par dédain » les dieux. Il inscrit donc ce qui suit dans son Journal :

« Bouddah lui seul n'a point parlé des récompenses célestes. La *charité* est l'âme de sa religion, la plus profonde abnégation de soi-même, et il ne prononce pas même le nom incertain de Dieu. Il console l'Orient en détruisant l'idée d'une éternelle *métempsychose* et des incarnations successives de Brahma, et il dit : soyez charitables, donnez tout et vous aurez enfin le repos dans le *Nirvana*.

Est-ce l'union à Dieu ou le néant? Là est la question[2]. »

Cette question, il semble bien la prendre à son compte et la poser à l'universel mystère de la mort.

---

1. « Etude sur le Bhagavata Pourana. — Source admirable de poésie et de sentiment. Un ravissement imprévu me saisit cette nuit en lisant au 36ᵉ chapitre la marche de l'âme individuelle. »

2. *Journal* de 1857, daté 1862. L'expression « par dédain » est de M. Ménard.

Telle est donc la pensée de la *Flûte*. Le rêve y est traversé par un doute profond, doute pieux [1], on peut l'en croire, mais où l'énergie stoïcienne prétend refuser tout secours divin.

On trouve finalement, chez Vigny, le mélange d'une sécheresse permanente avec les élans passagers d'une foi demeurée presque toute poétique. On lui parle de la Grâce, dans ses dernières années. Il répond : « La *Grâce nécessitante* est tout simplement l'enchaînement inévitable des choses, des décrets éternels et des événements ou *Fatalité*. On ne peut s'y soustraire. — La *Grâce efficace*, on ne lui résiste jamais. — La *Grâce particulière suffisante* : elle est très insuffisante puisque l'âme y résiste, elle ne peut être considérée comme une faveur, un privilège [2]. » Mais moins de quinze jours après l'expression de ses

---

1. 1857 : « Le scepticisme pieux. » — Avec plus de précision, en 1862, 15 septembre : « Doute. Le *Doute* n'est pas le scepticisme. Le *Doute* embarrasse fort les *philosophes* et les *sophistes* qui passent leur vie à affirmer les rêves du monde surnaturel. — Celui qui *affirme* quoi que ce soit dans le merveilleux est fou ou fourbe. Affirmez la morale, chose d'expérience humaine. Cela vous est permis: mais affirmer dans le songe, c'est vouloir bâtir, semer et planter dans le nuage. » — « Le doute!... derrière lui seul est en sûreté la Raison. » Et enfin, en 1863, mars : « c'est le *Doute* universel lui seul qui obéit aux desseins du Créateur puisqu'il est resté muet à nos cris et a voulu que l'homme ne tint de lui aucune *notion certaine*. »

2. *Journal*, 1857 à 1862.

doutes, il s'adresse au Mystère personnifié : Faites, dit-il,

> Faites,... ô Seigneur invisible,
> Que puisant la lumière en la pure clarté
> J'agisse dans le calme avec sérénité.

Que conclure donc d'un tel état d'âme?

V

LA RELIGION DU BEAU.

Chez un homme ordinaire, on oserait deviner sous ce trouble de la soixante-sixième année un prochain retour à la foi de son enfance. Les *Destinées* et le *Journal* témoignent ensemble d'une pensée sensiblement différente. Ni l'un ni l'autre ouvrage ne constitue une œuvre achevée. *Pendent opera interrupta.* Mais le passé, chez Vigny, peut présenter quelque symptôme de l'avenir.

Qu'était la foi d'*Éloa*? Un christianisme poétique. S'il eût pu distinguer à l'avance entre deux idées qu'il confondait encore, celle de mythe et celle de symbole, il eût tenu le secret de ses propres voies.

Car le mythe peut être chose vaine : le symbole est un signe.

Il apercevait cette vérité, le jour où, sans dédain pour la foule, il notait la réflexion suivante qui paraîtra sans doute féconde : « Le symbole soutient l'esprit dans l'adoration, comme le chiffre dans le calcul. »

Mais l'emblème de la Colombe l'égare, et il en est de même d'Éva, cette vision de la Femme, qu'il poursuit vainement [1].

Les *Destinées* demeurent ainsi, comme *Stello*, au point de jonction de plusieurs problèmes.

Supérieure au triomphe facile dont se pare la malveillance de Sainte-Beuve, la philosophie des Poëmes ne semble néanmoins avoir agité tant de questions que pour les replonger dans une obscurité menaçante. « Philosophe et penseur, écrivait Sainte-Beuve en 1864, se rattachant à quelques égards aux écoles du progrès et de l'avenir, à la religion de l'esprit, il (Vigny) repoussait, par une sorte de contradiction au moins apparente, les voies et moyens de ce progrès moderne et plusieurs des résultats; il s'en prenait aux débats publics, aux discussions écla-

---

1. M. Paul Bourget a signalé chez Vigny une *idée* de la Femme, telle qu'on ne la rencontre chez aucun poëte (*Journal des Débats*, 24 mars 1885. — *Études et portraits*).

tantes, à ces chemins de fer qui créent ou qui centu-
plent les communications humaines et les échanges
de la pensée, au développement accéléré et aux con-
quêtes de la démocratie. Il regrettait de l'ordre
ancien plus de choses encore qu'il n'en espérait de
l'ordre nouveau; il voulait et il ne voulait pas [1]. »

Voilà l'apparence, et cette apparence peut subsister
aussi longtemps que l'anarchie des mœurs et des
opinions.

De Vigny lui-même, par son silence peut-être ironique, a dû prêter le flanc à l'attaque.

D'autres ont dit : l'art pour l'art. Il disait, lui :
l'étude pour l'étude, et se réfugiait, à ce qu'il semble,
dans un ombrageux dilettantisme. On a beaucoup
remarqué à cet égard tel passage du *Journal d'un
poëte* : « Ce serait faire du bien aux hommes que de
leur donner la manière de jouir des idées et de jouer
avec elles, au lieu de jouer avec les actions, qui
froissent toujours les autres. Un mandarin ne fait de

---

1. *Nouveaux Lundis*, t. VI, p. 427.

Ce jugement rappelle de près celui de M. Cuvillier-Fleury, porté
dès le mois de mars, et antérieur par conséquent à l'article de
Sainte-Beuve : « Il était libre penseur et il se défiait de la liberté
politique, un ennemi de l'irréligion et son scepticisme hautain lui
cachait son Dieu. » — L'article de Sainte-Beuve est venu tard,
après ceux de MM. Barbey-d'Aurevilly, de Lagardie, Cuvillier-
Fleury, de Pontmartin, de Mouy.

mal à personne, jouit d'une idée et d'une tasse de thé. »

Je voudrais en alléguer deux autres où cette pensée se précise :

« 11 janvier 1862. — De l'Étude. — L'Étude m'a toujours semblé dès l'enfance être quelque chose de semblable à un personnage idéal avec qui l'on se retire pour penser librement. C'est une sorte d'Égérie désintéressée qui n'est ni le *moi*, ni le *toi*, ni le *vous*, le pire des trois.

Le *vous*, c'est la foule, la multitude haïssable, malveillante, jalouse, féroce et flatteuse à la fois.

Le *toi*, c'est la personne avec qui l'on vit, que l'on aime, dont on est tourmenté, que l'on agite, que l'on passionne, qu'il faudra quitter par la séparation volontaire de la vie ou involontaire de la mort.

Le *moi*, c'est le calcul des intérêts, des droits, des devoirs, des besoins grossiers qui nous assiègent, des vanités innées et des passions égoïstes.

Mais l'Étude, elle, c'est une contemplation amie qui s'enferme sous le même rideau, qui nous voit méditer et qui penche son front sur le mien et lit sur mon épaule [1]. »

Et encore : « Le beau, disait-il,

Le beau, c'est la croyance, et l'art, c'est la prière. »

1. Cf. *Journal d'un poète*, 1833, p. 82.

Il y a, dans ces réflexions, des nuances bien déli-
cates [1]. Elles nous aident à déterminer la religion des
Destinées.

L'adoration de la Beauté peut n'être qu'un dilettantisme idolâtre. Même en cet état, la religion du
beau tient en réserve une force éducative. Mais elle
s'élève à sa dignité véritable quand elle discerne
dans son objet ce qu'une vieille définition appelait la
splendeur du Bien. En s'éloignant du Christianisme,
Alfred de Vigny n'a pas méconnu « sa belle morale
qui résume toute la science des vertus ». Mais il
vivait, depuis son enfance, dans la poésie de la foi
bien plutôt que dans la foi même. Voilà pourquoi l'on
doit appliquer aux *Destinées* quelque chose du jugement qu'il portait sur Strauss [2]. Il a cru bon d'y con-
server, sous forme chrétienne, une mythologie philo-

1. Voir l'*Histoire d'une âme*, par M. G. Lachaud. L'auteur soulève avec une exquise délicatesse un coin du voile qui couvrait le
cœur du poëte. Ce pieux monument de tendresse contient quelques
lettres de Vigny des plus touchantes et d'une sensibilité racinienne.
— M. G. Lachaud a écrit de Vigny : « L'illustre poëte dont la
renommée grandit devant la postérité à mesure que celle de ses
rivaux diminue. » (P. 109.)
2. *Journal d'un poëte* (1839), p. 143.

sophique. Allez-vous au fond de son doute? Il vous
tient alors un autre langage. Il a sondé, comme ferait
un moine, les plis et les replis de son âme. Il a vu
dans l'honneur la poésie du devoir. Il cherche à son
tour le secret de cette poésie, et le voici, sous forme
de conseil :

« Aimez le Bien pour sa Beauté, la Beauté pour
son excellence, sans crainte de rien, sans espoir de
rien [1]. »

C'est le secret des *Destinées*.

1. Documents inédits, 1845.

TROISIÈME PARTIE

COMPOSITION ET STYLE

TROISIÈME PARTIE

COMPOSITION ET STYLE

———

Ce goût du difficile et cette recherche de la vérité se montrent dans le talent d'A. de Vigny au moins autant que dans sa pensée.

Quand il revint aux ouvrages en vers, — c'était en 1838, — notre auteur avait depuis longtemps trouvé le genre du « Poëme ». Car le Poëme en France est son œuvre propre. S'il en a pu rencontrer l'idée dans quelques pièces de Byron, il lui donne, le premier chez nous, sa forme systématique. Dès 1829, il revendiquait cette priorité, et je ne crois pas que ses contemporains la lui aient contestée [1].

———

[1]. La préface, datée d'août 1837, qu'on lit aujourd'hui en tête du recueil complet des poëmes d'A. de Vigny, contient cette revendication : « Le seul mérite qu'on n'ait jamais disputé à ces compositions, c'est d'avoir devancé en France toutes celles de ce genre, dans lesquelles une pensée philosophique est mise en scène sous

Il faut pourtant s'arrêter un peu sur cette question. C'est dans la structure des premiers Poëmes que l'on saisit le mieux l'économie des *Poëmes philosophiques*.

une forme épique ou dramatique. » — Cf. la préface de la deuxième édition des *Poëmes antiques et modernes*, datée de mai 1829 : « C'est d'avoir devancé en France toutes celles de ce genre dans lesquelles presque toujours une pensée philosophique, etc. » — Cette préface commençait ainsi qu'il suit, en 1829 : « Nous réunissons ici, pour la première fois, des poëmes qui furent composés et publiés de temps à autre, çà et là, à travers la vie errante et militaire de l'auteur. Plusieurs nouveaux poëmes en remplacent d'autres qui ont été jugés sévèrement par lui-même et retranchés de l'élite de ses œuvres. »

Pas d'autre changement à signaler.

Le Recueil de 1826 n'attribuait encore de date à aucun des poëmes, et il n'est pas précédé de préface. Celle du Recueil de 1822 est toute différente de la préface de mai 1829, laquelle a été adoptée définitivement en août 1837, à part quelques changements sans importance.

CHAPITRE I

VIGNY CRÉATEUR DU POÈME EN FRANCE

Assurément, s'il ne s'agissait que d'idées morales exprimées en vers, on citerait plus d'un nom connu à l'encontre de cette revendication. Mais la nature du Poëme, tel qu'il le concevait, écarte du débat toute expression lyrique, élégiaque même, ou proprement didactique de pensées générales. C'est en quoi véritablement on lui doit chez nous quelque découverte. Les critiques peu nombreux [1] qui lui en refusent l'honneur allèguent à tort la priorité d'André Chénier. Citer des poëmes comme l'*Invention*, la *Superstition*, l'*Hermès* même, tous discours en vers à la manière de Ronsard, serait ici faire fausse route. Il y aurait plus d'apparence à mentionner les élégies ou les idylles : dans l'*Aveugle*, par exemple, dans le *Jeune malade* ou dans l'*Oaristys*, Chénier mêle au tissu de son petit drame quelques réflexions suggé-

1. Voir Charles de Mouy, deux articles dans la *Presse*, année 1861.

récs par la vie. Ce n'est pas là le Poëme de Vigny. Le trait final de l'*Oaristys* est une pensée de détail, non telle ou telle idée philosophique sur quoi toute une pièce se trouverait édifiée.

Verra-t-on dans Chênedollé ce premier que l'on cherche? Assurément Vigny lui est redevable. L'avant-propos du *Génie de l'homme* a pu l'éclairer. On y trouvait quelque lumière sur les rapports de la pensée et de la poésie. Mais l'œuvre elle-même, quelle ressemblance offrirait-elle avec « une pensée mise en scène sous forme épique ou dramatique? »

Faudra-t-il donc alléguer Soumet? Tout révéré qu'il fût de Vigny vers 1823, ni l'*Incrédulité*, ni même sa *Pauvre fille* [1] ne lui confèrent un titre à part dans notre recherche. Sans contredit, ce tenace écrivain, ce méditatif savait faire tenir de belles pensées dans quelques beaux vers. Il ne se plaisait pas à la description toute pure. Mais, à ce compte, Lamartine, avec ses élégies méditatives, revendiquerait plus justement le titre de créateur. Ém. Deschamps [2] écrivait de lui en 1828 : « Il jette dans ses

---

1. En 1814. De même, dans le *Conservateur littéraire* : l'*Infidèle*. Ce sont là de petits sujets, dans le genre de l'élégie, plutôt des « poésies » que des poëmes, selon le mot de M. Éd. Fournier. — Ainsi de la *Sœur grise*, de Guiraud, et de ses *Élégies savoyardes*, en 1823. Ainsi de l'*Apostat*, de Saint-Valry.

2. Préface des *Études françaises et étrangères*.

admirables chants élégiaques toute cette haute métaphysique sans laquelle il n'y a pas de poésie forte. »
Et Lamartine, à son tour, dans les *Destinées de la
poésie*, se représente sous sa tente, recueillant les
vérités historiques et les pensées sur toute la terre et
nous donnant, après la poésie du cœur, celle de la
philosophie et de la méditation.

Mais le fond même des pensées n'est pas ici mis
en cause : c'est le Poëme, dans sa structure essentielle, qu'il convient d'attribuer à son véritable auteur.
En Angleterre, ce sera Byron, sous une forme assez
étendue : il est constant, là-dessus, que Vigny
l'imitait. En France, point de nom qui précède :
l'auteur de *Moïse* et d'*Éloa* a créé le Poëme, et Deschamps partageait avec justice entre trois grands
noms le domaine de notre poésie. « Le *lyrique*, l'*élégiaque* et l'*épique*, écrit-il, étaient les parties faibles
de la poésie dans nos deux derniers siècles classiques : c'est donc de ce côté que devait se porter la
vie de la poésie actuelle. Aussi M. Victor Hugo
s'est-il révélé dans l'Ode, M. de Lamartine dans
l'Élégie, et M. de Vigny dans le Poëme [1]. »

---

1. Préface des *Études françaises et étrangères*. « M. Alfred de
Vigny un des premiers a senti que la vieille épopée était devenue presque impossible en vers, et principalement en vers français,
avec tout l'attirail du merveilleux, ... et à l'exemple de lord Byron, il
a pu renfermer la poésie épique dans des compositions de moyenne

En 1829, après la troisième édition des *Poëmes antiques et modernes*, Ch. Magnin acceptait cette classification, et le *Mercure du XIXe siècle* en agit de même [1].

Planche ne l'a pas contredite [2].

Sainte-Beuve enfin, en 1864 non plus qu'en 1835, n'a jugé bon d'élever là contre aucune protestation [3].

étendue et toutes inventées; il a su être grand sans être long. »

Sur cette réserve d'Em. Deschamps qui ne concerne évidemment ni de Rességuier, ni Soumet, ni Guiraud, mais Deschamps lui-même, on verra plus bas quelle influence elle rappelle : il n'est pas douteux que Vigny doive aux Deschamps.

Mais quand notre auteur écrivait de lui-même : « bien jeune, mais le premier », il mentionnait avec soin la forme fondamentale du poëme comme genre, et non pas seulement la brièveté de ses épopées. Son conte intitulé *la Neige* est une de ces pièces appelées d'ailleurs assez tard poëmes par Vigny, et sur lesquelles Deschamps peut revendiquer une influence plus directe. Il n'en est pas de même de la *Femme adultère*, par exemple, ou du *Bal*. Les Deschamps n'avaient pas le tour d'esprit philosophique d'un Jules Lefèvre.

Quant à Victor Hugo, son aversion pour l'épopée, au temps du *Conservateur littéraire*, lui suggéra des critiques humoristiques qu'*Éloa* seule, cinq ans après, put déconcerter.

1. *Le Globe*, 21 octobre 1829 : « De ce que nos jeunes poëtes s'essaient dans l'ode, le poëme et l'élégie... » — *Mercure du XIXe siècle*, 1829, t. XXIII, dans un article sur les *Annales romantiques* : « On y cherche une ode de Victor Hugo, un poëme d'Alfred de Vigny, une élégie de Lamartine. »

2. *Revue des Deux Mondes*, 1831, article sur la *Maréchale d'Ancre*.

3. Il a réparti quelque part, en 1831, entre les trois écrivains : « la méditation, l'orientale et le poëme. »

CHAPITRE II

DE LA COMPOSITION DANS LES « DESTINÉES »

La *Maison du Berger*. — Emploi du post-scriptum. — Les deux
digressions de la *Bouteille à la mer*.

Sur quoi donc repose la composition dans les *Destinées*? Précisément sur cette idée qui, dans chaque
poëme, est mise en scène sous forme épique ou bien
dramatique.

Substituer aux idées abstraites une courte épopée
a été de bonne heure le mérite principal d'A. de Vigny.
Voltaire et Ronsard même ne montraient guère en ce
genre que de l'éloquence rimée. L'épopée de Vigny
tourne et se développe autour d'une image. C'est un
sujet qui sert d'illustration à la pensée abstraite.
L'idée, de près ou de loin, tient dans ces poëmes à
un système d'images. Les objets les plus simples
parfois ont fourni l'image essentielle.

Parcourez à cet égard les *Destinées*. Un livre qu'on
publie, c'est une *bouteille* qu'on jette à la mer. Une

flûte qui sonne faux aux lèvres d'un pauvre homme, voilà qui figure toute une théorie. Le poëte peut être comparé aux pasteurs : on lui attribue donc une *maison de berger*. Un *loup* même peut offrir exemple de vie et modèle de mort. Faut-il citer encore les *rubis* et les *perles noires* de Wanda? Ce sont les symboles d'un pays en deuil.

L'imagination intéresse ainsi la mémoire : c'est sur des objets et des êtres, non sur de la pensée pure, qu'elle se pose avant de prendre son vol.

I

LE DESSIN DANS LES POËMES PHILOSOPHIQUES.

L'idée trouvée, une sorte de dessin suit.

C'est là, chez Vigny, un élément supérieur. Dans l'art de la composition, cet écrivain compte peu de rivaux.

Le dessin se remarque dans chaque poëme, et tout d'abord dans l'ensemble des *Destinées*. On le sait, en effet : les *Poëmes philosophiques* n'ont pas été rangés selon l'ordre de leur création. M. Louis Ratisbonne les a publiés comme leur auteur les présentait à la postérité. Si l'on en considère, fût-ce légèrement, l'ordonnance, un groupe de sept poëmes constitue visiblement le corps de l'œuvre. La *Flûte* en est le centre. Mettez à part le Prologue : la *Maison du Berger*, suivie des *Oracles*, est dédiée à Éva, et l'*Esprit pur*, pièce finale, lui est dédié encore. Il semble donc que les sept poëmes soient enfermés, des *Oracles* à l'*Esprit pur*, comme dans un riche écrin.

Ainsi l'œuvre forme un tout composé. Elle a son prologue et son épilogue. Pousser plus loin l'analyse paraît inutile.

II

ORDONNANCE DE CHAQUE POËME.

Considérons maintenant l'ordonnance de chaque poëme. Dans chacun d'eux, la composition des éléments méritera d'être considérée. C'est plaisir de lettré : dans l'œuvre d'art, la surprise du détail agrée moins encore que le spectacle d'un bel ensemble.

Deux pièces, antérieures par leur date aux *Destinées*, pourront servir ici de préparation convenable : les *Amants de Montmorency* et *Paris*.

Dans ce couple d'Élévations, un symbole est donné

comme image première : un fait divers, un tableau de la Ville. Et ce fait, et ce tableau, servent chacun à mettre en œuvre une idée générale. La première constate l'oubli de Dieu dans notre siècle; c'est, dans la seconde, l'avenir de la Révolution. Récit dans l'une, dialogue dans l'autre : des deux parts, peinture et pensée, avec une sorte de moralité.

Ces éléments se retrouvent dans les *Destinées*, mais la combinaison s'en montre opérée avec plus d'adresse.

La *Mort du Loup* n'offre encore qu'un récit simple avec une double moralité. Un an après, la *Colère de Samson* amalgame la moralité au corps même du poëme. La structure des pièces devient déjà plus délicate. La *Sauvage*, la *Flûte*, le *Mont des Oliviers* dans son état primitif témoignent d'un travail supérieur. La *Sauvage*, il est vrai, se sent encore du temps de *Samson*; on ne retrouverait plus dans le reste des Poëmes un morceau tout descriptif où n'entre pas le portrait des personnages. Le fond de scène et les acteurs ne seront plus désormais séparés. Comme ils sont unis, par exemple, dans le *Mont des Oliviers!* Jésus « froisse en passant les oliviers qui tremblent ». Dans la *Flûte*, les allées plantées, le banc de marbre, les passants, tous ces éléments du fond de la scène, ne nous sont plus montrés à part et pour eux-mêmes : ils sont mentionnés parmi les apprêts que fait le

pauvre homme. Les images amusent ainsi le lecteur,
mais le renseignent au lieu de le distraire ou de
l'égarer[1].

III

« LA MAISON DU BERGER ».

Une pièce entre toutes montre à l'œuvre ce travail
supérieur de la composition : c'est la *Maison du Berger*.

Le poëte propose à Éva de fuir avec lui loin de la
ville et des salons. L'offre de fuite prépare et clôt le
développement de cette œuvre magistrale. La pièce
est composée comme de trois médaillons. Au centre
de chacun se trouve une satire. Et ces satires, chacune à leur tour, offrent un prologue et une sorte
d'épilogue. Elles forment donc isolément un poëme
complet, et, par leur réunion, le poëme total. Qu'on
se figure, par comparaison, la structure tripartite de
Stello.

---

1. La fin des récits, dans ces petits drames, est traitée avec un
soin particulier : à cet égard, on peut citer le *Mont des Oliviers*, la
Sauvage, la *Flûte*. La fin du petit drame est brève, mais non pas
écourtée. L'auteur, un « moraliste épique », comme il s'appelle,
substitue à la « moralité » finale un dénouement rapide : ce qui
convient à tout drame, même épique. Voir la fin d'*Éloa*, de
Dolorida.

On a signalé toutefois un défaut de composition dans la *Maison du Berger*. Dans le premier médaillon, la satire des chemins de fer ou du règne des marchands n'est pas clairement rattachée à l'ensemble.

Le reproche est très légitime, mais la difficulté n'est pas de conséquence.

La satire, chez Vigny, présente une grâce de composition assez particulière. Elle se fait précéder, pour ainsi dire, d'un récitatif qui la prépare, mais suivre aussi d'une strette [1] étendue, où elle semble comme s'apaiser. Prenons pour exemple, dans les *Oracles*, l'invective contre les politiques. Va-t-elle frapper de prime-saut les « pâles adversaires »? Il n'en est rien. Le poëte n'y vient qu'après un détour. Il prend en pitié d'abord la destinée du roi qui s'appuyait sur eux. Cela fait, il laisse échapper la satire; mais, aussitôt après cet éclat, on dirait que sa Muse revole au ciel, sa demeure, et que son front se rassérène.

La *Maison du Berger* offre dans la satire une ordonnance de tout point semblable. Quand l'écrivain s'en prend, par exemple, aux poëtes de cour et de tribune, une sorte de récitatif célèbre d'abord la vraie poésie. L'invective terminée, le poëte se calme et l'épilogue

---

1. On peut emprunter ce terme à la musique, comme a fait Vigny lui-même pour le mot de récitatif (Voir *Lettre à lord****, p. 272).

ramène la Muse aux routes de la joie. La vengeresse alors s'en retourne au Verbe, séjour des esprits, et se renferme avec majesté dans la paix de sa mission directrice.

Il faut pourtant le reconnaître : A. de Vigny amène avec plus de bonheur l'épilogue que le début de chaque satire. Voyez le discours de la Nature, dans la troisième partie de la *Maison du Berger*. Ce discours est au troisième médaillon ce que sont aux deux autres la satire des chemins de fer et celle des politiques : pièces maîtresses et centrales qu'il faut distinguer dans le tout afin de démêler au premier coup d'œil la complexité du plan total. Quand donc la Nature prend la parole et que, par ce biais ingénieux, elle s'intente son procès, on ne voit pas nettement la cause de sa prosopopée. La suture n'est pas heureuse qui tient attachée cette belle pièce à la précédente et, par celle-ci, à tout le poëme.

La *Maison du Berger*, à l'égard de la composition, n'est donc pas sans défaut. Mais faut-il chercher à notre plaisir tant de querelle? Dans ce poëme, comme sur un autel à la gloire de la Femme et de la Poésie, une pensée presque identique prépare trois fois l'essor des satires : c'est que, pour un poëte, l'Idéal est le soutien et le fort rempart. Sa maîtresse est pour lui l'ange aux yeux bleus qui semble veiller sur sa route. Sans elle, la nature n'offrirait au penseur que sujets d'effroi. La Poésie, et la Femme son vivant symbole, sont ici-bas la Providence de ces bergers d'hommes qu'on nomme les poëtes, pasteurs de nations.

Telle s'offre à nous la donnée du poëme, et les sutures même en précisent à leur manière comme elles en assurent le sens unique et fondamental.

IV

LA COMPOSITION DANS QUELQUES AUTRES POËMES.

Même après cette grande œuvre, on trouve encore à glaner dans les autres.

A l'égard de la composition, on comparerait bien l'*Esprit pur* à un raisonnement poétique. Portraits, pensées, paysages d'ailleurs s'y confondent.

Wanda, simple discours, est comme enchâssée dans un récit, et ce récit s'entend au cours d'un entretien qui lui-même fait scène.

Les autres pièces offriraient ainsi quelques trouvailles de composition. On n'en citera que deux, mais celles-ci vraiment notables. C'est à savoir l'usage que Vigny fait de la digression et même du simple post-scriptum.

V

EMPLOI DU POST-SCRIPTUM.

C'est une chose curieuse que l'emploi du post-scriptum dans les *Destinées*. Par ce procédé le poëte y complète plus d'une fois sa pensée. On le rencontre à la fin des *Oracles*, de *Wanda*, et l'on connaît, sous le nom du *Silence*, le post-scriptum célèbre du *Mont des Oliviers*. Que ne s'en trouve-t-il à la fin de la *Flûte*! Pourquoi Vigny n'y put-il ajouter le dernier mot par quoi toute l'œuvre eût été transformée! Il y a un silence à la fin de la *Flûte*, mais c'est la mort qui l'y a inscrit.

Le post-scriptum est devenu un élément essentiel des *Destinées*, et ce fait n'est pas pour surprendre. Plus qu'autrefois, notre pensée se forme au jour le jour : le temps la complète.

De là, chez Vigny, ces dates, fixées aujourd'hui, effacées demain. De là ces strophes, ces courtes pièces ajoutées à ses pièces. Dans *Wanda*, la composition tout entière s'en trouve modifiée ; dans le *Mont des Oliviers*, le sens même de tout le reste ; dans les *Oracles*, la portée précise de la satire. Et les *Oracles* présentent même un exemple plus frappant encore de post-scriptum; car, à vrai dire, toute la pièce en est un : la *Maison du Berger*, qui précède, ne forme plus qu'un tout avec elle [1].

VI

LES DEUX DIGRESSIONS DE « LA BOUTEILLE A LA MER ».

La *digression*, ou *épisode*, ne nous retiendra guère davantage. Mais si courte qu'en doive être l'étude, elle reporte un moment l'attention sur un autre chef-d'œuvre : la *Bouteille à la mer*.

La mer comme fond, et, si l'on osait ainsi parler, comme personnage; et, d'autre part, une bouteille solide que lance à la vague le bras d'un naufragé : tels sont les acteurs de ce court drame épique. Capitaine et pêcheur, ces personnages si vivants du poëme, n'y comptent guère plus que, dans les luttes de la vie, les hommes au prix des idées.

Ce petit drame présente en peu de mots un symbole aisément saisissable. La mer qui bruit, c'est la foule,

1. Voici le début des *Oracles* :

> Ainsi je l'appelais au port, et sur la terre,
> Fille de l'Océan, je te montrais mes bois.
> J'y roulais la maison errante et solitaire...

Si l'on considère dans son ensemble le recueil des *Destinées*, il présente, chose curieuse, la forme épistolaire. C'est une lettre-discours adressée à Éva, et précédée seulement d'un Prologue.

c'est le hasard à morsure anonyme ; et, sur cette mer souvent démontée, l'idée flotte et surnage, quand Dieu la conduit.

Suivons à présent des yeux la bouteille scellée. Elle contient dans ses flancs un pli précieux, la carte des écueils qui préserve de la mort : symbole encore, et symbole facile à comprendre, image de l'*idée*, type de la découverte.

Portraits, tableaux, discours ou plaintes, tout concourt, dans ce poëme, à l'unique pensée : le salut de l'*idée*, de l'œuvre d'avenir. Les digressions même n'y sont qu'apparentes.

On en pourrait toutefois compter deux, et voici la première.

Le navire vient de sombrer. La bouteille est à l'Océan, et chemine. Elle voyage un long temps solitaire. Tout à coup le tableau se peuple. Le ton change. Voici l'histoire du navire et du négrier : un navire a passé, par un jour de calme, sur le Pacifique. Les gens du bord ont vu la bouteille. Une telle épave est chose sacrée pour tout bon marin. On lance un canot à la mer. Mais quoi ! l'humanité n'a guère de relâche ; il faut peiner, il faut combattre, et le temps fait défaut pour les œuvres de la paix. On entend donc au loin le canon d'un corsaire. Alerte ! le négrier va fuir s'il réussit à prendre le vent : il faut l'atteindre. Et le navire s'éloigne, et la bouteille est rendue à l'oubli.

L'autre digression n'est pas moins frappante. Elle précède celle-ci, et peut-être la surpasse.

Le capitaine va périr. Les mâts brisés pendent sur le pont. Sur trois cents hommes, l'équipage est réduit à dix. Les officiers sont morts tout des premiers, et les masses d'eau se précipitent. Et tandis que le lecteur est occupé ainsi d'images funèbres, l'écrivain reporte sa pensée sur une scène bien différente; cette bouteille que lancera son héros, elle rappelle un beau jour. Alors c'était jour de fête, tout l'équipage était rassemblé. Le capitaine tient en main la bouteille joyeuse. Le champagne pétille dans les verres. On porte un toast au pavillon. Que de bonheur passait alors dans l'illusion d'un rêve! Que d'espérances, — et maintenant quel réveil!

Ce qu'un cœur de vrai poète a pu tirer d'une idée si touchante, on le connaît, et nous aurons d'ailleurs l'occasion d'y revenir. N'y voyons à présent qu'un beau coup de théâtre.

Il y avait un double avantage à faire un tel usage de la digression : par un détour, le symbole du poëme revient ainsi sous nos yeux; par un contraste, la tristesse des *Destinées* marque une nouvelle empreinte sur l'esprit du lecteur, et montre au soleil ses fruits étranges, mais doux au regard.

CHAPITRE III

LA VIE DES PERSONNAGES

Considérons maintenant à part la vie des personnages dans les *Destinées*, le pittoresque qui s'y allie
étroitement, et une qualité bien remarquable chez
Vigny : le pathétique.

I

LES PERSONNAGES. — LEURS DISCOURS.
LA THÉORIE DE LA VÉRITÉ DANS L'ART.

L'épopée dramatique constitue la forme générale
des Poëmes : on y rencontre au moins autant de scènes
que de récits. Toute scène réclame des personnages
qu'on voie parler et vivre.

Il est vrai qu'on chercherait en vain des imbroglios
dans les *Destinées*. Déjà dans *Chatterton* même,
l'action se déroulait avec une grande simplicité : on

peut résumer ces trois actes en une ligne. Les poëmes
des *Destinées* comportent au plus deux acteurs. C'en
est assez néanmoins pour donner à ces récits l'action
et la démarche de la vie [1].

Voyez, par exemple, les personnages secondaires,
ces politiques des assemblées, ces ancêtres chassants
et guerroyants, cette Nature qui fend l'air du front et
de ses seins altiers. On les aperçoit seulement; on ne
les oublie guère. A cet égard, je ne citerai que trois
strophes de l'*Esprit pur*; n'est-il pas vrai que ces
aïeux sont pleins de vie?

> Ils furent opulents, seigneurs de vastes terres,
> Grands chasseurs devant Dieu, comme Nemrod, jaloux
> Des beaux cerfs qu'ils lançaient des bois héréditaires
> Jusqu'où voulait la mort les livrer à leurs coups;
> Suivant leur forte meute à travers deux provinces,
> Coupant les chiens du roi, déroutant ceux des princes,
> Forçant les sangliers et détruisant les loups;
>
> Galants guerriers sur terre et sur mer, se montrèrent
> Gens d'honneur en tout temps et en tous lieux, cherchant
> De la Chine au Pérou les Anglais, qu'ils brûlèrent
> Sur l'eau qu'ils écumaient du couchant au levant;
> Puis, sur leur talon rouge, en quittant les batailles,
> Parfumés et blessés revenaient à Versailles
> Jaser à l'OEil-de-Bœuf avant de voir leur champ [2].

---

1. *Wanda* seule, parmi les *Poëmes philosophiques*, et *Paris*, dans
les *Élévations*, offrent l'exemple d'une mise en scène.

2. Une conception du poëme où la pensée domine ne paraît pas
favorable à la grande richesse des rimes. Il faut constater que

                                        [âmes,
Mais les champs de la Beauce avaient leurs cœurs, leurs
Leurs soins. Ils les peuplaient d'innombrables garçons,
De filles qu'ils donnaient aux chevaliers pour femmes,
Dignes de suivre en tout l'exemple et les leçons ;
Simples et satisfaits si chacun de leur race
Apposait Saint-Louis en croix sur sa cuirasse
Comme leurs vieux portraits qu'aux murs noirs nous
                                        [plaçons.

A vrai dire, la vie des *Destinées* paraît surtout
dans les personnages de premier plan.

Et c'est d'abord dans leurs discours que l'idée poétique prend vie et forme. Jésus au Mont des Oliviers

Vigny n'est pas obsédé par le souci d'étonner son lecteur à tout
bout de vers. *Jamais* rime chez lui avec *je sais*, et *Christ* avec *écrit* :
certaines rimes de Vigny sont d'une faiblesse imposante. L'oreille
y perd un plaisir sans doute délicat ; elle le regagne d'ordinaire
grâce au travail du rythme, et surtout par l'effet des rimes entrelacées. Dans les tercets du Prologue, par exemple, la pensée se
développe assez régulièrement à travers le réseau des rimes trois
fois alternantes et trois fois sonnées qui se répondent comme des
échos. Bien avant que Vigny employât la strophe de sept vers,
comme dans la *Maison du Berger*, les *Oracles*, le *Silence*, la *Bouteille
à la mer*, *Wanda*, l'*Esprit pur*, n'est-il pas vrai que les rimes de
Moïse, dans le premier tableau particulièrement, offrent un bel effet
musical ?

L'avant-propos du *More de Venise* (p. 274 et 275, *Théâtre*, éd. C.
Lévy) contient l'opinion d'A. de Vigny sur l'enjambement, l'hémi-
stiche et l'hiatus. Il pratiquait déjà l'enjambement dans le Recueil
de 1822. Chénier en avait donné l'exemple.

Vigny n'était pas moins soucieux alors d'innover dans la forme
que dans le fond ; mais, à part telles études comme *M*^me *de Soubise* et la *Frégate la Sérieuse*, ses poëmes se ressentent peu des
discussions prosodiques que Sainte-Beuve a mises à la mode. (Cf.
Biré, *Victor Hugo avant 1830*, p. 210, citant un passage du *Conservateur littéraire* où l'importance de la rime sonore est mise en
relief dès 1821.)

Samson sous la tente, l'Anglais américain et la Sauvage, l'esclave russe dans *Wanda*, la Grâce dans le
Prologue, une dizaine de personnages forment ainsi
comme une troupe nouvelle : l'auteur s'est entouré
d'interprètes. Riches d'idées tout ensemble et de
poésie, leurs discours forment la maîtresse pièce de
plus d'un poëme.

Et ces discours revêtent plus d'une forme. Qu'on
se rappelle, dans la *Mort du Loup* le regard de la
bête mourante : il est parlant, et c'est à lui qu'appartient le dernier mot. La Sauvage demande asile laco-
niquement, et sa réponse est encore plus brève. Le
pauvre de la *Flûte* s'étend davantage, mais non plus
longuement : car il raconte un demi-siècle. Samson
chante sa mélopée funèbre; Jésus interroge le ciel;
le colon prêche.

Tel est le prix des discours dans les *Destinées*. Ils
transposent les idées du poëte. Ils leur donnent la
vie de personnages inventés. La vie de l'homme,
n'est-elle pas dans sa parole au moins autant que dans
ses actions? Les paroles sont parfois des actes. Les
morts sont muets.

Ces discours peuvent pourtant donner prise à une
critique délicate.

Quand les héros sont de pure invention, on ne demande à leurs propos que de rester fidèles à leur caractère et convenables aux circonstances. Mais si l'auteur les emprunte à l'histoire, mainte querelle est à craindre. Le lecteur entre en défiance. Ce n'est point de sa part humeur batailleuse. Il serait bien ravi de se laisser, comme on dit, prendre aux entrailles : mais son attente est parfois déçue. L'anachronisme n'est pas de mise. L'histoire a ses droits.

A cette inquiétude, le roman de *Cinq-Mars* opposait déjà sa préface : les *Destinées* répondent par trois poëmes.

La préface de *Cinq-Mars* repose sur une distinction entre le vrai et la vérité.

Selon notre auteur [1], un bon esprit, s'il vient à juger d'une œuvre dramatique, ne se soucie du vrai que pour le caractère général d'un temps; ce qui lui importe dans les événements, c'est leur masse, et ces grands pas de l'humanité qui emportent les individus. Indifférent aux détails, il les aime beaux plutôt que réels; il les cherche grands et complets.

Le roman de *Cinq-Mars* appuyait-il avec bonheur cette théorie? On peut en douter. Mais la préface en

1. *Réflexions sur la vérité dans l'art*, p. 6.

demeure importante. Un point reste acquis, ce semble :
la vérité de l'art choisit son lot, si l'on ose ainsi dire,
dans le vrai d'un temps. Elle en dégage les valeurs.
Elle forme de ces détails une somme idéale. Et n'est-
ce pas là le rôle de l'art? Un bon juge confronte avec
les faits l'IDÉE, le VRAI du fait avec la VÉRITÉ artistique ;
et pourvu que l'auteur connaisse à fond le détail du
siècle à peindre, on lui donne acte de son bon sens,
s'il a su, maîtrisant les détails, grouper en un tout
ces parties incomplètes [1].

Ainsi l'entend Vigny dans les *Destinées*, et jusqu'ici
le résultat n'a point trouvé de juge trop sévère. On y
contrôle sans trop de peine cette pensée d'un Ancien :
« La poésie est plus philosophique que l'histoire. »

A cet égard, la plainte de Samson paraît admirable.
Un lecteur non prévenu peut l'entendre : il n'y soup-
çonne ni Vigny, ni Dorval. Ce chant hébreu convient
au poète et ne le trahit pas. Prenons-y garde toutefois : la convention n'en est pas absente. Nous savons
lire entre les lignes l'aventure personnelle à l'auteur.
Pourquoi s'en plaindre? C'est un assaisonnement à
notre plaisir.

Le *Mont des Oliviers* se réclamerait, je pense, de
la même théorie. Il la corrobore : il serait juste aussi

---

1. Cf. *Réflexions sur la vérité dans l'art*, p. 3, sq.

de dire qu'il s'en autorise. Dans Jésus près de mourir, le poëte a vu l'homme et sa défaillance. « Mon Dieu, mon Dieu, s'écrie le Fils de l'Homme, pourquoi m'avoir abandonné? » On ne peut le nier : voilà le type de toute angoisse. L'auteur y joint l'angoisse du doute, mais cette dernière est-elle moins à plaindre? Le poëte donc, selon sa doctrine, reprend l'événement et le recompose [1]. Sur ce cri tout humain du Sauveur, il interprète la douleur du monde. Que Jésus, dans cette nuit, se représente son œuvre inachevée, qu'il en savoure, avant de mourir, l'amère douceur; qu'il prévoie loin ses faux interprètes : si nous n'avons ici le *vrai*, la *vérité* du moins s'y fait voir.

Un troisième discours éclaire encore la doctrine de *Cinq-Mars*, et la justifie. On y observe à point ces rapports légitimes du fait à l'idée : c'est le prêche du colon dans la *Sauvage*. Le maître est au parloir : il lit la Bible aux gens du lieu. Arrive l'Indienne : il l'accueille en convive et non pas en esclave, et la prenant alors pour exemple, il continue sa lecture non moins que son prêche et développe avec noblesse les droits des colons. Qu'importe ici le fait, si les idées deviennent ainsi héros et types? Cette sauvage

1. *Réflexions sur la vérité dans l'art*, p. 8 et 9.

qui s'enfuit, c'est la barbarie : elle vient chercher la
paix de la loi. Deux races d'hommes sont en présence
dans le poëme. L'une enserre l'autre, et elle grandit
au nom du Christ comme de la raison. En cette rencontre, le prêche du colon exprime le vraisemblable :
il suffit, le but est atteint. Par sa fiction, l'écrivain a
fait œuvre de poëte : la poésie, de vérité.

II

LES PERSONNAGES ; LEURS ACTES.

Considérons maintenant les actes des personnages,
après leurs discours.

Voyons fuir l'Indienne dans les fourrés sauvages :
pâle, les yeux ardents, un enfant au sein et l'autre à
l'épaule ; elle flaire les herbes comme une lice
affamée,

> Elle écoute, regarde et respire à la fois
> La marche des Hurons sur les feuilles des bois.

Elle franchit la barrière du parc et le seuil britan-
nique ; à grands pas elle s'avance. Voici l'Américain
debout devant elle :

Le maître est jeune et blond, vêtu de noir, sévère
D'aspect et d'un maintien qui veut qu'on le révère,
L'Anglais-Américain, nomade et protestant,
Pontife en sa maison y porte, en l'habitant,
Un seul livre, et partout où pour l'heure il réside,
De toute question sa papauté décide :
Sa famille est croyante, et, sans autel, il sert,
Prêtre et père à la fois, son Dieu dans un désert.

Il écoute la requête, interroge sa femme du regard dans un serrement de main : rappelez-vous le cri des deux mères, et l'enfant qui tend les bras, et le petit qui pend au sein nu.

Dans le *Mont des Oliviers*, l'action toute simple prend un relief extraordinaire.

Jésus est seul, et ses disciples sont endormis. Ce va-et-vient du Maître dans les rochers; ce mort qui marche, front baissé, les bras sous le linceul; ces arrêts, cet appel, ce regard et ce prosternement; la surprise et l'effroi; la sueur de sang qui coule; les derniers efforts de l'angoisse; finalement, la torche de Judas, qui rôde : toute cette vie du poëme, n'est-il pas vrai qu'elle pénètre aussi les questions de Jésus et qu'elle les précipite?

Presque tous les poëmes offrent ainsi l'exemple d'une action courte et dramatique. Mais dans les tercets du Prologue particulièrement, le mouvement même sert de symbole à l'idée, et tout est mouvement.

Au début, les filles du Destin ont l'ongle posé sur la tête des hommes. Le Christ venu, tous se relèvent. Serait-il vrai? La Fatalité va-t-elle mourir au pied du Prophète? Alors surgit une vision saisissante. Il se produit, de la terre au ciel, un mouvement gigantesque. D'un seul essor, les Destinées lâchant leur proie, remontent vers Jéhovah et l'interrogent :

Sous leur robe aux longs plis, voilant leurs pieds d'airain,
Leur main inexorable et leur face inflexible,
Montant avec lenteur en innombrable essaim,

D'un vol inaperçu, sans ailes, insensible,
Comme apparaît, au soir, vers l'horizon lointain,
D'un nuage orageux l'ascension paisible.

La terre frissonne, les astres s'arrêtent, l'homme attend dans la stupeur. D'un geste pareil, elles lèvent les mains, baissant leurs fronts pâles, et demandent la loi de l'avenir. Comment rendre visible alors la révolution opérée par la venue du Christ? Quelle image représentera ce progrès tel quel des temps antiques aux temps de la Grâce? Par quel signe enfin faire entendre aux hommes qu'après comme avant Jésus, ils sont toujours à la chaîne et que le mérite humain est celui de Dieu?

L'action même et le mouvement vont servir ici de symbole à l'idée.

Une voix s'entend, venue des profondeurs du ciel : « Retournez en mon nom », dit-elle aux déesses, « je suis la Grâce. » Les Destinées doivent redescendre et leur mission se trouve deux fois consacrée :

Et le chœur descendit vers sa proie éternelle
Afin d'y ressaisir sa domination
Sur la race timide, incomplète et rebelle.

On entendit venir la sombre légion
Et retomber les pieds des femmes inflexibles
Comme sur nos caveaux tombe un cercueil de plomb.

A. DE VIGNY.

CHAPITRE IV

LE PITTORESQUE

Image et action constituent la nature de cette poésie méditative. Le pittoresque paraît aussi dans les *Destinées*, et fort à l'honneur. Mais on a peine à le détacher du tout, pour le considérer à part et plus à l'aise.

I

ALFRED DE VIGNY INITIATEUR EN MATIÈRE DE PITTORESQUE.

Ce nouvel élément n'est pas pour Vigny un simple accessoire. Il s'en faut de beaucoup. Le pittoresque est l'achèvement de son art. De ces couleurs, comme de l'air dans une chanson, dépend maintes fois le souvenir des idées. Elles relèvent le fond de scène où l'action se déroule.

Dans cette science des tons, Vigny, bien jeune, s'est montré maître. On peut dire davantage : il y est initiateur. On n'y prend pas toujours assez garde. Th. Gautier l'indiquait implicitement, Sainte-Beuve plus discrètement encore [1].

La raison d'être du romantisme doit se chercher finalement dans une crise de principes qui dure encore. Cet effort, tout spéculatif, comparable, en ses conséquences, à la renaissance scolastique, n'a pas vainement remué le domaine des lettres pures. L'étranger, comme la France, en demeure atteint.

Le sentiment, vague synthèse d'idées, s'est empreint partout de nouvelles couleurs.

Une sorte de renaissance envahissait, vers 1820,

---

1. Th. Gautier, *Rapport sur l'état des lettres*, etc., p. 69 : « Quand parut le *Chénier* de Delatouche (en 1819), ce fut une vraie révélation. On sentit toute l'aridité de la versification descriptive et didactique en usage à cette époque ; toute la fausse poésie se décolora, se fana et tomba en poussière. L'ombre se fit rapidement sur des noms rayonnants naguère ; tous les yeux se tournèrent vers l'aurore qui se levait. De Vigny faisait paraître les *Poëmes antiques et modernes*, Lamartine les *Méditations*, Hugo les *Odes et Ballades*, et bientôt venaient se joindre au groupe Sainte-Beuve, A. de Musset. Si nous avons négligé les poëtes intermédiaires tels que Soumet, Guiraud, Le Brun, Em. Deschamps, c'est que nous n'avons point à écrire l'histoire du romantisme, et qu'il nous suffit d'indiquer sommairement les origines et les antériorités de l'école poétique actuelle. »

Cf. Sainte-Beuve, *Portraits contemporains*, t. II, p. 58, et surtout p. 65. — *Nouveaux Lundis*, t. VI, p. 406. — *Causeries du lundi*, t. XII, p. 59 : « Les autres, pendant ce temps, poursuivaient, non sans effort, ce qu'ils étaient destinés à atteindre un jour ; ils gravissaient les rochers ou fouillaient les plis du vallon. »

l'imagination lettrée. Le cœur, pour ainsi dire, réagissait contre l'esprit. Et c'est pourquoi Lamartine obtint une part si grande au renouveau de notre poésie. Que si même on considérait seulement dans les lettres la vie de l'âme, plus d'un nom maintenant oublié ferait ici figure ou réclamerait justice. Mais les lettres ont ce privilège d'être avant tout un art. Quelque renom que réserve à Lamartine son abondance et son harmonie, ce génie ailé n'appliquait pas au soin du style tous ses trésors [1]. Celui qui, vers 1822, exprimait les choses les plus rares, les plus neuves, les plus inattendues, il faut le découvrir. Sa tentative, si discrète fût-elle, et loin de la foule, il y a scrupule à la laisser dans son demi-jour [2].

Pittoresque antique.

Trois écrivains, au dire de Sainte-Beuve [3], avaient rendu à notre prose le don du coloris.

---

1. Voir Sainte-Beuve, *Portraits contemporains*, t. I, 285 et 286, avec la note : « Il dégage en nous, il ravive, il divinise... ces comparaisons presque innées. Il nous prend où nous sommes. » — Cf. *Chateaubriand et son groupe littéraire*, t. I, p. 242.

2. Cette opinion sur Vigny, partagée aujourd'hui par plusieurs personnes, est exprimée depuis longtemps par Saint-René Taillandier dans l'article de la Biographie Michaud relatif à notre auteur.

3. Cf. *Chateaubriand et son groupe littéraire*, t. I, p. 237 sq. — *Causeries du lundi*, t. XII, p. 58.

Jean-Jacques Rousseau avait, le premier, donné le signal et l'exemple. Sa manière est large et simple. Si grand peintre qu'il soit d'ailleurs, — et Buffon avec lui, — il ne cherche point la nuance. Les rives qu'il peint sont *verdoyantes*, ses eaux *limpides*, ses ombrages *frais*. Il se contente, en mainte occasion, de l'expression toute générale, directe et simple, ou parfois commune. A son coup de pinceau large et plein que manquait-il au gré du critique? Un je ne sais quoi de velouté, quelque mollesse dans le tour et dans le son, l'expression de l'indéfinissable, le reflet.

Bernardin de Saint-Pierre fait ce pas de plus. Ce virgilien soulève un nouveau voile. Il nous initie aux nuances du mystère et à la magie de la demi-teinte. C'est de ce maître que Lamartine tient et la douceur facile et la profusion de ses peintures naturelles.

Autant que Ronsard, et sans le connaître, Chénier enfin sut à son tour allier la technique à l'inspiration. Cette fois, c'était un poëte, et qui s'appliquait sans effort au coloris[1]. Il se sentait au cœur des pensées dignes des dieux et de leur langue. Sur l'Amour et sur la Beauté, sur la vie et sur le monde, son âme d'ar-

---

1. Voir Sainte-Beuve, *Causeries du lundi*, t. XII, p. 59. — Cf. la préface d'Eug. Manuel à l'édition de Chénier (Jouaust, 1884). — Voir aussi Sainte-Beuve, *Chateaubriand et son groupe littéraire*, t. I, p. 243.

tiste prenait plaisir à philosopher. Il cherche autour
de lui les vrais peintres en poésie : le dégoût de la
sécheresse à la mode ; l'éloignement du commun et
du convenu ; le besoin de transposer sa vie, fût-ce par
artifice ; un instinct de fraîcheur et de renouvellement ;
une lassitude enfin de tout ce qui lui paraît mensonge
dans l'histoire humaine, tout ce travail intime ramène
Chénier à l'aimable simplicité du monde naissant. A
demi, ce fils d'une Grecque échappe aux grâces mon-
daines des salons. La Muse d'Homère abreuve ce
païen. Il croit pouvoir, sans dommage, peindre l'univers sous les couleurs de l'Hellas. Qu'arrive-t-il? Cette
poésie reste quelque temps semblable à une morte-
née. Mais Millevoye en recueille une part. Chateaubriand s'y rallie. Et lorsqu'enfin, en 1819, elle res-
suscite aux yeux de nos poètes, ils sont ravis de ce
naturel antique. A leur tour, ils demandent à l'antiquité sa palette. Homère et les Anciens ont réfléchi
les objets dans toute leur étendue, dans leur distinction variée et leur fraîcheur. Chénier nous livre en
une fois ce tout reconquis.

Quand Delatouche a rendu ce trésor à la France, la
fausse poésie s'est décolorée. Mais avant 1819, un
débutant, lieutenant « rose et blond », à peine sorti
des Compagnies Rouges, à peine entré dans la garde
royale, s'attachait à Chénier. Avant 1819, Vigny

découvre ce demi-Grec, il l'imite, et satisfait ainsi son
goût d'innovation et d'antiquité [1].

1. « Je traduisis Homère du grec en anglais. » (*Journal d'un poëte*,
p. 237.) C'est ainsi qu'on peut expliquer le titre d'*antiquité homérique* attribué par Vigny non seulement à la *Dryade* et à *Symétha*,
mais encore au *Somnambule* et au *Bain d'une dame romaine*.

Déjà, dans le Recueil de 1822, la *Dryade*, *Symétha* et le *Somnambule* étaient rangés à part, mais seulement sous le titre de Poëmes
antiques, par opposition aux Poëmes judaïques (la *Fille de Jephté*,
le *Bain* (fragment d'un poëme de Suzanne), la *Femme adultère*; et
aux Poëmes modernes (la *Prison*; le *Bal*; le *Malheur*, ode). Ce recueil
contenait aussi, et en première ligne, *Héléna*, qui à elle seule occupait soixante-sept pages. — Aucune pièce n'y est datée. On remarque aussi qu'en 1822, la *Dryade* n'avait encore ni son sous-titre
« Idylle dans le goût de Théocrite », ni l'épigraphe grecque empruntée à Eschyle : ces deux additions datent de la 2e édition
(mai 1829). La mention « écrit en 1815 » date aussi de la 2e édition.
Rien n'a été changé à la *Dryade* en 1829. — Pour *Symétha*, de
même : le sous-titre « élégie » et la dédicace à Pichald n'existaient
pas en 1822, mais datent de 1829, alors que Pichald venait de
mourir. On remarque que la mention « le 20 mai 1817 » ne se
trouve pas dans l'édition de 1822; en 1829, la mention porte
que cette pièce a été écrite en 1815. — Le *Somnambule* (Quérard
écrit par erreur la *Somnambule*) ne portait en 1822 ni le sous-
titre de « poëme », ni la dédicace à M. Soumet, deux additions qui
datent de 1829, ainsi que l'épigraphe grecque empruntée à Eschyle
comme pour la *Dryade*. V. Hugo tout jeune, au commencement de
1820, a recommandé Vigny, son aîné, à Jules de Rességuier; il vient
d'entendre, écrit-il, « des vers ravissants d'un jeune homme nommé
Alfred de Vigny. C'est une élégie intitulée *le Somnambule*, et in-
spirée par la muse d'André Chénier. »

C'est en 1829 qu'on trouve le *Bain d'une dame romaine*, fragment
d'un poëme, rangé après le *Somnambule*, la *Dryade* et *Symétha*,
sous le titre commun d'Antiquité homérique, et daté du 20 mai 1817.

Le Recueil de 1826, composé de nouvelles pièces, avait pour titre
Poëmes antiques et modernes, au lieu que le titre du Recueil de 1822
était simplement *Poëmes*. Il ne contient que six pièces, non clas-
sées par catégories : le *Déluge*, *Moïse*, *Dolorida*, le *Trappiste*, la *Neige*
le *Cor*.

Les dates de pièces ont été ajoutées par Vigny en mai 1829,

Et ce fut là, pour commencer, tout son coup de maître.

Vigny emprunte à Chénier ce que l'alexandrin peut emprunter lui-même à l'hexamètre grec. Dès ses premières pièces, le vers de Vigny, malgré sa facture parfois débile, s'essaie timidement aux coupes de Chénier, aux suspensions, à la césure mobile elle-même. De là naît la *Dryade*, avec *Symétha*. On a bien pu contester une date à l'auteur, à propos de ces deux poëmes. Qu'importe si l'on ne peut citer, avant le Recueil de 1822, aucune pièce qui rivalise avec ces poëmes antiques? Quelque faiblesse qu'on y rencontre, on a plaisir à suivre le tâtonnement dans ces nouveautés pittoresques :

> Ida! j'adore Ida, la légère bacchante!
> Ses cheveux noirs, mêlés de grappes et d'acanthe,
> Sur le tigre, attachés par une griffe d'or
> Roulent abandonnés; sa bouche rit encor

peut-être sous l'influence de la préface de Deschamps citée plus haut, et pour rappeler des antériorités que le groupe de 1828-30 était probablement près d'oublier.

Comme l'a fait remarquer M. Emm. des Essarts (*Portraits de maîtres*, p. 81), les poëmes *homériques* d'A. de Vigny ne sont pas précisément grecs. « C'est encore la Grèce vue à travers l'idylle et l'élégie latine, une Grèce virgilienne et tibullienne, à peine syracusaine. La Grèce de Pindare, d'Orphée et d'Hésiode ne sera abordée dans ce pays qu'à partir de Victor de Laprade. Mais comme cette poésie a déjà le parfum antique, lorsqu'on sort de l'école pseudo-classique et des timides essais de Millevoye et de Victorin Fabre, voire même de Denne-Baron! »

En chantant Evoë ; sa démarche chancelle.
Ses pieds nus, ses genoux que sa robe décèle
S'élancent, et son œil de feux étincelant
Brille comme Phébus sous le signe brûlant.

L'enjambement, selon la remarque de M. Biré, devint bientôt comme le signe particulier sur les passeports dans les recueils de l'élégie romantique. Peut-on prétendre ici que Vigny louvoie? Cache-t-il son drapeau?

Mais voici du plus heureux Chénier :

Ainsi quand tu descends des cimes de nos bois,
Ida! lorsque j'entends ta voix, ta jeune voix,
Annoncer par des chants la fête bacchanale,
Je laisse les troupeaux, la bêche matinale,
Et la vigne et la gerbe où mes jours sont liés,
Je pars, je cours, je tombe et je brûle à tes pieds.

Avoir pressenti ce renouveau, ce réveil du pittoresque païen, c'est le premier mérite d'Alfred de Vigny. La date de 1815, attribuée à cette idylle en mai et en juillet 1829, constitue donc à son auteur un titre autant qu'une excuse [1]. Aussi bien la grâce de

1. M. Anatole France, dans son étude sur Alfred de Vigny (Paris, Bachelin-Deflorenne, 1868), écrit à propos de l'objection élevée par Sainte-Beuve touchant la date de la *Dryade* et de *Symétha* : « Nous avons accepté la date de 1815, que M. de Vigny a donnée aux deux poëmes de la *Dryade* et de *Symétha*. Nous eussions craint d'outrager, comme on l'a fait, la mémoire du poëte par un démenti qu'il est impossible de soutenir avec des preuves. La seule objection qu'on ait pu faire à la date de 1815 assignée à la composition

Symétha offre déjà mieux que des promesses. Elle se recommandait plus que justement aux Jeux Floraux.

Pittoresque biblique.

Le retour à l'antique n'épuisait pas la sève de notre jeune poésie. Elle entendait, pour ainsi dire, un autre appel. Le romantique ne pouvait pas fixer sa tente où l'avait posée d'abord l'auteur de l'Hermès.

Chateaubriand définissait en 1802 les trois styles

de ces deux études grecques, c'est que l'imitation d'André Chénier y est apparente et que les œuvres de ce poëte n'ont été publiées dans leur entier qu'en 1819. Mais les fragments donnés par Millevoye et Chateaubriand révélaient le secret de la manière et du génie de ce poëte assez complètement pour qu'un poëte pût saisir ce secret. »

Ch. Magnin (*le Globe*, oct. 1829) : « Il n'avait paru avant 1815 que le *Jeu de paume* et quelques élégies insérées dans des recueils du temps. »

M. V. Fournel (*Samedi-Revue*, 8 déc. 1888) a donné une liste des poëmes de Chénier publiés avant 1819 et que Vigny devait connaître.

Au reste, en attribuant à la composition de ces deux pièces une date antérieure à 1819, précaution qu'il avait négligé de prendre en 1822, A. de Vigny n'entendait sans doute pas contester l'influence de Chénier sur ses premiers travaux. On pourrait même tirer parti d'un détail de *Stello*, p. 136, pour inférer qu'il avait eu entre les mains telles pièces manuscrites de Chénier que Chateaubriand et Millevoye ont pu ne pas connaître. Mais que prouverait le fait? Ceci seulement qu'il avait, lui aussi, estimé à son prix le talent de Chénier, avant que l'admiration de ce précurseur fût devenue le mérite commun de tous les délicats.

Enfin Sainte-Beuve juge lui-même (*Portraits contemporains*, t. II, p. 61) que la *Dryade* et *Symétha* sont chez A. de Vigny une étude en dehors

principaux de l'Écriture et la supériorité de la Bible
sur Homère : il avait retrouvé la clef d'une poésie
plus ancienne que la Grèce et plus reculée. L'Hébreu
entr'ouvre l'Orient, comme il unit à la simplicité pri-
mitive une connaissance approfondie des hommes [1].
Alfred de Vigny, tout jeune, s'était nourri de la Bible.
Quelques grands hommes du xviie siècle, et quelques
moindres, avaient donné depuis longtemps des modèles d'une poésie biblique. Par la *Femme adultère*,
Vigny entre à son tour dans cette voie féconde : c'est
le premier de ses poëmes *judaïques*. La *Colère de
Samson* s'y rattache dans les *Destinées*.

La *Femme adultère* et la *Fille de Jephté*, avec le
Bain, composent seules aujourd'hui la partie biblique
des *Poëmes antiques et modernes* [2]. Même après correction, l'inexpérience première y laisse encore sa trace.
Mais le souci de la couleur plaçait toute cette faiblesse
hors de pair au prix de l'Ode ou même de la Méditation [3]. Relisez, par exemple, le poëme de la *Femme
adultère*, écrit en 1819 :

---

1. Voir *Génie du Christianisme*, t. 1, 2e partie, chap. ii, p. 308, 312.
(Ed. Garnier.)

2. *Moïse* fait partie du *Livre mystique*. — (1822.)

3. Cf. *Moïse sur le Nil* (février 1820). Quant à Lamartine, il n'est
curieux de ce pittoresque ni en 1820, ni plus tard. Il se contente
des « Vallons de Sennâr » et des « Chênes de Membré. »

> Mon lit est parfumé d'aloès et de myrrhe ;
> L'odorant cinnamome et le nard de Palmyre
> Ont chez moi de l'Égypte embaumé les tapis.
> J'ai placé sur mon front et l'or et le lapis ;
> Venez, mon bien-aimé, m'enivrer de délices
> Jusqu'à l'heure où le jour appelle aux sacrifices.

Ou cet autre tableau qui précédait les cinquante vers de la scène à l'église, supprimés dès 1829 :

> Ce jour-là, son époux, en se réjouissant,
> Revenait du désert. Le lin éblouissant
> Recouvrait les fardeaux, fruit de son opulence :
> Guidés nonchalamment par le fer d'une lance,
> Fléchissaient sous ces dons, et l'onagre rayé,
> Et l'indolent chameau, par son guide effrayé ;
> Et douze serviteurs, suivant l'étroite voie,
> Courbaient leurs fronts brûlés sous la pourpre et la soie.

Ailleurs, dans la *Fille de Jephté* (1820) :

> Voilà ce qu'ont chanté les filles d'Israël
> Et leurs pleurs ont coulé sur l'herbe du Carmel :

> Le fer de Galaad a ravagé trois villes ;
> Abel ! la flamme a lui sur tes vignes fertiles !
> Aroër sous la cendre éteignit ses chansons,
> Et Mennith s'est assise en pleurant ses moissons.

> Il (Jephté) entend le concert qui s'approche et l'honore ;
> La harpe harmonieuse et le tambour sonore,
> Et la lyre aux dix voix, et le kinnor léger,
> Et les sons argentins du nebel étranger,

C'est deux ans plus tard que viendront les tableaux
de maître :

Du stérile Nébo gravissant la montagne,
Moïse, homme de Dieu, s'arrête et, sans orgueil,
Sur le vaste horizon promène un long coup d'œil.
Il voit d'abord Phasga que des figuiers entourent,
Puis, au delà des monts que ses regards parcourent,
S'étend tout Galaad, Ephraïm, Manassé,
Dont le pays fertile à sa droite est placé ;
Vers le midi, Juda, grand et stérile, étale
Ses sables où s'endort la mer occidentale ;
Plus loin dans un vallon que le soir a pâli,
Couronné d'oliviers, se montre Nephtali ;
Dans des plaines de fleurs magnifiques et calmes,
Jéricho s'aperçoit ; c'est la ville des palmes,
Et, prolongeant ses bois, des plaines de Phogor,
Le lentisque touffu s'étend jusqu'à Ségor.
Il voit tout Chanaan et la terre promise
Où sa tombe, il le sait, ne sera point admise.
Il voit ; sur les Hébreux étend sa grande main,
Puis vers le haut du mont il reprend son chemin.

Pittoresque moderne.

Voilà ce que la Bible inspirait à un poëte de vingt-
cinq ans[1] : à quoi l'on doit joindre les grands tableaux
du *Déluge*.

---

1. La constatation, faite par Sainte-Beuve même, de la singulière
originalité d'Alfred de Vigny ne peut que s'éclairer utilement de
détails relatifs aux premières relations littéraires de notre poëte.
Il est établi qu'en 1821 et jusqu'à octobre 1822, Vigny allait souvent

Mais il faut étudier chez Vigny un autre genre de pittoresque, celui qui devait surtout paraître dans les *Destinées*. La couleur dominante n'y porte plus le nom de biblique. Vigny la qualifie autrement dans le titre même du *Livre moderne*. Pour la première fois, en 1826, l'écrivain donne à sa poésie sa qualification complète et juste : *antiques et modernes*, ainsi dès lors se nomment ses poëmes, annonçant par là tout ensemble le signe propre de leur esprit et la nature de leur pittoresque.

visiter Victor Hugo, rue du Dragon, où se sont rencontrés Soumet, Guiraud, bien d'autres encore, y compris Lamartine. Il est certain que Soumet lui en imposait fort, comme à d'autres, en ce temps-là.

D'après les *Archives des hommes du jour*, ce sont les frères Deschamps qui l'ont mis en rapport avec Soumet, Jules Lefèvre, Ancelot, Guiraud, V. Hugo, et ces relations auraient décidé d'une manière définitive de sa vocation littéraire. Il faut toutefois se rappeler que Soumet n'est venu lui-même à Paris qu'en 1820, et l'on sait par les vers célèbres de Deschamps que, Pichald mis à part à cause de sa bonté et de la hauteur de son caractère, Soumet fut le principal personnage de ces réunions; après lui, Vigny; puis Hugo; puis Parceval. On ne relève pas, avant le *Conservateur littéraire* de la fin de 1820 (où est annoncée l'arrivée de Soumet à Paris), les noms des poëtes connus pour demi-romantiques, sauf J.-J. Ader. Au tome II, p. 120, on comptait parmi « nos jeunes poëtes distingués » « M. Le Brun, M. de Lamartine (*sic*) et M. Casimir Delavigne ». Au tome III se lit un bel éloge de l'*Interdit*, un des chants du *Philippe-Auguste* de Parceval.

On ne s'est réuni chez Nodier qu'à partir de 1823. Cf. S‑René Taillandier (art. *Vigny* de la *Biographie Michaud*), citant au nombre des compagnons d'enfance qui ont éveillé ou entretenu chez Vigny, dès le collège, le goût des finesses de l'art, le peintre Devéria, le musicien Hérold, et un homme d'un esprit charmant, M. Dittmer. Il paraît qu'à l'institution Hix se trouvait aussi le jeune Polonais, Serge Mouravief, dont la tragique destinée et celle de sa femme, l'héroïque Wanda, ont inspiré à Vigny de si beaux vers.

Cette double appellation, le Recueil de 1822 aurait pu déjà la porter : il contient le *Bal* et la *Prison* près des poëmes homériques et judaïques.

S'il fallait définir par un bel exemple le pittoresque propre au romantisme, trouverait-on mieux que le *Cor* [1]? Mais laissons le *Cor* et la *Neige*. Ce que Vigny substituait à la manière de Delille, c'est dans le *Bal* et la *Prison*, c'est entre 1818 et 1822 qu'il faut le rechercher.

Sans doute on ne peut contester ce qu'il doit aux jolis miracles du maître descriptif [2]. Sainte-Beuve a pris soin de l'indiquer. Il rend toutefois justice au novateur. La vraie difficulté ne consistait pas à décrire la nature, mais à la rendre. Bernardin de Saint-Pierre, qui s'y connaissait, le disait au temps de Rousseau. C'est dans la langue, plus que dans l'âme, qu'il y avait disette [3]. Sainte-Beuve encore le remarque : le style poétique avait besoin de conquètes et d'accroissements pittoresques. Tranchons net en deux mots et

1. A. de Vigny, définissant le romantisme en 1846 dans le *Discours de réception*, disait : « Le nom qui lui fut donné était depuis longtemps français, et puisé dans les origines de notre langue romane : il avait toujours exprimé le sentiment mélancolique produit dans l'âme par les aspects de la nature et des grandes ruines, par la majesté des horizons et les bruits indéfinissables des belles solitudes. »

2. Cette expression bien connue appartient à Sainte-Beuve.

3. Voir Sainte-Beuve. *Portr. litt.*, t. II, p. 121. — *Causeries du lundi*. t. XII, 60.

suivons ce critique sagace [1] : pour être vraiment continué, le genre du style poétique de Boileau, et même de Racine, avait besoin d'être modifié.

Delille, dit Sainte-Beuve, ne comprit pas de quelle réparation il s'agissait.

On a pu se montrer exigeant plus tard pour les novateurs. On a su leur demander le style à la fois neuf et souverainement construit. Le style neuf, nul autre, plus que Vigny, ne l'apportait en 1820. L'idée neuve, la couleur originale, le rayon direct, le senti-ment du style poétique, Sainte-Beuve en attribuait à Le Brun l'instinct et l'intention seulement, à Chénier une part incomparable, mais limitée : l'auteur du *Bal* les a tenus de Byron pour une part peut-être, mais déjà de lui-même. Il est, pour ainsi dire, prêt et complet le premier [2].

Qu'est-ce donc que le *Bal*, et comment en expli-quer l'effet, quand parut cette pièce au *Conservateur*

1. Voir *Portr. litt.*, t. II, 127; 97, 98. — L'article de Sainte-Beuve sur Vigny est de 1835; celui sur Bernardin de Saint-Pierre date de 1836; celui sur Delille, de 1837. C'est dans l'article de 1835 que Sainte-Beuve indique le « caractère d'originalité » et la puissance « solitaire » empreinte dans les Poëmes.

2. Ainsi l'entend, par exemple, Thiessé, le critique du *Mercure*, quand il passe aux romantiques. Aussi peut-il écrire encore en 1826 : « Vive la nature brute et sauvage, qui revit si bien dans les vers de MM. de Vigny, Jules Lefèvre, Victor Hugo! » Il néglige Soumet, Guiraud, Deschamps tout comme Lamartine.

Cf. Éd. Fournier, *Souvenirs poétiques*, etc., notice sur Vigny.

littéraire [1]? D'où vint le déchaînement qui accueillit, selon Magnin, les Poëmes à leur naissance? Il y entrait, paraît-il, du dédain et de la colère tout à la fois. Le voici peut-être. De Vigny tentait d'ajouter à Delille sa propre nature exquise, mais inquiète et laborieuse. Il y joignait aussi Byron, un Byron qu'il devine ou qu'il cherche. De là, chez notre poëte, abondant à ses débuts comme Lamartine, cette préférence marquée pour l'effort, ce souci de l'expression personnelle et du pittoresque vu. Il a besoin de son Delille, il y prend appui et souvent modèle : cependant il tâtonne; ses contemporains lui reprochent « une incorrection révoltante, une obscurité barbare et les idées les plus laborieusement inintelligibles [2]. »

Et toutefois, comment se soustraire à sa grâce? Dans ce prétendu barbare, Ch. Magnin trouve, après *Éloa*, « l'écrivain le plus suave, le plus mélodieux, le plus artiste; une langue poétique nouvelle, d'une fraîcheur, d'un éclat, d'une richesse ravissante; un génie d'une élévation, d'une chasteté, d'une grâce infinie. »

Ce qui surprit dans le *Bal*, c'est la vie réelle s'imprégnant de sentiments intimes; c'est encore, comme le dit Brizeux, l'inspiration vierge et naïve de l'âme,

1. En février 1821, 26e livraison, t. III, p. 249.
2. Dans l'article de Ch. Magnin (*le Globe*, 21 oct. 1829).

substituée aux lieux communs de la description : le
cœur avec ses passions plutôt douloureuses et seulement entrevues ; la gravité, même un peu prétentieuse ;
enfin cette couleur moderne d'un poëme où se reflé-
taient les mœurs à la mode et le dernier dandysme
du jour :

> Dansez et couronnez de fleurs vos fronts d'albâtre ;
> Liez au blanc muguet l'hyacinthe bleuâtre,
> Et que vos pas moelleux, délices de l'amant,
> Sur le chêne poli glissent légèrement...
> Dansez, un soir encore usez de votre vie !
> L'étincelante nuit d'un long jour est suivie ;
> A l'orchestre brillant le silence fatal
> Succède, et les dégoûts aux doux propos du bal.
> Ah ! reculez le jour où, surveillantes mères,
> Vous saurez du berceau les angoisses amères :
> Car, dès que de l'enfant le cri s'est élevé,
> Adieu plaisir, long voile à demi relevé,
> Et parure éclatante, et beaux joyaux de fête,
> Et, le soir, en passant, les riantes conquêtes
> Sous les ormes, le soir, aux heures de l'amour,
> Quand les feux suspendus ont rallumé le jour.

Voilà du Delille encore, mais, dans l'ensemble,
combien différent de lui-même ! Une partie de l'impression produite alors par le *Bal* tenait probablement
à un effet pittoresque qui paraît moins à présent. Je
ne parle pas de la scène où trois jeunes filles prient
le poëte d'improviser sur le sujet même de la danse ;

mais la pièce s'ouvrait sur la strophe très rythmée, pittoresque et vive en dépit de sa gaucherie :

> Courez, jeunes beautés, formez la double danse,
>   Entendez-vous l'archet du bal joyeux?

Elle se trouvait aussi comme encadrée, en 1822, dans le récit d'une aventure personnelle; et, pour terminer, le poëte comparait l'effet de son improvisation byronienne à celui d'un serpent mort dans une source et qui infecterait de son venin toutes les fleurs :

> La reine-marguerite a perdu sa couronne,
> Le bleuet incliné de pâleur s'environne,
> Et l'enfant qui, joyeux, vient et s'y rafraîchit,
> Pleure et crie en fuyant, car son genou fléchit,
> Son cœur traîne un feu sourd, une torture amère,
> Et des maux dont jamais n'avait parlé sa mère [1].

L'instrument, dans le *Bal*, faisait entendre un timbre nouveau : là fut l'innovation. Aujourd'hui, tant de tâtonnement peut passer pour puéril. Une certaine incorrection nous y étonne. On y sut voir, en 1818, plus qu'une promesse d'art. D'autres poëmes ne se firent pas attendre, et notre auteur y fut enfin lui-même : « poëmes étranges pour l'époque, disait

---

1. Les premiers vers sur la valse n'existaient pas d'abord; ils ont été ajoutés en 1822, ainsi que la scène de l'improvisation.

M. de Loménie [1], et qu'on dirait souvent bien plutôt éclos sous le froc de quelque jeune bénédictin fervent, naïf et rêveur. » Sainte-Beuve toutefois l'avoue expressément : la pièce du *Bal* indique toute une nouvelle manière.

Le pittoresque en fit le succès pour une grande part. Un simple fait montrera que là-dessus notre auteur savait bien sa force.

En 1827 et 1828 paraissait un recueil de vers intitulé *les Annales romantiques*. L'école nouvelle y possédait son anthologie. On y rencontrait telle pièce, ailleurs introuvable, tel morceau caractéristique des jeunes novateurs. Notre poëte y donnait *Moïse*. On jugea bon néanmoins d'adjoindre à *Moïse* quelque document de portée plus spéciale et caractéristique. Que choisit-on? Le *Bain d'une dame romaine*, ce morceau d'un pittoresque merveilleux et accompli [2].

Voilà pour le pittoresque avant les *Destinées*.

1. *Galerie des contemporains illustres*, par un homme de bien, t. II, art. sur Vigny (1840).

2. Écrit en 1817, il faisait partie du premier recueil, celui de 1822, qu'on remettait enfin en honneur. De Victor Hugo, les *Annales* présentaient deux morceaux de critique, et une ode : « Quand la demoiselle dorée... »

II

LE PITTORESQUE DANS LES « DESTINÉES ».

La forme, la beauté physique ont saisi d'abord Alfred de Vigny. Il s'attachait surtout à les peindre. Quand parut *Éloa*, ce fut un éblouissement [1]. Si le peintre des *Destinées* s'est astreint là-dessus à plus de réserve, il avait ses raisons : dans les *Poëmes philosophiques*, le fond de scène n'empiète plus sur les personnages, ni la nature sur l'esprit de l'homme. Chateaubriand disait en bloc des jeunes novateurs : « Ils ont animalisé la langue. » Vigny la spiritualise.

Les images, au surplus, il les sème encore avec

---

1. Dans ses poëmes comme dans ses romans, disait M. de Loménie en 1840 (*Galerie des contemporains illustres*), il est quelquefois minutieux, un peu affecté, mais toujours élevé et toujours saisissable. Dans la description surtout, il est admirable de fécondité, de clarté et de vérité. Lisez *Éloa*, *Stello* ou *Laurette*, presque à chaque page un petit tableau plein de grâce dans la disposition des figures et de netteté dans le contour. Si j'étais peintre comme Scheffer, j'apprendrais par cœur les livres de M. de Vigny, et j'aurais dans mon cerveau toute une provision de 'toiles charmantes. »

On pourrait ajouter avec M. Brunetière (*Revue des Deux Mondes*, 1er décembre 1891) que ce serait plus d'une fois des Watteau, des Boucher et des Fragonard. Le même critique rapproche de l'auteur de *Dolorida* les noms de Léonard, de Colardeau et de Gentil-Bernard (p. 687).

richesse, mais leur effet se précise en se resserrant.
Le poëte des *Destinées* aime les vers tout entiers pittoresques, à peine composés de quelques mots. Il
parle de la flèche

> *Qui va de l'arc au but en faisant siffler l'air.*

Il vous fait entendre

> *Le pied vif du cheval sur les pavés en feu.*

Il vous peint le vaisseau qui s'éloigne,

> *Et par voile et vapeur vole et roule en avant.*

D'autres fois, ce sont de ces vers larges qui font
passer sous le regard un vaste paysage; et de tels
vers, comme dit Sainte-Beuve, signent une poésie.
Dans la *Bouteille à la mer*, il est question de l'Océan
pacifique :

> *Un navire y passait majestueusement.*

Ailleurs c'est la plaine, vue du haut d'une montagne. On se promet de la contempler :

> *Les grands pays muets longuement s'étendront.*

Pensez à ce qui tient dans ce tableau fuyant de
la vie :

> *Tous errant, sans étoile, en un désert sans fond.*

Parmi ces vers isolés, des comparaisons très

courtes jettent subitement l'image à l'esprit du lecteur. Vigny possède le don de l'image en mouvement.
L'application, récente alors, de la vapeur aux chemins de fer, lui a suggéré un morceau célèbre.
Certaines métaphores y sont saisissantes. La loco-
motive est un « rude aveugle » qui passe et bouscule.
C'est un taureau de fer « qui fume, souffle et
beugle ». On en citerait d'autres, s'il s'agissait d'en
dresser l'inventaire.

Car les comparaisons abondent dans les *Destinées*,
mais courtes, et fort différentes des morceaux
d'apparat que le poëte goûtait encore au début de sa
carrière. Elles dessinent rapidement la silhouette des
personnages. Samson est assis, les genoux joints
comme une statue « du colosse Anubis ». Dalila, à
ses pieds, est souple « comme un doux léopard », ram-
pante comme « la vipère dorée ». De telles comparaisons précisent les sentiments et font voir les idées :
ainsi ce drap lugubre de misère que tiennent sur
l'homme le Mal et le Doute; ailleurs l'âme froissée
par la vie civile est comparée au galérien : la lettre
sociale est écrite sur son épaule, il penche sa tête
pâle et *pleure sur la mer*.

D'autres fois la comparaison éclaire de simples
objets pour en donner le spectacle saisissant. On
n'oublie plus ce vaisseau qui, dans la tempête, tourne

sur lui-même « comme un vol de milan »; cette frégate qui reprend ses canots *et les jette*

Comme fait en son sein la sarigue inquiète;

l'équateur « hérissé des longs méridiens », la volière de *Wanda* et, dans la *Mort du Loup*, ces nuages courant sur la lune comme la fumée sur l'incendie : toutes comparaisons rapides et difficilement séparables de l'ensemble, soit qu'elles peignent les choses, ou les hommes, ou bien les idées.

J'en veux citer une encore, à part de toutes les autres. Elle nous fait saisir, en passant, la précision parfois visionnaire du pittoresque dans les *Destinées*. Elle se trouve dans les *Oracles* : le poëte s'attaque une fois de plus aux politiques des parlements. Leur régime est tombé par leur faute. Ils ne sont plus rien : et cependant ces vipères relèvent la tête afin de mordre; ces prétendus oracles ne se taisent point, et font entendre de sombres horoscopes. Alors il les apostrophe :

> « Vous avez conservé vos vanités, vos haines,
> Au fond du grand abîme où vous êtes couchés,
> Comme les corps trouvés sous les cendres romaines
> Debout sous les cavaux de Pompéia cachés,
> L'œil fixe, lèvre ouverte et la main étendue,
> Cherchant encor dans l'air leur parole perdue,
> Et s'évanouissant sitôt qu'ils sont touchés [1]. »

---

1. Les *Oracles*, XI. — Cf., dans la pièce de *Paris*, Lamennais dressant devant lui le cadavre du Christ et lui parlant.

De ce genre est le portrait de Jésus au *Mont des Oliviers*. Mais rien n'est *vu* comme ce petit point qui, dans la *Bouteille à la mer*, flotte à travers courants, glaçons, déserts des mers :

Tout est dit. A présent que Dieu lui soit en aide !
Sur le brick englouti l'onde a pris son niveau.
Au large flot de l'est le flot de l'ouest succède,
Et la Bouteille y roule en son vaste berceau.
Seule dans l'Océan, la frêle passagère
N'a pas pour se guider une brise légère ;
Mais elle vient de l'arche et porte le rameau.

Les courants l'emportaient, les glaçons la retiennent
Et la couvrent des plis d'un épais manteau blanc.
Les noirs chevaux de mer la heurtent, puis reviennent
La flairer avec crainte, et passent en soufflant.
Elle attend que l'été, changeant ses destinées,
Vienne ouvrir le rempart des glaces obstinées,
Et vers la ligne ardente elle monte en roulant.

Et surtout, après l'épisode du vaisseau négrier :

Seule dans l'Océan, seule toujours ! — Perdue
Comme un point invisible en un mouvant désert,
L'aventurière passe errant dans l'étendue,
Et voit tel cap secret qui n'est pas découvert.
Tremblante voyageuse à flotter condamnée,
Elle sent sur son col que depuis une année
L'algue et les goëmons lui font un manteau vert.

Voilà pourquoi les *Poëmes philosophiques*, concis presque à l'excès dans l'expression des idées, présentent tous une vue si nette du paysage. Qu'il soit peint dès le début comme dans *Samson* et la *Mort du Loup*, au cœur de la pièce comme dans *Wanda*, au courant et à la fin comme dans la *Maison du Berger*, la précision est la qualité ordinaire de ce pittoresque, et la brièveté est la compagne ordinaire de cette précision [1].

1. Un passage curieux de la *Sauvage* présente une sorte de pittoresque précis et familier qu'on a vu se développer plus tard avec insistance; c'est la peinture du Kiosk anglo-saxon avec l'activité qui y règne. Citons-en seulement trois vers, dont la simplicité n'a rien d'involontaire :

> Et des blonds serviteurs les agiles cohortes
> S'empressent en silence aux travaux familiers,
> Et, les plateaux en main, montent les escaliers.

Les *Amants de Montmorency* ont pu donner aussi quelque modèle de poésie familière. — Comparer la simplicité de la fin du *Trappiste*.

CHAPITRE V

LE PATHÉTIQUE DANS LES « DESTINÉES »

Qu'on ne dise pas : jeunesse est passée, voilà la
cause d'un art si sobre. Il appartient aux poëtes de
garder dans le cœur un coin toujours vert. La *Maison
du Berger* en porte témoignage :

La Nature t'attend dans un silence austère ;
L'herbe élève à tes pieds son nuage des soirs,
Et le soupir d'adieu du soleil à la terre
Balance les beaux lis comme des encensoirs.
La forêt a voilé ses colonnes profondes,
La montagne se cache, et sur les pâles ondes
Le saule a suspendu ses chastes reposoirs.

Le crépuscule ami s'endort dans la vallée
Sur l'herbe d'émeraude et sur l'or des gazons,
Sous les timides joncs de la source isolée
Et sous le bois rêveur qui tremble à l'horizon,
Se balance en fuyant dans les grappes sauvages,
Jette son manteau gris sur le bord des rivages,
Et des fleurs de la nuit entr'ouvre la prison.

Un Recueil où l'on rencontre la *Maison du Berger*

et la *Colère de Samson* est-il pauvre de jeunesse?

> Comme un doux léopard elle est souple et répand
> Ses cheveux dénoués aux pieds de son amant.
> Ses grands yeux entr'ouverts comme s'ouvre l'amande
> Sont brûlants du plaisir que son regard demande,
> Et jettent, par éclairs, leurs mobiles lueurs ;
> Ses bras fins tout mouillés de tièdes sueurs,
> Ses pieds voluptueux qui sont croisés sous elle,
> Ses flancs plus élancés que ceux de la gazelle,
> Pressés de bracelets, d'anneaux, de boucles d'or,
> Sont bruns, et, comme il sied aux filles de Hatsor,
> Ses deux seins, tout chargés d'amulettes anciennes,
> Sont chastement pressés d'étoffes syriennes.

La *Maison du Berger*, cette triple Consultation du Docteur-Noir, ce nid strident de vers satiriques, qu'est-ce donc, sinon le triomphe de la Femme? Sous la délicatesse d'amours du grand monde, qui ne saisit l'accent d'un culte? L'humanité profane y a son autel, à l'endroit même où la Nature est rabaissée.

C'est surtout dans le pathétique qu'éclate la jeunesse du Recueil de 1864.

On a vu, dans quelques morceaux des *Oracles* et de la *Bouteille à la mer*, la flamme de l'adoration des idées. Quand l'*Esprit pur* chante la noblesse de l'avenir comme *Wanda* célébrait celle du passé, quels élans, quelle joie! A son tour, le sentiment des douleurs communes, l'admiration pour la majesté des

souffrances humaines, ces belles sources de pathétique répandent leur chaleur discrète à travers les
Destinées.

Pour en citer des exemples, écoutez le poëte
s'adressant à la femme :

> Ta pensée a des bonds comme ceux des gazelles,
> Mais ne saurait marcher sans guide et sans appui.
> Le sol meurtrit ses pieds, l'air fatigue ses ailes,
> Son œil se ferme au jour dès que le jour a lui ;
> Parfois sur les hauts lieux d'un seul élan posée,
> Troublée au bruit des vents, ta mobile pensée
> Ne peut seule y veiller sans crainte et sans ennui.
>
> Mais aussi tu n'as rien de nos lâches prudences,
> Ton cœur vibre et résonne au cri de l'opprimé.
> Comme dans une église aux austères silences
> L'orgue entend un soupir et soupire alarmé.
> Tes paroles de feu meuvent les multitudes,
> Tes pleurs lavent l'injure et les ingratitudes,
> Tu pousses par le bras l'homme... Il se lève armé.
>
> C'est à toi qu'il convient d'ouïr les grandes plaintes
> Que l'humanité triste exhale sourdement.
> Quand le cœur est gonflé d'indignations saintes,
> L'air des cités l'étouffe à chaque battement.
> Mais de loin les soupirs des tourmentes civiles,
> S'unissant au-dessus du charbon noir des villes,
> Ne forment qu'un grand mot qu'on entend clairement [1].

Entendez le jugement de la *Colère de Samson* :

____
1. La *Maison du Berger*, nº III.

L'Homme a toujours besoin de tendresse et d'amour.
Sa mère l'en abreuve alors qu'il vient au jour,
Et ce bras le premier l'engourdit, le balance
Et lui donne un désir d'amour et d'indolence.
Troublé dans l'action, troublé dans le dessein,
Il rêvera partout à la chaleur du sein,
Aux chansons de la nuit, aux baisers de l'aurore,
A la lèvre de feu que sa lèvre dévore,
Aux cheveux dénoués qui roulent sur son front,
Et les regrets du lit, en marchant, le suivront.
Il ira dans la ville, et là, les vierges folles
Le prendront dans leurs lacs aux premières paroles.
Plus fort il sera né, mieux il sera vaincu,
Car plus le fleuve est grand et plus il est ému.

Ailleurs encore, ce sont des traits isolés, un coup
d'œil rapide sur l'existence des plus misérables, ou
bien la mort vue de tout près, les yeux aimés dont
parlait le poëte après la mort de sa mère :

Ces yeux tristes et doux qu'on ne doit plus revoir [1].

Car Vigny est de ceux qui ont reçu le don des
larmes. Le pathétique mâle et sombre du Prologue,
celui du discours de la Nature dans la *Maison du
Berger*, ces morceaux écrits d'une plume d'aigle
ne font point oublier, si nombreux soient-ils, les
témoignages de la plus fine tendresse. Un effort de
volonté, les leçons de l'expérience, l'isolement sur-

1. La *Maison du Berger*, nᵒ I.

tout, ont finalement donné à Vigny — à son talent comme à sa personne — un extérieur très mâle. Mais pratiquez-le : il a, sous beauté d'homme, grâce de femme [1].

Pour en citer quelque preuve, un peu de redondance n'empêche pas de goûter la fin du prêche, dans la *Sauvage*. Le colon prétend justifier nos lois d'Europe. Contre les socialistes de 1840, il défend le droit d'héritage. Tout à coup, prenant à témoin la femme indienne, il s'écrie :

> Tourne sur tes enfants tes grands yeux attendris,
> Ma sœur, et sur ton sein. — Cherche bien si la vie
> Y coule pour toi seule. — Es-tu donc assouvie
> Quand brille la santé sur ton front triomphant?
> Que dit le sein fécond de la mère à l'enfant?
> Que disent, en tombant des veines azurées,
> Que disent en courant les gouttes épurées?
> Que dit le cœur qui bat et les pousse à grands flots?
> — Ah! le sein et le cœur, dans les divins sanglots
> Où les soupirs d'amour aux douleurs se confondent.
> Aux morsures d'enfant le cœur, le sein répondent :
> « A toi mon âme, à toi ma vie, à toi mon sang
> Qui du cœur de ma mère au fond du tien descend
> Et n'a passé par moi, par mes chastes mamelles
> Qu'issu du philtre pur des sources maternelles;
> Que tout ce qui fut mien soit tien, ainsi que lui! »

1. Aug. Barbier écrit dans ses *Souvenirs personnels*, p. 354 : « *Soigneux* et *fin*, a dit M. Sainte-Beuve de son talent : nous dirons de son sentiment *fin* et *délicat*. Il a cherché la force dans le calme; quelquefois il a paru l'atteindre dans ses poëmes philosophiques,

Sans mollesse, sans apprêt, la *Bouteille à la mer*
et *Wanda* présentent de même au lecteur leurs
scènes touchantes :

On avait mis en panne, et c'était grande fête,
Chaque homme sur son mât avait le verre en main ;
Chacun à son signal se découvrit la tête,
Et répondit d'en haut par un hourra soudain.
Le soleil souriant dorait les voiles blanches ;
L'air ému répétait ces voix mâles et franches,
Ce noble appel de l'homme à son pays lointain.

Après le cri de tous, chacun rêve en silence.
Dans la mousse d'Aï luit l'éclair d'un bonheur ;
Tout au fond de son verre il aperçoit la France.
La France est pour chacun ce qu'y laissa son cœur :
L'un y voit son vieux père assis au coin de l'âtre,
Comptant ses jours d'absence ; à la table du pâtre,
Il voit sa chaise libre à côté de sa sœur.

Un autre y voit Paris, où sa fille penchée
Marque avec un compas tous les souffles de l'air,
Ternit de pleurs la glace où l'aiguille est cachée,
Et cherche à ramener l'aimant avec le fer.
Un autre y voit Marseille. Une femme se lève,
Court au port et lui tend un mouchoir de la grève,
Et ne sent pas ses pieds enfoncés dans la mer.

O superstition des amours ineffables,
Murmures de nos cœurs qui nous semblez des voix,
Calculs de la science, ô décevantes fables !
Pourquoi nous apparaître en un jour tant de fois ?

mais sa véritable qualité était la délicatesse élégante. C'était un
talent aristocratique, une sorte de Tennyson français. »

Pourquoi vers l'horizon nous tendre ainsi des pièges,
Espérances roulant comme roulent les neiges,
Globes toujours pétris et fondus sous nos doigts [1]?

Relisez ces adieux de la femme russe dans *Wanda* [2] :

En ce temps-là ma sœur, sur le seuil de sa porte,
Nous dit : « Vivez en paix, je vais garder ma foi,
Gardez ces vanités ; au monde je suis morte,
Puisque le seul que j'aime est mort devant la loi.
Des splendeurs de mon front conservez les ruines,
Je le suivrai partout, jusques au fond des mines ;
Vous qui savez aimer, vous feriez comme moi.

« L'empereur tout-puissant qui voit d'en haut les choses,
Du prince mon seigneur voulut faire un forçat.
Dieu seul peut réviser un jour ces grandes causes
Entre le souverain, le sujet et l'État.
Pour moi, je porterai mes fils sur mon épaule
Tandis que mon mari, sur la route du pôle,
Marche et traîne un boulet, conduit par un soldat.

« Prenez donc, ô mes sœurs, ces signes de mollesse,
J'irai dans les caveaux, dans l'air empoisonneur,
Conservant seulement, de toute ma richesse,
L'aiguille et le marteau pour luxe et pour honneur ;
Et puisqu'il est écrit que la race des Slaves
Doit porter et le joug et le nom des esclaves,
Je descendrai vivante au tombeau du mineur.

« Là j'aurai soin d'user ma vie avec la sienne ;
Je soutiendrai ses bras quand il prendra l'essieu,
Je briserai mon corps pour que rien ne retienne
Mon âme quand son âme aura monté vers Dieu ;

1. La *Bouteille à la mer*, **XI-XII**.
2. *Wanda*, IV, V, VII et VIII.

A. DE VIGNY.

20

> Et bientôt, nous tirant des glaces éternelles,
> L'ange de mort viendra nous prendre sur ses ailes
> Pour nous porter ensemble aux chaleurs du ciel bleu. »

Voilà ce que les *Destinées* recèlent de tendresse. Ce n'est pourtant qu'une part de leur pathétique. Ce qui donne le ton aux *Poëmes philosophiques*, c'est la mélancolie hautaine : finalement, il faut y revenir. C'est le genre de pathétique particulier à Alfred de Vigny. Dans cette nature faite pour aimer, le tragique règne. Résignation fataliste; défensive provocante; fierté indomptée, mais sentiment du poids de la vie; lave un moment bouillonnante et soudain figée : cette beauté de douleur calme [1] constitue la principale grandeur d'une telle poésie, en garde tout à la fois contre la Nature, contre les hommes et contre le Ciel :

> Éternel, Dieu des forts! vous savez que mon âme
> N'avait pour aliment que l'amour d'une femme,

---

1. L'expression est de M. Barbey d'Aurevilly : « Génie tendre..., fils de Virgile et de Racine. » — « Vers vécus, soufferts et saignés avant d'arriver à l'arête froide sous laquelle ils brillent. » — « Éclat du sang du cœur blessé, durci par la fierté du poëte. » — « Une beauté de douleur calme, de Niobé devenue marbre » (*Le Pays*, 31 janvier 1864).

M. Barbey d'Aurevilly ajoutait : « Franchement, dans les abaissements de la poésie contemporaine, d'inspiration semblable je n'en connais pas. »

C'est lui qui a qualifié la *Colère de Samson* de « pièce léonine ». « Beautés pressées », disait D. Nisard.

Puisant dans l'amour seul plus de sainte vigueur
Que mes cheveux divins n'en donnent à mon cœur.
— Jugez-nous. — La voilà sur mes pieds endormie.
Trois fois elle a vendu mes secrets et ma vie,
Et trois fois a versé des pleurs fallacieux
Qui n'ont pu me cacher la rage de ses yeux ;
Honteuse qu'elle était plus encore qu'étonnée,
De se voir découverte ensemble et pardonnée ;
Car la bonté de l'Homme est forte, et sa douceur
Écrase, en l'absolvant, l'être faible et menteur.
Mais enfin je suis las. J'ai l'âme si pesante,
Que mon corps gigantesque et ma tête puissante
Qui soutiennent le poids des colonnes d'airain
Ne la peuvent porter avec tout son chagrin.
Toujours voir serpenter la vipère dorée
Qui se traîne en sa fange et s'y croit ignorée ;
Toujours ce compagnon dont le cœur n'est pas sûr,
La femme, enfant malade et douze fois impur !
Toujours mettre sa force à garder sa colère
Dans son cœur offensé, comme en un sanctuaire
D'où le feu s'échappant irait tout dévorer.
Interdire à ses yeux de voir ou de pleurer,
C'est trop ! Dieu, s'il le veut, peut balayer ma cendre :
J'ai donné mon secret, Dalila va le vendre.
Qu'ils seront beaux les pieds de celui qui viendra
Pour m'annoncer la mort ! — Ce qui sera, sera !

Dans la *Maison du Berger*, c'est la Nature même
qui parle :

Elle me dit : « Je suis l'impassible théâtre
Que ne peut remuer le pied de ses acteurs ;
Mes marches d'émeraude et mes parvis d'albâtre,
Mes colonnes de marbre ont les dieux pour sculpteurs.

Je n'entends ni vos cris ni vos soupirs ; à peine
Je sens passer sur moi la caravane humaine
Qui cherche en vain au ciel ses muets spectateurs.

« Je roule avec dédain sans voir et sans entendre
A côté des fourmis les populations ;
Je ne distingue pas leur terrier de leur cendre,
J'ignore en les portant les noms des nations.
On me dit une mère, et je suis une tombe.
Mon hiver prend vos morts comme son hécatombe,
Mon printemps ne sent pas vos adorations.

« Avant vous, j'étais belle et toujours parfumée,
J'abandonnais au vent mes cheveux tout entiers,
Je suivais dans les cieux ma route accoutumée,
Sur l'axe harmonieux des divins balanciers.
Après vous, traversant l'espace où tout s'élance,
J'irai seule et sereine, en un chaste silence,
Je fendrai l'air du front et de mes seins altiers [1]. »

Dans le Prologue, enfin, s'unissent indivisément
le sentiment, la pensée et la vue de la crise générale
où s'est débattu le poëte :

Oh ! dans quel désespoir nous sommes encore tous !
Vous avez élargi le collier qui nous lie,
Mais qui donc tient la chaîne ? Ah ! Dieu juste, est-ce vous ?

Arbitre libre et fier des actes de sa vie,
Si notre cœur s'entr'ouvre au parfum des vertus,
S'il s'embrase à l'amour, s'il s'élève au génie,

1. La *Maison du Berger*, n° III.

Que l'ombre des Destins, Seigneur, n'oppose plus
A nos belles ardeurs une immuable entrave,
A nos efforts sans fin des coups inattendus!

O sujet d'épouvante à troubler le plus brave!
Question sans réponse où vos saints se sont tus!
O mystère! ô tourment de l'âme forte et grave!

Notre mot éternel est-il : C'ÉTAIT ÉCRIT?
SUR LE LIVRE DE DIEU, dit l'Orient esclave;
Et l'Occident répond : SUR LE LIVRE DU CHRIST.

CONCLUSION

DE LA POÉSIE PHILOSOPHIQUE
DANS LES « DESTINÉES »

I

LA POÉSIE SYMBOLIQUE EN 1844.

Replaçons maintenant dans son milieu initial, de 1838 à 1844, cette poésie concise et forte.

L'homme, et Dieu dans l'homme, obsédaient alors les poëtes comme une vision perpétuelle. Dès le temps d'*Ahasvérus*, Sainte-Beuve conseillait à Brizeux d'oser, « sous de beaux symboles à l'exemple du chantre de Pollion, toucher quelques points de la transformation profonde qui s'opère [1] ». Qu'était *Ahasvérus*? L'histoire du monde, de Dieu dans le monde, et enfin du doute dans le monde. Depuis

---

1. *Portraits contemporains*, t. II, p. 182.

1833, Edg. Quinet, l'esprit rempli d'un projet d'*épopée démocratique*, livrait au public son *Napoléon* et son *Prométhée* [1]. En 1844, on avait aussi de de Laprade *Psyché*, *Hermia*, les *Odes et Poëmes*. On donnait à ce genre d'œuvres un nom à peine modifié depuis lors : celui de poésie symbolique.

On entendait par là deux choses.

On estimait d'abord, que l'art des vers ne peut se passer de fond, ni se priver du sérieux des pensées. On jugeait précieuse, à la vérité, cette renaissance du sentiment qui éclata vers la vingtième année du siècle. La rêverie de Rousseau avait servi d'initiation. La poésie avait rompu avec la sécheresse et le commun. Mais à poursuivre dans cette voie un danger l'aurait bientôt menacée : celui de ne plus toucher terre. Une harmonie continue, comparable au bruissement d'une eau monotone, et qui ne laisserait dans l'esprit qu'un souvenir de vague musique, ce charme de la rêverie risque bientôt d'étouffer la pensée. On exigeait des poëmes quelque idée, quelque aliment pour l'intelligence.

Une autre intention se joignait à la première. L'idée, en vers, appelle une image : mais l'image naturellement représente un objet physique, et non

---

1. En 1836 et 1838.

pas la pensée. L'image propre aux idées est d'un
genre spécial et profond : c'est le symbole. Le symbole donc, qu'il fût personne ou bien allégorie,
menaçait d'envahir en maître le domaine de la poésie.
Il convient au philosophe. On y peut résumer un
temps, un genre d'hommes, une histoire, celle même
de l'humanité tout entière. Ainsi de *Psyché*, d'*Ahasvérus*; ainsi dans Barbier, de *Lazare*. Et qu'avait fait
Byron, créant Eros et Antéros? Antéros est l'esprit
de la haine, génie sans pitié, voix de fer de la loi
physique; Eros, le démon du bien, de l'amour et de
l'harmonie. George Sand même en faisait l'éloge.

Remontons plus haut encore dans l'histoire du
siècle : même souci de la pensée.

Publiés plus de dix ans après *Éloa*, les deux
poëmes de Lamartine, *Jocelyn* et la *Chute d'un ange*,
devançaient de plusieurs années les *Poëmes humains*
d'Alfred de Vigny. Sans contredit, le sujet des deux
maîtres devint plus tard assez différent. Examinons
toutefois dans sa forme générale cette double poésie :
n'y remarquons-nous pas, des deux parts, un trait
notable de ressemblance? Lamartine et Vigny donnent pareillement pâture au désir manifeste de leur
âge : l'instinct leur suggère le goût des symboles.
C'est l'homme même que figure Lamartine dans son
ange déchu, et dans *Jocelyn* l'ange se relève. L'huma-

nité y est considérée comme un seul homme. Elle
marche et s'épure sans cesse [1].

S'il y a, dans notre langue, une poésie philosophique vraiment digne de ce nom, n'est-ce pas celle
de Vigny et de Lamartine? La littérature est vraiment « la contemplation morale de l'univers ». La
synthèse cherchée par la science des sciences est, de
sa nature, relative aux lettres, ou mieux encore à la
poésie. Iris, disaient les Anciens, est fille de Thau-
masia. La science naît de l'étonnement; et Coleridge
ajoute : elle finit dans l'étonnement. La poésie pourrait bien n'être qu'une science spontanée [2] : il appartient aux maîtres d'en faire une synthèse réfléchie [3].

1. Ém. Faguet, *Études littéraires sur le XIXᵉ siècle*, p. 104. —
Chez Vigny, la conception symbolique est proprement un système.
Il n'écrit guère d'œuvre, vers ou prose, qui n'en présente quelque
exemple. — V. Hugo avant de quitter pour un long temps la poésie
exprime aussi l'idée d'une épopée qui serait le poëme de l'homme,
dont Milton a écrit le prologue et Byron l'épilogue.
   Lamartine écrit dans l'*Avertissement de la première édition* de
Jocelyn : « L'épopée n'est plus nationale ni héroïque, elle est bien
plus, elle est humanitaire... Je cherchais quel était le sujet épique
approprié à l'époque, aux mœurs, à l'avenir, qui permît au poëte
d'être à la fois local et universel, d'être merveilleux et d'être vrai,
d'être immense et d'être un. Le sujet, il s'offrait de lui-même, il
n'y en a pas deux : c'est l'humanité, c'est la destinée de l'homme;
ce sont les phases que l'esprit humain doit parcourir pour arriver
à ses fins par les voies de Dieu. Mais ce sujet si vaste et dont
chaque poëte, chaque siècle peut-être, ne peuvent écrire qu'une
page, il fallait trouver sa forme, son drame, ses types individuels. »
   2. Cf. Guyau, *Problèmes de l'esthétique contemporaine*, p. 129 (Alcan).
   3. Vigny (*Documents inédits*, 1858) :
   « La science de la Poésie. La Poésie est une science. La nation

Chénier, par exemple, l'avait tenté.

Selon la remarque de Sainte-Beuve [1], la doctrine propre au xviii° siècle ou naturalisme, avait eu ses philosophes, même ses poëtes en prose, Boulanger et Buffon ; elle devait provoquer son Lucrèce. Le Brun, Fontanes, et au-dessus d'eux, Chénier, ont désiré la gloire d'un poëme sur la nature. Il faut ainsi compter trois ébauches d'*Hermès*. Remarquons-le : la portée de l'*Hermès* rappelle de près le vrai sujet des *Destinées*, comme aussi la critique fondamentale qu'a faite Ginguené du *Génie du Christianisme* [2]. En effet, dans les plans de Chénier, l'*Hermès* embrassait la constitution des sociétés, la politique en d'autres termes, ou « la religion utile ». A l'exemple d'Empédocle, mais en contemporain de Lamarck et de Cabanis, il cherchait l'ordre dans le système du monde : en même temps, et peut-être plus utilement que tout le reste, il adhérait à cette doctrine ancienne et importante de l'humanité considérée comme un tout. Selon sa pensée, chaque individu, dans l'état sauvage, est un tout indépendant : dans l'état de

française n'aime pas les vers parce qu'elle ne sait pas les lire. Il faudra deux siècles d'éducation pour lui donner quelque peu de lecture et une ombre d'atticisme. »

1. *Portraits littéraires*, t. I, article sur Chénier.

2. Voir la *Décade philosophique*, an IX et an X, t. XXIX, p. 219 ; t. XXXIII, p. 535 ; t. XXXIV, p. 21 et 28.

société, il est partie du tout, il vit de la vie commune.
« Ainsi, écrivait-il, chaque monde roule sur lui-même et roule aussi sur son centre. Tous ont leurs lois à part et toutes ces lois diverses tendent à une loi commune et forment l'univers [1]. »

A cette philosophie le romantisme en France ajouta la force d'une idée qui lui manque : celle de l'infini.

Introduite dans la poésie, cette pensée transforma les couleurs dont on peignait la nature; elle métamorphosait, dans la prose de Ballanche, les perspectives de la science sociale encore en enfance. Le mot de philosophie reprit, vers 1830, son sens véritable avec le rôle social qui s'y trouve attaché. Quand Lamartine, en 1836, prédisait une seconde fois à la poésie ses destinées, il jugeait qu'elle redevient sacrée par la vérité comme elle le fut jadis par la fable, et il ajoutait : « Elle redevient religieuse par la raison et populaire par la philosophie [2]. » Il n'entendait par là rien de scolastique. Lorsque de même Alfred de Vigny disait dans *Servitude et Grandeur militaires* : « La philosophie a heureusement rape-

----

1. Sainte-Beuve, *Portraits littéraires*, t. I, p. 189 : « Au fond son vers final : je n'ai connu d'autre passion « que l'*amour des humains et de la vérité* », qui est toute la devise un peu fastueuse de la philosophie du xviiie siècle, exprime aussi l'entière inspiration de l'*Hermès*. »

2. Avertissement de la première édition de *Jocelyn*.

tissé la guerre [1] », il ne séparait plus le néo-platonisme d'une mission sociale.

C'est que les poëtes, en succédant aux *philosophes* du dernier siècle, avaient trouvé spontanément dans la philosophie un état d'esprit poétique.

La philosophie, comme la Réforme, est une renaissance du sentiment. Le *mal du siècle*, premier symptôme du pessimisme, devait bientôt poser, sous leur forme populaire et générale, les problèmes du mal moral : la philosophie les renouvelait après 1830 en les unissant désormais à ceux du monde social. Quels sont conséquemment le rôle et le prix du romantisme? Le romantisme est, depuis Chénier, la poésie préliminaire d'une religion de philosophes.

C'est à ce point que nous retrouvons la poésie « symbolique, socialiste, et humanitaire », comme on disait en 1844.

II

CRITIQUES ADRESSÉES EN 1844 A LA POÉSIE SYMBOLIQUE.

La poésie symbolique à la manière d'Edgar Quinet peut être considérée comme un produit direct du

1. P. 345.

romantisme. Les reproches qui s'adressent à celle-là
retombent sur celui-ci.

Avant que Vigny donnât ses premiers « Poëmes
humains [1] », la *Revue des Deux Mondes* exposait
ainsi qu'il suit l'état de la poésie romantique :

« Le poëte romantique est ordinairement symbolique, mystique ou psychologique; sa marche est
irrégulière; sa forme vise au lyrisme. Le poëte symbolique est une espèce de sphinx qui propose à ses
lecteurs une énigme sociale, historique ou religieuse,
et le lecteur, qui n'a point la pénétration d'Œdipe,
ferme souvent le livre avant d'avoir deviné. Le poëte
psychologique travaille de préférence sur les indivi-
dualités souffrantes qui ont gagné au contact de Man-
fred quelque plaie incurable et profonde. Les événements sont à peu près nuls, et toute la mise en œuvre
consiste dans l'analyse des passions ou des sentiments. Les poëmes en dialogues ou poëmes-drames,
ont été, dans ces derniers temps, essayés plusieurs
fois; les héros sont d'ordinaire les collatéraux de
Werther et de don Juan. Ils sont tout à la fois mystiques, blasés, rêveurs et mauvais sujets. Ils boivent
l'orgie, broient les femmes, débitent de longues
tirades sur les clairs de lune, et finissent ordinairement par le cloître ou le suicide [2]. »

1. La *Sauvage*, la *Mort du Loup*, la *Flûte*, le *Mont des Oliviers* en
1843, et, en 1844, la *Maison du Berger*.

3. Ce morceau date de 1842 et est extrait d'un article de Ch.
Louandre.

En 1844, l'attaque se renouvelle. On critique le fond et surtout la forme de la poésie à la mode symbolique. Écartant tout le reste, nous réduirons à deux ces reproches [1].

Le premier a pour objet la vie qu'on prête à la matière, la voix qu'on lui donne, et ces entretiens qu'aime le symboliste entre l'étoile et le brin d'herbe. Et ce n'est pas tout. La poésie « humanitaire » est celle-là qui se passionne le plus pour la nature et la solitude. Elle idolâtre la matière. Elle fait effort pour communier avec tout l'univers : car la nature, pour cette poésie, c'est encore l'humanité. Tout a une âme intelligente. Tout vit. Tout parle.

Dans ce désir d'être profonde, la poésie ne perdait-elle pas la précision, cette qualité des grands siècles? Sans parler de l'ennui, danger de l'allégorie, l'obscurité est le grand défaut des symboles. Ce sont, disait le critique, hiéroglyphes à l'usage de sociétés en enfance. Aux civilisations avancées, on doit tenir un autre langage. La presse est un missionnaire qui ne laisse plus de retraite à la pensée. Il faut qu'elle coure le monde et qu'elle se fasse commune à tous. Dans une telle publicité, cachez, s'il vous plaît ainsi, votre pensée sous des voiles : on n'y viendra pas l'y

1. Cf. Limayrac, *Revue des Deux Mondes*, 1844.

découvrir. Prétendez-vous parler à la seule élite? Le critique vous répondra : le poëte moderne, qu'on ne s'y trompe point, n'est pas un prêtre d'Isis, parlant au fond d'un sanctuaire; c'est un citoyen armé d'une lyre, qui se doit à toutes les intelligences capables de le comprendre, à tous les cœurs qu'il peut émouvoir. C'est l'affaire des esprits puérils et superbes de jouer au grand prêtre : aux petites églises, aux protestations solitaires, succède à présent la grande église de la civilisation.

Mais ce langage même paraîtrait aujourd'hui concéder trop aux poëtes, et Ch. Magnin déjà leur conseillait plus de prudence [1].

Ce qu'on distingue sous les reproches adressés ainsi à la poésie symbolique, c'est d'avance l'hostilité contre un genre plus complet qu'on devait nommer plus tard poésie philosophique. Soit crainte excessive du didactisme, soit juste sentiment de ce qui convient aux poëtes, un critique des *Destinées* formulait dès 1864 la question suivante qu'on ne peut éviter.

Les poëtes, disait en substance M. Cuvillier-Fleury, les poëtes sont en général moins profonds qu'ils ne le semblent ou qu'ils ne le veulent paraître. S'ils

____

1. *Revue des Deux Mondes*, 1840, 1ᵉʳ juin, art. de Ch. Magnin sur *les Rayons et les Ombres*.

étaient des penseurs, ils feraient des traités de philosophie ou de morale; s'ils chantent, c'est qu'ils sentent. Les poëtes à système sont à peine des poëtes. Dans Lucrèce, la négation de Dieu s'efface et se confond dans l'éblouissante description de la nature. « Voltaire est-il poëte quand il met en rimes et en hémistiches des articles du *Dictionnaire philosophique*? Qu'est-ce qu'un poëte philosophe? Est-ce M. de Lamartine, M. V. Hugo, M. A. de Musset qui sont des philosophes? Qu'est-ce qu'un poëme philosophique? Que sont les poëmes laissés sous ce titre par M. de Vigny? » Et il ajoutait au sujet de Vigny : « C'est un esprit supérieur, momentanément éclipsé dans le philosophe, et qui a reparu dans le poëte [1]. »

III

LA PRÉCISION EN POÉSIE.

Alfred de Vigny a effleuré, en effet, la poésie philosophique proprement dite. A la vérité, la tentative complète et décisive ne devait se produire qu'un peu plus tard, quelques années après sa mort. Et toutefois

---

1. *Études et portraits*, deuxième série, M. Alfred de Vigny poëte et philosophe, *Journal des Débats*, 12 janvier, 1er et 8 mars 1864.

ses vers ne se recommandent pas seulement par des pensées toutes générales : on en peut citer deux ou trois qui serrent de près un texte de métaphysique. On se rappelle, en effet, ce passage de la *Maison du Berger* :

Le Seigneur contient tout dans ses deux bras immenses,
Son Verbe est le séjour de nos intelligences
Comme ici-bas l'espace est le lieu de nos corps.

Voilà proprement, ce semble, et dès 1844, un court modèle de poésie « philosophique ».

Le principe en est-il si fort critiquable?

Pourquoi les poètes, comme tant d'autres hommes, n'auraient-ils point de systèmes à défendre? Serait-ce qu'un Proclus ne peut écrire en vers, et n'y a-t-il dans Lucrèce que d'éblouissantes descriptions de la nature? Y a-t-il incompatibilité, pour tout dire, entre l'invention dans les sciences morales ou physiques et l'invention en poésie? On l'a dit : un Diderot eût été sans doute un grand poëte en un temps plus esthétique, comme Goethe un éminent philosophe sous une autre impulsion publique. Un Bossuet est philosophe et poëte à la fois. Tous les vrais poëtes, depuis Homère jusqu'à Corneille, ont participé à la plus forte éducation générale que comportât leur époque. « Nous ne pouvons idéaliser et peindre, écrit un maître, que ce

qui nous est devenu familier : les prétendus poëtes
qui se croient dispensés d'initiation philosophique ne
font réellement qu'emprunter cette base indispensable
à des systèmes arriérés, théologiques ou métaphysiques. » On apprécie justement le génie synthé-
tique de Buffon comme l'annonce d'une combinaison
inévitable entre l'esprit scientifique et l'esprit esthétique. Un Chénier, nous l'avons vu, tentait déjà cette
fusion finale, et Virgile jadis ne pensait pas autrement, Virgile, tout plein de Varron, de Lucrèce et
de philosophie. « Tout lasse, écrivait-il [1], excepté de
comprendre. » C'est aussi la pensée, presque les
termes d'Aristote au commencement de sa Métaphysique. Quelle beauté manque enfin à ces vers de
Parménide : « Comment veux-tu que l'être soit né?
En quelle manière? De quelle origine? D'où lui
viendrait son accroissement? Du non-être? Je te
défends de le dire et de le penser... Qu'il puisse
naître ou mourir, c'est ce que ne souffrira pas la
Justice, détendant les chaînes dont elle le tient
serré [2]! »

1. Cité par M. Guyau, *op. cit.*, p. 166.
2. M. Alfred Croiset, lecture faite en 1887, à la séance solennelle
de réunion des cinq Académies, sur la Poésie philosophique : « Si
Parménide a écrit en vers, ce n'est pas seulement parce qu'alors la
prose existait à peine, et que la poésie pouvait sembler à un grand
esprit de ce temps la forme définitive de l'idée. C'est qu'il veut
philosopher avec toute son âme, et que le rythme du vers corres-

Dira-t-on qu'une belle pensée connue ne gagne rien à la forme du vers? Mais il se peut que le vers y gagne : pourquoi la fuir? Qu'un vers dise quelque chose, le public ne s'y montre pas, de nos jours même, si fort indifférent. Voltaire attribuait à la poésie un mérite auquel on ne prend pas toujours garde : c'est qu'elle dit plus que la prose, avec moins de paroles. Et l'histoire confirme cette vue. Les œuvres de l'antiquité, dit un délicat [1], ont une valeur historique et sont pleines de choses. La poésie grecque observe autant qu'elle imagine [2]. Celui qui tracerait l'histoire de tous les genres et de tous les rythmes de la Grèce ne ferait que raconter sa vie tout entière dans ses vers [3]. Il en est de même à Rome. Les poëtes qui s'y occupent de morale ont une telle valeur qu'ils tiennent autant de place dans l'histoire de la philosophie que dans celle de la poésie, et lorsque vous avez besoin d'une définition épicurienne ou stoïque, vous la trouvez plus exacte et plus brillante dans Lucrèce ou dans Perse que dans les prosateurs.

pond à l'émotion qui fait battre son cœur et qui berce son imagination. » « Il y a dans ces vers abrupts une pure joie de l'esprit que Pascal aurait comprise. »

1. M. Constant Martha, *La délicatesse dans l'art*, p. 243 sq. (Hachette, 1884).

2. Martha, *op. cit.*, p. 244; cf. p. 203 sq.

3. Cf. Martha, *op. cit.*, p. 243.

Les poëtes anciens, comme les nôtres même du xvrr° siècle, sont pleins de substance. Ils jouent un rôle dans le monde. Les plus légers d'entre eux, les Tibulle et les Properce, ont dans leur genre la même solidité [1].

La précision des pensées n'est donc pas hostile à la poésie. En revendiquant le rôle philosophique des lettres au siècle dernier, le romantisme s'imposait, comme alors, une alliance étroite entre l'art et les idées du temps. La poésie s'astreignait à ne plus vivre seule dans les régions de la fantaisie pure. L'alliance était dangereuse, il est vrai : elle demeurait inévitable. Les grandes idées auxquelles puisent d'ordinaire les poëtes, celles-là même qu'énumérait Sainte-Beuve quelque part : Dieu, la nature, le génie, l'art, l'amour, la vie proprement dite, réclamaient d'eux une étude précise. A défaut de ce zèle, ils restaient inférieurs à leur rôle. Les rois de la pensée en devenaient bientôt les mendiants.

1. Cf. M. Constant Martha, *op. cit.*, p. 248-255.

IV

FOND DE LA POÉSIE PHILOSOPHIQUE CHEZ ALFRED DE VIGNY.

Alfred de Vigny s'était donc voué à son rôle, au point même d'y vivre absorbé [1].

Il écrivait en 1843 : « Tous les grands problèmes de l'humanité peuvent être discutés dans la forme des vers [2]. » Ses nouveaux Poëmes venaient de le prouver, l'ensemble du recueil le démontre. Aussi bien, il le répétait publiquement, trois ans après, dans son *Discours de réception à l'Académie française* : « Tout est

1. C'est ce qu'indiquait J. Sandeau, lors de la réception de M. Camille Doucet.

Lamartine a trouvé de même, pour caractériser Vigny, l'expression la plus heureuse : « Il y avait plus en lui d'un immortel que d'un malade... *Il y avait en lui de ce que les Turcs appellent historiquement tchilibi*, sorte d'hommes qui ne trouvent pas leur définition juste dans les catégories de la vie sociale ; ce n'est aucune dignité positive, mais c'est plus, c'est une dignité intellectuelle et morale, une distinction qui n'est pas accordée par le sultan, mais par le concours libre, spontané, incontestable et inaliénable de l'opinion publique ; un homme distingué, éminent, un homme à part. — Or c'était précisément, comme celui de gentilhomme par excellence, le rôle innommé de sa vie. » (*Cours familier de littérature*. Entretien xciv, 1863.)

Ailleurs toutefois : « C'était, de plus, un de ces hommes sans tache qui se placent sur l'isoloir de leur poésie pour éviter le coudoiement des foules. » (*Ibid.*, Entretien x, 1856. — T. II, p. 291.)

2. *Documents inédits*, octobre 1843.

du domaine de l'art, et rien n'est frivole dans ces créations... Le Penseur ne voit que les générations qui viendront respirer à l'ombre de son monument, et il cherche à le faire tel qu'elles trouvent à la fois le *bien* dans son usage, le *beau* dans sa contemplation. » Et plus loin, faisant allusion à lui-même : « D'autres, épris à la fois des détails savants de l'élocution et des formes du dessin le plus pur, ont aimé par-dessus tout à renfermer dans leurs compositions l'examen des questions sociales et des doctrines psychologiques et spiritualistes [1]. »

En effet, les *Destinées* remplissaient ce programme.

L'examen des questions sociales y est au premier plan. Le recueil posthume d'Alfred de Vigny constitue avant tout une œuvre de philosophie politique. La *Sauvage* atteste chez son auteur une sorte de doctrine. Il renonçait à ce que lui-même nomme quelque part « la logique algébrique » en matière de réformes politiques. Sous cette garantie, fort de son retour à la théorie du droit de propriété et d'hérédité directe, il se livrait avec hardiesse aux conséquences sociologiques de sa foi dans l'Amour. Le poëte de l'*Esprit pur* en esquisse le tableau prophétique. Il annonce, avec transport, le règne futur d'un nouveau Pou-

1. *Discours de réception*, p. 323, 316, 344.

voir, gouvernant par la presse et le livre, empruntant sa force à l'opinion universelle; fondant enfin les destinées communes sur le travail et le dévoûment.

Dans les *Destinées*, la question religieuse est traitée, pour ainsi dire, en fonction de la sociologie.

Considérée de ce biais, l'apparente adhésion de Vigny à la doctrine du Verbe montre bientôt sa véritable portée. Si l'on osait préciser ici sa pensée, ce nouveau platonisme célébrait le Verbe spirituel, la Science, dans son expression la plus haute et sociologique. Voilà pourquoi l'auteur de l'*Esprit pur* attribuait au symbole de *Paris* une forme et un nom tout mystiques. La Colombe « au bec d'airain », emblème du règne futur, s'appelle chez Vigny « le Saint-Esprit visible ». C'était là, sous l'apparence du nouveau christianisme, le Credo d'amour de *Stello*, comme celui de Saint-Simon.

Cette qualification supposait d'ailleurs toute une crise que le recueil paraît laisser encore ouverte.

Sans faire tort à Vigny, on peut, en effet, se ranger à l'opinion de Goethe touchant le romantisme. Goethe comparait à une sorte de maladie l'état moral propre à la jeune école. C'était indiquer un rapport de nature entre le *mal du siècle* et le romantisme.

Le mal du siècle, avec toutes ses causes souvent

énumérées [1], avait pris une forme littéraire et poétique parce que la crise des opinions tendait à trans-
former en symbole toute conception humaine de l'infini. La chute du régime ancien et l'avènement d'un
régime nouveau avaient donné aux plus enthousiastes
entre les philosophes l'espoir de substituer une religion philosophique à une religion révélée [2]. L'intérêt
profond des *Destinées* est dans l'esquisse d'une philosophie à la fois chrétienne et politique. On assistait
pour ainsi dire, une fois de plus, aux premiers
débats de la science des religions, cette ébauche
d'une religion des sciences. Depuis le siècle dernier,
les plus hardis hasardaient là-dessus des vues, et
pensaient « marquer les points où les chercheurs de
vérités devaient concentrer leurs fouilles » [3]. Alfred
de Vigny a été de ce nombre. Il a jugé qu'au milieu
des questions pendantes, le problème sortait de
l'école et qu'à certains égards il appartenait au
domaine de la poésie. On l'a dit depuis [4] : le philosophe est un spécial; le champ où il se retire ne

1. Voir particulièrement l'article de M. Brunetière sur les causes
du pessimisme dans la *Revue politique et littéraire*, 3e série, XXXVII.
Conférence faite au cercle Saint-Simon.

2. M. Nettement restreint peut-être cette opinion à la révolution
de 1830.

3. Cf. un article de M. Crouslé dans l'*Instruction publique*, revue
universitaire, le 21 décembre 1889.

4. M. Taine, *La Fontaine et ses fables*, p. 345.

touche que par un coin la promenade publique où circulent les esprits.

Avec une ténacité qui fit défaut à d'autres poëtes, Vigny scruta notre crépuscule.

Musset sans doute a fait comprendre combien le cœur est engagé dans la crise commune : il a senti l'épuisement moral, il a montré la *désespérance* dans son étendue. Mais pour guérir il demeure trop imparfait. Les « esprits exaltés », dont il parle, n'avaient pas moins que les « hommes de chair » besoin des idées générales. Il attendait trop peu ou craignait trop de l'intelligence pour être consolé [1]. La raison humaine porte le deuil, il est vrai : ce n'est pas un motif pour la tenir en mépris. Si cet astre est glacial, l'*Espoir en Dieu* paraît trop sommaire pour le réchauffer. N'entend-il pas Ginguené dire de Chateaubriand : « Qu'il veuille bien s'interroger de bonne foi sur les causes et les circonstances de ce qu'il nomme sa conversion. *Il a pleuré, et il a cru;* quelle solidité peut-il y avoir dans une conversion ainsi opérée, et que par conséquent d'autres larmes pourraient détruire [2] ? »

---

1. « Car formuler des idées générales, c'est changer le salpêtre en poudre. » (*Ibid.*, p. 15.)

2. *Décade philosophique*, an IX, premier article sur le *Génie du Christianisme*.

Vigny, au contraire, premier en date entre nos grands poëtes de la mélancolie, se rapproche des purs pessimistes par son effort intellectuel. Il a placé de bonne heure dans l'idée du sacrifice le plus sûr de la vertu; puis, analysant en lui-même les antiques raisons où se fondait le dévoûment, il se sent fils du siècle dernier, et, dans *Éloa* même, il ne les adopte plus qu'en poëte, comme mythologie brillante. Chateaubriand un an avant sa conversion soudaine, le Chateaubriand de l'*Essai sur les révolutions*, personnifierait justement l'inquiétude intime qui livra d'abord Vigny à Byron. S'il ne pense pas encore explicitement qu'il y a peut-être un Dieu, mais que c'est le dieu d'Épicure [1], il a lu dans l'*Essai* ou trouvé de génie le sous-entendu de la *Fille de Jephté* qui éclatera quelque jour dans le *Silence*. Alors, et dès ce temps, l'extase poétique l'incline au platonisme, comme jadis avait fait le doute au cœur de Julien

1. C'est l'idée de Chateaubriand à cette époque.

Voir l'article de M. Janet sur Chateaubriand et l'exemplaire confidentiel de l'*Essai sur les révolutions* (*Revue des Deux Mondes*, 15 mars 1890).

M. Janet a fait remarquer à quel point certaines phrases douloureuses de l'*Essai* ont devancé notre pessimisme moderne. On peut y relever celle-ci en particulier qui trouve un écho surprenant dans les *Destinées* : « Dieu, dit-on, nous a fait libres. Ce n'est pas la question. A-t-il prévu que je tomberais, que je serais à jamais malheureux? Oui, indubitablement. Eh bien, votre Dieu n'est qu'un tyran horrible et absurde. »

l'Apostat. Son adhésion au Verbe de Malebranche, son adoption de la Colombe comme emblème d'un nouveau christianisme signalent plus tard la portée de sa poésie.

Mais ce n'était là, pour ainsi dire, qu'un contre-poison au poison.

Malgré son apparence chrétienne, le recueil des *Destinées* étale sa révolte au point de réduire le merveilleux des Poëmes à l'état mythologique d'*Éloa*. Plus directement que Byron et Shelley, Vigny se lève en Prométhée contre le Dieu des Écritures. A ce qu'il semble, la place est préparée dans ses vers au « Dieu des idées ». Le *Silence* est une date : mais on n'y entrevoit qu'avec peine l'idéal célébré par Shelley. La Révolte n'y devient pas sainte et douce. Il lui restait à conquérir.

Il y a sans contredit de la joie dans les *Destinées*, mais elle est d'un autre ordre.

La foi de l'auteur au règne final de la Colombe est doublée d'une confiance sereine en l'éternité de l'art pur. Il a pu demander, dans son doute, si le bien et le mal ne sont qu'accidents, ramenés au hasard d'une évolution cyclique [1]; mythe ou symbole, il croit au

---

1. *Mont des Oliviers* :

Si le juste et le bien, si l'injuste et le mal
Sont de vils accidents en un cercle fatal.

doigt de **Dieu** comme à l'immortalité de son propre nom. C'est, chez lui, presque même chose. Les *Destinées* ont gardé quelque air fatal et las à la manière de *Chatterton*, mais elles triomphent à l'idée de l'avenir, comme la *Bouteille à la mer* : venant de l'arche, elles défient la mort. Elles se rassurent contre le néant.

Et c'est par où le *mal du siècle* a pénétré le plus profondément la nature si noble d'Alfred de Vigny.

Voilà un recueil composé tout entier de petites épopées morales. Dans leur ensemble, ces *Poëmes philosophiques* forment presque une seule épopée, et l'intérêt en est une idée, un sentiment essentiel : la surprise indignée qui naît du spectacle du monde et des maux humains. Au-dessus de tout le recueil, une question, un pourquoi : un appel au Dieu juste en même temps qu'une révolte. Ce n'est pas tout : cette satire sérieuse et passionnée de la création nous laisse entendre un chant d'amour pour l'humanité, d'admiration pour la majesté de ses souffrances. On y respire un air d'innovation et de palingénésie. Comme l'Eurydice de Ballanche, Éva semble ouvrir aux yeux du poëte un nouveau cycle social. Le cœur se rend au bienfait de cette tristesse énergique qui ne se contente pas du monde donné. Que dis-je? On aime ce mystique parce qu'il discerne, sous les mobiles apparences, l'immobile Bien, trésor de la vie. Pourquoi, traitant de questions si communes, ce recueil demeure-t-il loin de nous? Pourquoi ses douleurs qui sentent l'exception ? Quelles précautions ont dû passer de l'homme à son œuvre? Figure étrange et très douce, impassible s'il n'était pas si tendre et si malheureux.

L'orgueil de l'esprit offre aux modernes une volupté trop coûteuse. On s'examine pour se peindre : le moi se gonfle alors et toute simplicité se perd. Alfred de Vigny, après *Chatterton*, ne s'est maintenu que d'un degré au-dessus du mal qui tue les Amiel. Il a décrit pourtant les deux parts de son âme, sans savoir quel lien les unit. Aussi, dans notre poésie, les *Destinées* demeurent-elles la plus complète idéalisation de la crise. On pratique Vigny pour ce qu'il sait; on le plaint pour ce qu'il souffre : on devine par lui quelque idéal qui n'est plus loin. Il en porte le reflet, il l'annonce, il le nomme presque : c'est Byron plus le platonisme, et Shelley moins l'Humanité.

V

DE VIGNY CONSIDÉRÉ COMME UN MALHERBE.

Faute d'une vue décisive sur la crise morale et religieuse, Vigny s'arrêtait donc à mi-chemin dans la voie d'une poésie vraiment philosophique. Le prologue même de son recueil n'en offre que l'apparence. Les *Destinées* présentent toutefois leur solution, relativement à l'état de la poésie contemporaine.

Définissant quelque part les résultats de notre romantisme, Alfred de Vigny en a mis un surtout en relief : « Le style qui s'affaissait, dit-il, fut raffermi[1]. »

C'était définir sa propre tentative.

La solution qu'il avait apportée, M. Paul Bourget la signale[2] : la beauté poétique pure réside dans la suggestion plus encore que dans l'expression.

Tel était, en effet, le problème posé en France par la poésie symbolique : pour éviter le mal de la rêverie vague, on avait développé sans bornes ni fin le sens de symboles inventés. D'un excès choquant on tombait

1. *Discours de réception*, p. 345 (édition Calmann Lévy, 1882, à la suite de *Stello*).
2. *Journal des Débats*, 24 mars 1885.

dans l'excès opposé. Selon le mot d'un critique du temps, c'était ramener la muse aux carrières. Ce développement non contenu, cet oubli du détail qui dit assez et pas davantage, cette rupture de la poésie avec la précision d'un Corneille, d'un Racine, d'un Molière et d'un La Fontaine, ce mal, en effet, reparaissait comme de plus belle.

Alfred de Vigny a été le Malherbe de la situation [1]. Par une sorte de gageure, il a pris en tout point le contre-pied des improvisateurs.

Chênedollé avait dit de la poésie qu'elle n'a pas l'initiative des idées, mais qu'elle se charge de les rendre populaires [2]. — Et un grand poëte ajoutait : « On ne doit au peuple que les résultats. » On trouve chez Alfred de Vigny des pensées analogues. La philosophie, écrit-il, ne peut laisser croire qu'elle est dominée par l'imagination sans perdre ses droits à enseigner; l'imagination ne pourrait non plus se montrer possédée par l'esprit philosophique sans perdre de son charme passionné. Qu'il entre un peu de philosophie dans l'art, mais seulement dans le fond, reparaissant rarement, et se devinant plutôt que se montrant. Ailleurs encore : « Les œuvres d'art

1. Ce jugement est emprunté à M. Blaze de Bury (*Revue des Deux Mondes*, 1er juillet 1881) : on a cru pouvoir l'appliquer autrement.
2. *Génie de l'homme*, avant-propos, p. x (4e édit. Gosselin, 1826).

sont indirectement sérieuses. » Et dans un autre passage : « Il y a, dans les œuvres d'art, deux points de vue : l'un philosophique, l'autre poétique. Le point de vue philosophique doit soutenir l'œuvre, drame ou livre, d'un pôle à l'autre, précisément comme l'axe d'un globe; mais le globe, dans sa forme arrondie et complète, avec ses couleurs variées et brillantes, est une image de l'art qui doit être toujours en vue, en tournant autour de la pensée philosophique et l'emportant dans son atmosphère [1]. » C'est ce qu'il résume enfin dans un court précepte : « Réchauffer plutôt qu'enseigner. »

Ces principes ne laissent plus à la pensée qu'une place restreinte, peu favorable au long didactisme. Voici qui les complète.

Comme Voltaire, il attribuait à la poésie une vertu toute spéciale : elle est une « synthèse », écrivait-il: la prose est une « analyse ». « L'étendue, disait-il encore, est insupportable en vers français. » Il applique, en un mot, à son art, ce travail d'optique philosophique auquel son Docteur-Noir soumet toute la vie [2]. Il fait passer, lui aussi, et repasser devant ses yeux ses tableaux poétiques. « Je les resserrais en mon âme, dit son Docteur, je les résumais, je les

1. Documents inédits, 1837, 1840.
2. Chap. xxix de *Stello*, p. 157.

plaçais entre le point de vue et le point de distance. »

A ce compte, le poëme est un organisme. L'idée générale y enveloppe les éléments, les dispose et se les subordonne. La verve de prime saut risque de s'y perdre, mais l'ensemble devient plus dense et plus ferme dans ses entraves même. Enserrer, résumer, concentrer : force rare et travail difficile [1]. Cette qualité, notre auteur la préconise par prose et par vers. On en rencontre déjà l'éloge dans la *Maison du Berger* ; il l'inscrit, vingt ans après, dans les *Oracles*. Ses vers en offrent et la pratique et la théorie. « Comment », dit-il à la Poésie,

> Comment se garderaient les profondes pensées
> Sans rassembler leurs feux dans ton diamant pur
> Qui conserve si bien leurs splendeurs condensées ?
> Ce fin miroir solide, étincelant et dur,
> Reste de nations mortes, durable pierre
> Qu'on trouve sous ses pieds lorsque dans la poussière
> On cherche les cités sans en voir un seul mur [2] ?

1. Cf. de *Mademoiselle Sedaine*, p. 267. — *Daphné* : « Avoir la force de resserrer une idée. » — Ailleurs dans *Stello* : « Qu'ai-je besoin que vous me fassiez un portrait en miniature de tous vos personnages ? Une esquisse suffit, croyez-moi, à ceux qui ont un peu d'imagination ; un seul trait, docteur, quand il est juste, me vaut mieux que tant de détails, et si je vous laisse faire, vous me direz de quelle manufacture fut la soie qui servit à nouer la rosette de ses souliers : pernicieuse habitude de narration, qui gagne d'une manière effrayante. »

2. La *Maison du Berger*, nᵒ II. — Cf. les *Oracles*, post-scriptum, strophe VI : « Le DIAMANT ! c'est l'art des choses idéales. »

Voilà pourquoi, selon l'expression de Lamartine, Alfred de Vigny visait haut et longtemps. Si ce fut là sa « chlorose littéraire », souhaitons ce mal à qui veut publier.

Il a pratiqué cette discipline avec une sévérité courageuse.

Sa première épopée, *Héléna*, contient environ mille vers. *Éloa*, de même, est fort étendue. Le début de *Moïse* n'annonce pas davantage une veine stérile. Mais dès le temps de ces premiers poëmes il s'appliquait à serrer son style, à le raffermir. La *Fille de Jephté* offre déjà de ces vers concis où se plaira le poëte des *Destinées*. On l'a remarqué : avec la donnée de *Dolorida*, plus d'un autre aurait fait une œuvre de longue haleine. Bien avant les *Poëmes philosophiques* il fondait la petite épopée. Mais il fait plus : il supprime des pièces déjà publiées; il accumule les esquisses dans ses cartons et n'en tire que de rares tableaux. Dès 1829, dans sa préface, on lit la preuve de ces jugements sévères. Il y ajoute, en 1837, ces quelques mots, bien dignes de la *Bouteille à la mer* et de l'*Esprit pur* : « L'avenir accepte rarement tout ce que lui lègue un poëte. Il est bon de chercher à deviner son goût et de lui épargner, autant qu'on peut le faire, son travail d'épurations rigides. »

Dans son *Journal*, il se compare justement aux

Attiques anciens. « Le public, dit-il, consomme peu de phrases ; on en produit trop. » L'imprimerie s'est faite complice de la prolixité. Les anciens l'ignoraient : avantage sur nous, dit-il. Son absence favorisait l'épuration du goût et le choix des chefs-d'œuvre. « Platon dit quelque part qu'il copia cinq fois les discours de Démosthène. Un poëte ou un grand écrivain avait ainsi des lecteurs forcément attentifs, appliqués à connaître et à observer minutieusement le moindre détail des beautés du style. Ces lecteurs choisissaient les belles choses pour les multiplier. » Il ajoute : « Le public ne peut plus choisir à présent ; il faut qu'il lise tout, et les mêmes lettres impriment les premiers et les derniers écrivains, ceux de l'art et ceux de la spéculation. » Et voici comme il conclut : « Si c'est un trop grand courage que s'épurer, souvenons-nous que Platon avait écrit des tragédies avant ses œuvres philosophiques et qu'il les brûla, aimant mieux rester *un* et grand que *double* et tronqué [1]. »

Voilà donc quel usage il fait de la poésie symbolique. Loin d'être pour lui l'occasion de s'étendre, c'est le moyen de tout resserrer.

Sainte-Beuve louait en lui une organisation concentrée, fine et puissante. En fait d'art, on ne se

____

1. *Journal d'un poëte*, p. 149.

refuse peut-être la matière que si, par bonheur, elle
ne surcharge point l'esprit. Soit nature, soit aussi
travail, Vigny a pu tenir en bride l'imagination qui
créait *Éloa*. Sur quoi l'on demandera, comme a fait
un bon juge des *Destinées* : « Est-on poëte seulement
par l'imagination, la rayonnante expansion, le don
des images, l'instinct du rythme? Est-on poëte, disons
le mot, par la facilité? C'est une manière de l'être
mais incomplète et précaire, une de celles qui ne
font pas durer [1]. » Le même critique disait encore :
« Le génie fait les poëtes ou, pour mieux dire, il les
commence ; la science, l'étude, le travail, la longue
patience qui est une des formes du génie, les achè-
vent. » Et finement : « Je ne sais rien qui donne
l'idée de la recherche de la perfection, comme les
ouvrages de M. de Vigny. »

Cette recherche s'est laissé voir, il est vrai, mais
on le sent, et Jules Sandeau le remarquait : chez
Vigny, la recherche n'exclut pas la grandeur. Est-il
plutôt un maître mosaïste, comme l'a cru Sainte-
Beuve [2], ou peint-il seulement à la fresque, comme
il dit l'avoir fait pour la *Colère de Samson*? Est-il
vrai qu'il parte lentement de sa sensation profonde,
et qu'à force d'incubation, il arrive à la revêtir d'une

1. M. Cuvillier-Fleury.
2. L'expression est de M. Lenient, *op. cit.*

forme dramatique,. transparente pourtant, intime encore [1]? Ou bien si, concevant tout à coup un plan, il perfectionne longtemps le moule de sa statue, et puis l'oublie, et que se remettant à l'œuvre après de longs repos, il ne laisse pas refroidir la lave un moment [2]? Par les deux voies, l'impression qu'on ressent de l'œuvre demeure forte. D'où vient-elle donc?

Au témoignage de Sainte-Beuve même, on a remarqué chez nos écrivains une contradiction singulière et qui serait un des caractères de ce temps. Avec plus de produit dans le talent, avec un dégagement à tout prix, — ce sont ses termes, — le résultat des œuvres a été moins beau que d'abord. La loi de l'ensemble, l'unité, a été violée, le fonds entier s'est vu compromis. « Il y a eu étonnement, bouleversement en définitive et ravage dans les impressions résultantes [3]. »

L'âge, au contraire, vient en aide à l'attique. Il aime à labourer [4]. La conception, la composition, sont chez lui de maîtres éléments. Il lit et médite. Ainsi se forme, loin du bruit, un ouvrage de prix durable, où les beautés sont pressées, la pensée con-

---

1. Sainte-Beuve, *Portraits contemporains*, t. II, p. 63.
2. *Journal d'un poète*, p. 75.
3. Sainte-Beuve, *Portraits contemporains*, t. II, p. 479.
4. *Journal d'un poète*, p. 89, — (1834).

cise ; où l'artiste, qui nous gouverne, épargne les mots, prodiguant le sens ; enserre de pierres fines son idée longtemps caressée, la livre enfin, mais en image, à demi-mot et sans appuyer.

Malgré l'obscurité, la froideur peut-être, la tension, on a dit même la prétention de l'ensemble, il s'est produit, en faveur des Poëmes, une sorte de revirement. Une étude plus attentive, le goût croissant des idées générales, ont fait estimer à son prix la Muse des *Destinées*. Les délicatesses, on s'en est rendu maître. Vigny devient chef d'école. On ne reste plus étranger à son œuvre. Revues et journaux en ont rendu la conquête aisée. Si les défauts en sont mieux connus, la valeur en éclate davantage. Cette poésie, elle porte des ailes ; mais la Raison, pareille au dieu Terme, la tient captive comme au bout d'un fil. Et voici bien la récompense. Monument inachevé, les *Destinées* portaient le sceau de la durée totale. De dix en dix ans, on revint au poëte : on put éprouver que son œuvre était forte. Qu'exige-t-elle à présent ? Quelques notes, comme celle d'un Ancien.

Vu et lu
en Sorbonne, le 22 décembre 1891,
par le Doyen de la Faculté des lettres de Paris,
A. HIMLY.

Vu et permis d'imprimer,
le Vice-Recteur de l'Académie de Paris,
GRÉARD.

TABLE DES MATIÈRES

Avant-propos .... 3 à 7

PREMIÈRE PARTIE

ÉDUCATION PESSIMISTE D'A. DE VIGNY PAR LES LIVRES ET PAR LA VIE

LIVRE I

Éducation par les livres.

I. — La tristesse de Vigny dans une préface de 1822...... 11
II. — Le *mal du siècle* sous la Restauration................ 14
III. — L'éducation pessimiste de Vigny par Mme de Staël, Chateaubriand et lord Byron...................... 20

LIVRE II

Éducation par la vie.

CHAPITRE I

VOCATION MILITAIRE CONTRARIÉE.

I. — Espérances de gloire militaire. — Déceptions........ 28
II. — Ses idées d'enfance, toutes militaires. — Ce qu'était, à ses yeux, la noblesse............................ 32
III. — Bonaparte et Frédéric II.......................... 38
IV. — Aveu de sa déception. — Tristesse relative.......... 40

CHAPITRE II

DÉMARCHES VAINES POUR ENTRER DANS LA DIPLOMATIE ET DANS LA POLITIQUE.

I. — D'une double blessure dont témoignerait *Stello*...... 48

II. — De la première blessure........................... 50

III. — La seconde blessure............................. 53

IV. — Témoignage d'Aug. Barbier sur un fait qui a échappé à Sainte-Beuve............................, ... 59

V. — Le public de 1829.............................. 63

VI. — L'explication de Sainte-Beuve est insuffisante........ 66

VII. — Les événements de Juillet imposent à Vigny l'obligation de s'en tenir à la carrière des lettres.......... 67

VIII. — Résumé sur la tristesse de *Stello*................... 72

CHAPITRE III

ÉCHEC DE SA TENTATIVE DE MISSION SOCIALE.

.I. — De l'idée d'une mission sociale pour les poëtes. — La *Muse française*. — Le *Mercure du XIXe siècle*.... 75

II. — Idée chimérique que se font du poëte Ballanche et Lamartine................................. 78

III. — Pensées analogues chez A. de Vigny................. 81

IV. — État des esprits depuis 1830 selon l'auteur........... 84

V. — Portée philosophique de *Stello*................... 87

VI. — Projet d'une série de *Consultations du Docteur-Noir*. — Julien l'Apostat dans A. de Vigny...... 91

VII. — Éclectisme et néo-platonisme chez Vigny............ 96

VIII. — D'un roman projeté qui avait pour titre *Daphné*. — Influence indirecte de Lamennais.................. 98

IX. — Les événements de 1835 et des années suivantes font échec à sa tentative............................. 100

DEUXIÈME PARTIE

LA PHILOSOPHIE DES « DESTINÉES »

CHAPITRE I

VIGNY PESSIMISTE.

I. — Le génie considéré comme un don fatal............. 108

II. — L'inutilité du dévoûment 113

III. — L'isolement du poëte..................................... 122
IV. — Histoire de la strophe intitulée *le Silence* 135

CHAPITRE II

INTRODUCTION DE L'IDÉE D'HONNEUR.

I. — Caractère stoïcien de l'honneur chez Vigny.......... 160
II. — Les types stoïques 168
III. — Caractère actif de ce stoïcisme.................. 174

CHAPITRE III

INTRODUCTION DE L'IDÉE DE PITIÉ.

I. — Le Credo du poëte..................................... 180
II. — La bonté chez Vigny.................................. 181
III. — La majesté des souffrances humaines................ 186
IV. — La pitié dans les *Destinées*....................... 189
V. — La pitié dans les *Destinées* (suite)................ 194
VI. — La pitié dans la *Sauvage* et dans l'*Esprit pur*....... 201
VII. — La Femme... 211

CHAPITRE IV

ÉTAT D'ESPRIT DERNIER.

I. — Exposé de l'antinomie des *Destinées*................ 214
II. — Le Verbe et Malebranche dans les *Destinées*........ 218
III. — Le Dieu des idées.................................. 227
IV. — Le doute pieux 231
V. — La religion du Beau................................. 237

TROISIÈME PARTIE

COMPOSITION ET STYLE

CHAPITRE I

VIGNY CRÉATEUR DU POËME EN FRANCE.

Vigny créateur du poëme en France....................... 247

CHAPITRE II

DE LA COMPOSITION DANS LES « DESTINÉES ».

I. — Le dessin dans les Poëmes philosophiques.......... 252
II. — Ordonnance de chaque poëme........................ 253

III. — La *Maison du Berger* 255
IV. — La composition dans quelques autres poëmes......... 258
V. — Emploi du post-scriptum............................. 259
VI. — Les deux digressions de la *Bouteille à la mer*........ 260

CHAPITRE III

LA VIE DES PERSONNAGES.

I. — Les personnages. — Leurs discours. — La théorie de
la vérité dans l'art................................... 263
II. — Les personnages. — Leurs actes.................... 270

CHAPITRE IV

LE PITTORESQUE.

I. — Alfred de Vigny initiateur en matière de pittoresque. 274
II. — Le pittoresque dans les *Destinées*................... 293

CHAPITRE V

LE PATHÉTIQUE DANS LES « DESTINÉES »....................... 299

CONCLUSION

DE LA POÉSIE PHILOSOPHIQUE DANS LES « DESTINÉES ».

I. — La poésie symbolique en 1844...................... 311
II. — Critiques adressées en 1844 à la poésie symbolique.. 317
III. — La précision en poésie............................ 321
IV. — Fond de la poésie philosophique chez Alfred de Vigny. 326
V. — De Vigny considéré comme un Malherbe............. 335

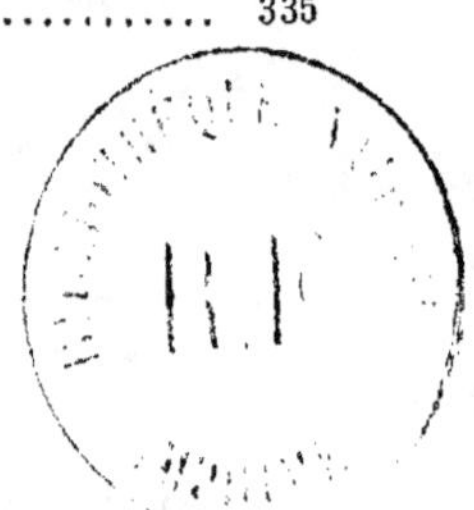

COULOMMIERS

Imprimerie Paul Brodard